기업 엘리트의

21세기

한국 최고 경영자 24인의 증언

경제 사회 비전

기업 엘리트의 21세기 경제 사회 비전
──한국 최고 경영자 24인의 증언

펴낸날/ 1999년 8월 30일

지은이/ 김경동 · 임현진 · 서이종
펴낸이/ 김병익
펴낸곳/ ㈜**문학과지성사**
등록번호/ 제10-918호(1993. 12. 16)

서울 마포구 서교동 363-12호 무원빌딩(121-210)
편집: 338)7224~5 · 7266~7 FAX 323)4180
영업: 338)7222~3 · 7245 FAX 338)7221

ⓒ 김경동 · 임현진 · 서이종, 1999
ISBN 89-320-1105-2

값 10,000원

기업 엘리트의

21세기

한국 최고 경영자 24인의 증언

경제 사회 비전

김경동 / 임현진 / 서이종

문학과지성사

1999

머리말
——IMF 시대를 넘어서

　지난 1997년은 우리에게 악몽의 해였다. 이제 그때로부터 1년 반의 시간이 흐른 시점에서 우리 경제는 여러 가지 국내외의 기준에서도 호전의 기미를 보이고 있는 듯하다. 그러나 우리나라가 소위 IMF 위기를 맞이하게 된 정치·경제·사회·문화적 여러 요인들에 대한 심층적인 분석과 이해를 충분히 갖추고 있는가에 대한 일말의 의구심과 경계심은 쉽사리 가시지 않는 게 오늘의 현실이다. 정치가 아직도 뒷걸음질치고 있으며, 일부 기업의 행태에서도 문제점이 노출되고 있을 뿐더러, 국민 일반의 의식과 관행 또한 후진적인 잔재가 너무도 짙게 남아 작용하고 있기 때문이다.

　이처럼 아직도 철저한 자기 성찰이 미진한 상태에서 우리는 눈앞에 바짝 다가선 새로운 밀레니엄을 어떻게 맞이할지도 짐작조차 하지 못한 채 엉거주춤한 모습을 하고 있다. 세상은 하루가 다르게 변하고 있는데, 이런 자세로 갈 수만은 없는 현실을 개탄만 하고 있을 수는 없다. 그리하여 우리는 우선 우리나라의 기업가 정신, 자본주의 정신에 대한 심층 연구에 착수하기로 한 것이다.

　자본주의적 시장 경제 체제는 그 많은 약점에도 불구하고 21세기를 맞는 인류에게 남은 유일한 대안적 체제로 일단 우뚝 서 있다. 근자에는 제3의 길이 운위되기도 하지만, 실질적인 대안은 제시된 바가 별로 없는 상태다. 그뿐 아니라, 솔직히 우리나라에서 지금껏 자본주의 시장 경제를 제대로 운영해보았다고 장담할 처지도 못 된다. 이런 판국에서 우리에게는 자본주의 정신의 확립이 오히려 커다란 현실적 과제로 떠오를 수밖에 없다. 그 중에도 우리는 기업가들이 지닌 정신적 자세와 의식 구조를 중요시해야 한다.

사회의 여러 세력들과 계층이 서로의 시대적 사명과 역할을 가지고 움직이는 과정에서, 사회가 변천함에 따라 그러한 세력 구도와 역할 구조도 또한 바뀌게 마련이다. 그런데 지금까지는 주로 국가 부문이 우리 사회의 변화를 주도해왔다고 볼 수 있지만, 앞으로는 기술 혁신의 여파로 일어나는 전지구적인 변동과 사회 문화적 다원화에 대처하면서 시장 경제의 틀 속에서 우리 경제가 지속적으로 성장하고 사회가 발전할 수 있으려면, 국가의 상대적 기능은 축소되어야 하는 대신, 기업 부문의 비중이 커질 수밖에 없도록 상황이 전개되고 있다. 따라서 자본주의 정신의 함양에서 근간이 되는 것도 기업의 엘리트인 기업가와 최고 경영자의 기업가 정신이 될 것은 당연한 귀결이다.

물론 그러한 정신이 하루아침에 생기는 것도 아니고, 사회 문화와 정치 경제의 온갖 요소들이 어우러져 훌륭한 조화를 이룰 때에야 가능할 것이다. 이와 같은 다각적인 변화를 추구하기 위해서라도, 우리는 먼저 기업가 정신의 현주소와 그 나아갈 방향에 대한 이해를 갖출 필요가 있다. 이 연구는 그런 뜻에서 시작한 것이다. 여기에 연구 성과의 일부를 책으로 엮어내거니와, 이 책에서 시도하는 바는 다음과 같다.

우선 최근 IMF 관리 체제로 특징지어지는 경제 사회적 변화 속에서 실지로 위기 극복의 주체로 활동해야 하는 한국의 기업 엘리트들이 어떤 경제적·사회적 의식과 비전을 가지고 있는지를 정리, 소개하려 한다. 그러니까 21세기를 지향하는 현시점에서 우리의 기업가 정신은 어떤 모습을 띠고 있는가를 보여줌으로써, 현재로서는 매우 불투명하고 혼란스러운 우리의 경제 체제 개혁과 사회 개조의 방향에 대해서 합리적인 대안을 모색하고자 한다.

물론 이러한 현실적인 목표 외에, 이 연구는 학문적으로 자본주의 정신이나 기업가 정신에 대한 경험적인 연구의 한 표본이 될 수도 있다. 그뿐 아니라, 기업 경영이나 경제 사회 발전에 관심이 있는 학생들에게는 하나의 참고 자료가 될 수 있어서, 교육적인 의미도 지닌다 하겠다. 그러나 이 책의 핵심 목표는 한국의 기업가 정신의 일단을 있는 그대로 생생하게 보여주려는 것으로 귀착한다.

연구 자체는 본시 학술진흥재단의 지원 아래 1997~99년에 걸쳐 진행중인 '동아시아 자본주의 정신 비교 연구: 한국, 일본, 중국'의 일환으로 이루어진 것이다. 그 중에서 동아시아 3국의 기업가, 최고 경영자들과 면접하는 프로그램도 포함되어 있었는데, 이 책에는 한국의 기업가들의 증언을 담고 있다. 이들의 육성을 대체로 그대로 옮김으로써 무엇보다도 기업가들 스스로가 인식하고 고민하는 내용의 내적 구조와 깊이를 생생하게 전달하는 것이 중요하다고 보았기 때문이다. 물론 여기에 참가한 기업가, 최고 경영자들이 한국의 기업가, 경영자를 통계적으로 정확하게 대표한다는 주장을 하지는 않는다. 연구의 편의상 주로 친분을 중심으로 실제 만날 수 있는 인사들과 접촉한 것이 사실이기 때문이다. 그럼에도 불구하고 우리는 이들의 살아 있는 증언이 대표성이 전혀 없는 것이라고 보지는 않는다. 비록 24명이라는 제한된 수이기는 하지만, 이들 사이에도 의견의 차이가 있었고, 대체로 이론적으로 기대할 수 있는 범위의 객관성을 찾기는 어렵지 않았다.

이와 같은 육성 증언을 중심으로 엮은 이 책에는 먼저 서론 격으로, 한국의 기업가 정신이 전개되어온 역사적 배경을 간략하게 다루었다. 그 내용은 시기별로, 1) 근대 이전의 상인 정신과 전통 사상, 2) 일제에서 1960년대초에 이르는 기업가 정신의 맹아, 그리고 3) 경제 성장기의 개발국가형 기업가 정신의 특징으로 나누었다. 이 세번째 부분에서는 주로 우리나라 10대 기업의 최고 경영자들이 펴낸 자서전과 어록 등을 발췌하였다. 나머지 본론에서는 24명의 인터뷰 기사를 몇 가지 주제별로 구분하여 정리하였거니와, 여기에서는 각 주제에 대한 간단한 해설과 함께 기업가들의 증언의 적절한 부분들을 육성 그대로 실어서 독자들의 이해를 돕고자 하였다. 여기서 한 가지 밝혀둘 것은, 본래부터 면담한 기업가들의 실명을 내용에서 명기하지 않기로 약속한 점이다. 서론에서 이분들의 명단과 기업명을 소개하지만, 육성 증언의 내용은 약자로만 표시하여 실제 인물의 정체가 드러나지 않도록 했다.

이 자리를 빌려 우선 연구를 지원해준 학술진흥재단의 이사장을 비롯한 관계자 여러분에게 감사의 뜻을 전하며, 더운 여름날에도 불구하고 면담에 협조하여 이처럼 훌륭한 자료를 제공해준 기업가 여러분들의 노고와 협력에 심심한 감사의 말씀을 드리고, 인터뷰를 하느라 애써준 서울대학교 사회발전연구소의 조교 현승희 · 김여진 · 김영춘 · 조서린 제군에게도 고마운 마음을 보낸다. 끝으로, 이 자료를 미비한 대로 선뜻 출판해주기로 한 문학과지성사의 김병익 대표와 편집, 제작팀의 여러분께도 깊은 감사의 말씀을 드린다.

1999년 초여름 청계산을 바라보며
지은이 대표 김경동

차 례

제1부

한국 기업 엘리트의 기업가 정신

제1장

서론
—기업 엘리트의 특성과 기업가 정신 연구

1. 기업 엘리트의 개념

근대 자본주의 사회의 출현과 더불어 새로이 등장한 기업가와 경영자는 사회의 새로운 엘리트 계층으로서 사회적 영향력이 커지기 시작하였다. 이들 '기업 엘리트'의 영향력은 근대화의 진전에 따라 점증하여 현대 사회에서는 그 상대적 지위와 역할이 가장 중요한 위치에 이르렀다 해도 과언이 아니다. 이처럼 중요한 사회 집단에 대한 연구는 당연히 사회학의 고전적 관심사였으며, 오늘에 이르러 더욱더 중요한 관심 영역으로 부상하였음에도 불구하고 우리나라에서는 이에 대한 경험적 연구가 아직도 미비한 상태다.

우리가 말하는 기업 엘리트라는 개념은 통상 사업가businessman, 기업인, 최고 경영자층과 같은 표현으로 쓰며, 학문적으로는 자본가capitalist, 기업가entrepreneur 등으로 다양하게 부르는 말이지만, 여기서는 기업의 각 부문에 종사하는 지도층 인사들로서 우리 사회에서 정치·경제적으로나 사회적으로 상당한 영향력을 발휘하는 사람들을 뜻한다.

'자본가'라는 말은 사회학적으로 비교적 흔하게 쓰는 개념이며 18세기 후반 산업 혁명 이후 공장제 생산 자본의 성장을 통해 발전하였던 산업 자본가를 지칭하는 역사적 개념이다. 칼 마르크스 K. Marx는 당시 산업 자본화 과정에 주목하고, 자본가를 무엇보다도 노동을 고용하여 상품을 생산하여 이윤을 추구하는 경제적 집단으로 규정하고, 그들은 근대 자본주의적 시장 질서와 그를 위한 사회 제도 및 문화적·이데올로기적 가치 규범을 창조하고 지지하는 정치 사회적 집단이라 하였다. 특히 노동 과정에 의하여 창출한 이윤을 이자 등의 형태로 배분하는 자본 축적 과정과 관련하여 자본가를 대부 자본가, 상인 자본가, 생산 자본가로 구분하였고, 또한 생산 과정을 중심으로 소유 자본가와 구별하여 '기능 자본가'로서 경영자의 노동 통제 현상을 중시하였다. 그러나 마르크스에게 있어서 자본가는 어디까지나 노동자와 대립하는 상대적인 집단으로서 소유의 국유화 또는 사회화로써 극복해야 할 대상으로 여겨졌다는 점이 가장 큰 특징이다.

이에 반해 막스 베버 M. Weber는 19세기 후반 산업 자본이 발전해 가는 과정에 대한 문제 의식에서 출발하여 자본가를 훨씬 다차원적으로 규정했을 뿐만 아니라 서구 자본가 정신의 형성과 그 내용적 특질을 밝히고자 하였다. 자본가는 1) 생산 수단을 소유하여 기업 내 통제력을 행사할 수 있고, 2) 자신의 재산으로 시장에서 상품과 서비스를 우선적으로 획득할 기회를 가지며, 3) 사회적으로 권위 있는 교육·직업·위신 그리고 생활 방식을 누린다는 특성을 갖는다(Weber, 1972: 177~79). 그 중에서도 생산 수단의 소유 여부는 일차적으로 자본가의 사회적 행위 패턴을 규정한다. 전근대 모험 자본가나 상인 자본가와 구별하여 '근대' 자본가의 이러한 행위 성향을 주된 구성 부분으로 지닐 때 이를 근대 자본가 정신이라 한다. 물론 자본주의 정신은 자본가를 포함하여 기술자 등 자본주의적 경제 체제를 구성하는 다양한 경제 행위자의 정신적 특성으로 구성되지만, 그 중에서도 자본가가 가장 중요한 행위자이기 때문에 이들의 자본가 정신이 자본주의 정신의 핵심 요소가 된다.

자본가 연구에서 자본가 정신을 분석 대상으로 한 것은 매우 중요한 의미를 지닌다. 첫째, 막스 베버는 근대 자본주의는 자본가를 포함하여 상층 노동자 등 경제 행위자들의 자본주의 정신에 의해 형성된다는 점을 강조하고 있다. 그는 근대 자본주의는 "자본주의적으로 이용할 수 있는 화폐에 연원하는 것이 아니라 무엇보다도 자본주의적 '정신'의 발전에 기인한 것이다"(Weber, 1920: 53)라고 하였다. 즉 자본주의가 화폐의 축적에 의해서만 성립하는 것이 아니라 행위자들의 자본주의적 정신에 의해서 자본주의 체계가 성립한다는 점을 강조하였다. 자본가 정신이 마르크스에게서처럼 단순한 이데올로기가 아니라 자본주의 사회의 형성 변화의 원동력이라는 견해를 제시한 것이다.

둘째, 베버는 서구에서 발생한 근대 자본주의 정신의 뿌리를 개신교 윤리에서 찾아 그 내용을 밝히고자 하였다. 그는 기독교 개신교에서 부(富)의 획득과 상행위를 윤리적으로 정당화하고 권장함으로써 서구 자본이 정신의 형성에 기여하는 과정을 자세히 분석하고 바로 이 점에서 중국·일본·인도 등의 타문화권과 비교하여 서구의 근대 자본가 정신의 특수성을 밝히고자 하였다.

따라서 마르크스 식의 자본가 개념은 전반적으로 다른 사회 집단과 구별되는 경제적·정치적·사회적 이해를 갖는 사회 세력으로서 역사적으로 산업 자본주의 단계의 기업가를 가리킨다 할 것이다. 그러나 막스 베버의 자본가 정신 개념은 자본가의 정신적 가치 내용을 주제로 삼았다는 점에서 슘페터의 기업가 개념과 연관성을 갖게 된다.

'기업가 entrepreneur'[1] 개념은 역사성보다는 훨씬 더 행위 패턴의 특성을 강조하는 용어다. 조셉 슘페터 J. Schumpeter에 의하면, 기업가란 본래 "불확실성하에서 이윤 극대화를 위하여 모험적 의사 결정을 수행하고 경영 책임을 지는 자"라 할 수 있다.

〈표 1-1〉　　　　　기업가의 다양한 개념 규정

	발표 연도	정 의
프랭크 나이트 F. Knight	1921	불확실성하에서 경영 책임을 지는 자
J. E. 스테파넥 J. E. Stepanek	1960	보통의 위험을 감행하는 자
J. B. 로터 J. B. Rotter	1976	내부적인 통제의 핵심인 자
이스라엘 커즈너 I. Kirzner	1979	균형의 조정자 Arbitrager

참고 문헌: 강신일 · 이창원, 1997: 74에서 재구성.

슘페터 이후 여러 학자들이 제시한 기업가의 개념 규정은 현대에 올수록 기업 내부의 경영에 초점이 맞추어지고 있으며 따라서 '기업가형 경영자'에 주목하고 있음을 알 수 있다. 그럼에도 불구하고 기업가는 기업가 정신이라는 행위 특성에 따른 일정한 규범적 범주에 속하는 집단이라는 특징은 벗어날 수가 없다.

기업가는 실제적으로는 소유 기업가와 기업가형 경영자로 존재한다. 따라서 통상 소유 기업가는 기업의 소유 지분을 근거로 대주주 또는 상당한 지분을 가진 주주로서 회장 · 사장 · 부사장 등 기업의 최고 의사 결정 기관에 있는 자를 말한다. 반면 기업가형 경영자는 소유 기업가와는 달리 직접적인 소유 지분을 대량으로 차지하지 않기 때문에 주인 의식이라든가 슘페터적인 '창조적 파괴'자 또는 창조

---

1) 기업가 entrepreneur 개념은 기업 관리자로서의 기업가(企業家)보다는 창업가라는 의미에서 기업가(起業家)라는 견해도 있다.

적 혁신자innovator의 의식에서 소유 기업가와 차이가 있지만, 또 다른 한편으로는 단순한 관리형 경영자와는 달리 특히 고위층 경영자는 기업의 중요한 의사 결정을 담당하는 전문 경영인 또는 경영 기업가로서 넓은 의미의 기업가에 속한다. 따라서 여기에서는 사장 · 부사장 · 전무 또는 기획실장 등 최고 의사 결정에 관여하는 최고 경영자에 주목한다. 더욱이 그들이 단순한 관리자를 넘어 최고 의사 결정권자로서 부분적으로나마 결과에 대한 책임responsibility과 의무를 지고 있다면 기업가형 경영자라 할 수 있으며 그러한 의미에서 기업가의 중요한 구성 부분이라 할 것이다.

기업가형 경영자는 단순한 관리자와 구별된다. 관리자는 기업 내제 규정이나 관리 세칙에 따라 의사 결정을 하지만, 기업가형 경영자는 미래의 불확실한 상황에서 의사 결정을 한다. 즉 관리자는 위험을 회피하지만 기업가형 경영자는 위험을 기회로 받아들이고 이에 도전한다. 그러므로 관리자는 상관이 그 규정에 따라 업무 수행 결과를 평가하지만 기업가형 경영자의 전략적 의사 결정 결과는 시장에서 기업 성과로 나타나므로 이로써 평가를 받게 된다. 그러니까 관리자는 월급을 받지만 기업가는 경영 결과에 따라 이윤 배당을 보수로 받는다.

이런 뜻에서 여기에서는 자본가라는 폭넓은 문제 의식을 염두에 두면서 좀더 구체적이고 실증적인 분석을 위하여 기업가와 기업 엘리트라는 개념을 채택, 사용하는 것이다.

2. 기업가 정신 연구의 의의

슘페터에 의하면, 기업가 정신entrepreneurship이란 창조적 혁신을 이루는 기업가의 내적 동력이다. 그런데 이와 같은 기업가 정신의 내적 속성은 특수한 사회 경제적 맥락 속에서 제 힘을 적절하게 발휘할 수 있다는 사실을 주목할 필요가 있다. 그처럼 기업가들이 창의력을 기업의 경영 혁신으로 실현하는 데 가장 친화력이 높은 사회 경제 체제는 다름아닌 자본주의다. 혹은 바꾸어 말해서 자본주의적 경제 사회 체제가 발전해온 것은 기업가의 창조적 혁신이 효과적으로 작용할 수 있었기 때문이라고도 할 수 있다. 그런 뜻에서 우리는 기업가 정신의 연구를 좁은 뜻으로 기업가의 기업 경영 활동이라는 한정된 맥락에서 발현되는 기업가 정신에 국한시키기보다는 좀더 광의의 사회적 성격 혹은 기업가의 정신적 성향을 강조하는 '자본주의 정신 capitalist spirit'에 대한 연구의 일환으로 간주하고자 한다. 따라서 한국의 기업가 및 경영자의 기업가 정신은 한국 자본주의 정신을 구성하는 핵심적인 문화적·정신적 원동력이다.

I. 기업가 정신 연구의 내용

1) 기업가 정신은 기업가의 일반적인 덕목이나 가치를 가리키는 것이 아니라 실제 그들의 경제 행위의 기반이 되는 가치관, 규범 의식, 윤리적 지향 및 도덕성을 뜻한다

기업가 정신은 기업 외부로부터 기업이 당연히 실천해야 한다고 요구하는 덕목이나 가치를 포함하는 '기업 윤리business ethics'를 뜻하는 것이 아니라[2] 매일매일의 기업 행위의 기초가 되는 가치관과 규범을 내포하는 정신적 토대를 말한다. 이러한 점에서 칸트적인 도덕

moral이 아니라 아리스토텔레스적인 에토스ethos나 하비투스hexis라 할 것이며, 이는 '자본주의 정신'이라는 개념이 내포하는 합리성 자체의 형식이나 내용뿐만 아니라 그 합리성의 윤리적 토대를 문제시한 베버의 문제 제기와 연관된다. 베버의 이러한 토대에 대한 질문은 "이 특이한 구체적인 형태의 합리적 사고는 어디에서 태어난 지적 산물인가" 하는 의문으로 나타났으며, 이를 추구하는 과정에서 프로테스탄티즘의 윤리와의 관련성을 밝히게 되었다.

방법론적으로, 기업가 정신은 자본주의 체제의 구조와 구성 주체들의 행위 사이의 중요한 연결점을 이룬다. '의식,' '정신,' '에토스' 등을 다룰 때는 그 사회 경제적 기반을 문제시하지 않을 수 없다. 특히 기업가 정신은 기업가 각자의 경제적 이해 관계에 대한 의식과 가치관에 기반하고 있다는 점을 분명히 해야 한다. 기업가 정신은 각 사회의 여건과 문화에 따라 그 성원들의 의식 구조와 외적 환경 사이에 독특한 결합 형태로써 상이한 형식과 내용을 띨 수 있다. 특히 모든 국가와 개별 기업은 각기 상이한 경제적·사회적 제도를 구축하고 상이한 경제 행위 패턴을 나타내는가 하면, 또한 상이한 경제 행위 패턴으로 인하여 특정한 경제 사회적 제도의 운영 자체가 촉진되기도 하고 제약되기도 한다. 이러한 점에서 한국적 기업가 정신의 특성을 발견할 수 있을 것이다.

기업가 정신은 기업 내에서는 기업을 운영하는 기본 원리로서, 사회적으로는 기업 경쟁력의 핵이며 여러 사회적 제도 형성의 중요한 물질적 기초의 표현이기도 하다. 우리 사회에서는 기업가라면 흔히 탐욕의 화신이라는 비판을 받지만, 지금까지 가장 작은 중소기업의

---

2) 기업 윤리 business ethics는 응용철학의 한 분야로서 도덕 규범에 비추어 바람직한 기업의 할 바라 할 것이다. 이에 대한 연구는 Bowie(1990)를 참고.

기업가조차도 단순한 '헝그리' 정신(Handy, 1997)이나 가식과 허위를 가장한 이데올로기만으로 기업을 운영할 수 없었으며, 그러한 의미에서 나름대로의 가치와 규범 아래 경제 행위를 수행하고 정당화해왔다.

특히 우리나라 기업가 정신은 매우 중층적인 성격을 지니고 있다. 우리 사회에서 자본주의가 자체적인 사회적·제도적 기반 위에 성장하고 발전한 것이 아니라 서구 자본주의가 식민지와 냉전 체제를 통해 이식되었기 때문에, 제도들간에는 전혀 상이한 운영 원리가 작동하고 있어서 제도간의 모순이 제도와 행위 규범 및 가치관 사이의 괴리 현상으로, 그리고 더 나아가 의미 혼란과 불균형으로 두드러지게 나타나고 있다. 이러한 중층적 성격을 띠는 기업가 정신의 전모를 살펴보기 위해서는 한층 더 심도 있는 기업가 정신의 내용 연구가 필요한 것이다.

2) 기업가 정신은 기업가들의 세계관으로서 그 내용 구조를 밝히는 것이 중요하다

기업가 정신에 대한 경영학 분야의 기존 연구는 기업가 정신의 내용 구조를 충실히 밝히는 대신에 그 특징을 중심으로 유형화하거나 그러한 특징의 경제·경영학적 의미를 밝히는 데 한정되었다.

그러나 사회학은 베버 이래로 기업가 정신의 의미 구조와 내용을 밝히는 것을 중시한다. 16~17세기에 생성된 근대 자본주의modern capitalism는 고전적 자본주의로서 그 전형적인 기업가 정신은 유럽과 미국의 초기 자본주의에서 잘 보여진다. 베버가 지적한 고전적 자본주의 정신은 다음 세 가지 특징으로 요약할 수 있다. 첫째로, 무엇보다도 부(富)의 축적을 종교적으로 긍정하거나 최소한 관용적인 태도를 취하였다는 점이다. 중세기 카톨릭의 경제 윤리는 훨씬 더 전통적

인 인문 교육을 지향하는 것이었으며 상업 활동의 이자나 이윤 개념을 종교적으로 인정하지 않았다. 토마스 아퀴나스는 이윤 추구를, 윤리적으로 어쩔 수 없는 이윤의 획득조차도 비천하다고 비난하였다. 영리를 목적으로 하는 행위는 근본적으로 하나의 치욕이었다. 종교 개혁은 이러한 카톨릭의 경제적 전통주의로부터 해방과 새로운 윤리 구성을 내포하였다. 사실상, 종교 개혁은 인간에 대한 교회의 지배를 배제하는 것이 아니라 오히려 종래의 형식이 아닌 다른 형식으로 그것을 대체시킨 것에 지나지 않는다(Weber, 1920: 20). 자본주의 정신이 프로테스탄티즘에 의해 형성될 때, 돈과 재화의 추구 자체를 비난하기도 하였으나 그것은 소유라는 안온함 속에서 무위도식의 생활로 나아갈 수 있는 위험 때문이었다(Weber, 1920: 166~67). 따라서 부와 자본의 축적에 대한 종교적 용인과 뒷받침은 세속적인 경제 활동의 종교적 추동에 그 본질이 있다. 왜냐하면 부의 축적을 종교적으로 정당화함으로써 사회 윤리적 · 문화적으로 그들 집단의 행위를 용인할 뿐만 아니라, 더욱 주요한 것은, 그 경제적 활동이 근거를 얻게 되고, 종교적 믿음의 형태로 그것을 추동하는 것을 의미하기 때문이다.

둘째로, 그렇다고 금전욕이 곧 자본주의 정신을 의미하는 것은 아니다. 여기서 특히 주목할 자본주의 정신의 특성은 직업 정신 Beruf, 즉 소명의 강조다. 베버는 자본주의의 사회 윤리로서 '직업에 대한 헌신의 의무'라는 개념을 강조하였다. 누구나 자기의 직업 활동의 내용을 의무로 인식해야 하며 실제로 의식하고 있는 그런 의무 관념이다. 특히 "직업 Beruf에 능숙한 사람은 임금을 섬긴다"(「잠언」 22장 29절)라는 성경 구절에서 유래하는 '천직' 개념은, 중세 카톨릭이나 고대와는 달리, 프로테스탄트 신앙에서 특이하게 취급되었다. 개인의 천직은 일상적 행위 규범의 준수를 통하여 신(神)에 대한 자기 의무를 수행하는 것이기 때문이다. 따라서 이것은 현세적인 것을 거부하는 카톨릭의 은둔적 고립주의에서 벗어나 세속적인 목적 추구를 강조하도록 해주었다. 천직에 대한 헌신 몰입적 노동은 사실상 세속적인 금욕에서 비롯된다. 특히 금욕적 프로테스탄티즘이 강조한 세속내적 금욕innerweltliche Askese은 합리적 경제 행위를 위한 특정한 규율화Disziplinierung로 이끌었다. 이러한 의미에서 "신의 섭리에 의해 주어진 구체적인 지위를 채우라"라든가 또는 신의 특별한 명령으로 "오로지 신앙만으로sola fide" 구원받기를 바랐던 프로테스탄트들의 종교적 세속 행위를 잘 알 수 있다.

개신교적 금욕은, 세속 생활과 단절되는 카톨릭의 금욕 생활과 달리, 방만하고 본능적인 향락에 대한 거부와 함께 세속적인 직업 생활 속에서 신앙을 증거하는 빈틈없고 명철한 의식적 행위로 나타나야 한다. 즉 금욕적 생활은 신의 뜻에 따라 자신의 전체 생활을 합리적으로 계획함을 의미한다(Weber, 1920: 163). 신은 스스로 돕는 자를 돕기 때문이다.

그러나 신앙이라는 초(超)세속성에도 불구하고 그러한 믿음은 현세적 경제 행위의 합리적 수행과 모순되지 않는다. 왜냐하면 프로테스탄트의 세속적 금욕은 경제 행위가 단순히 자신의 욕구 충족이 아니라 영리 추구 자체가 하나의 목적이 되도록 하며, 내적으로 냉정한 극기심과 엄격한 절제 및 자제를 낳게 하기 때문이다. 내세를 지향하면서도 세속 내부에서 행해지는 생활의 합리화, 그것이 금욕적 프로테스탄티즘의 요체이며 개신교적인 자본주의 정신의 특징이다. 일체의 자연적 향락을 엄격히 배척하고 돈을 획득하려 노력할 것이며 영리는 인생의 목적이지 결코 인간의 물질적인 생활의 욕구를 채우기 위한 수단이 아니다. 또한 노동이야말로 절대적 자기 목적으로서 천직이다('네 직업 노동에 힘쓰라'). 이렇듯 '정당한 이윤을 사명(직업)으로 여겨 조직적이고 합리적으로 추구하는 정신적 태도'로서 근대적 자본주의 정신(Weber, 1920: 49)은 따라서 직업 노동에 대한 헌신 몰입 즉 직업적 헌신이 중요한 요소다. "시간은 돈이다," "신용은 돈이다"라는 말들은 그러한 당시의 자본주의 정신의 한 표현이라 할 수 있다. 그러나 자본주의 정신의 합리성은 개인적 수준에서의 합리성의 문제로 끝나는 것이 아니다. "이러한 기업가는 거대한 부(富)를 소유하면서도 그 자신을 위해서는 아무것도 소유하지 않으며 단지 착실히 자기 일을 수행한다는 비합리적 감정을 가지고 있을 따름"(RS, I, 55)인 것이다. 여기에서 자본주의 기업의 합리적 조직 구성 즉 합리적 경영에 의한 자본 증식과 합리적 자본주의적 노동 조직이 가능한 정신적 근거를 발견하게 된다. 결국, 자본주의 정신은 부의 축적 및 자본 축적에 대한 견해뿐만 아니라 봉건적 유제에서 자유롭게 노동력을 조직할 수 있는 생산의 조직화, 그리고 과학 기술의 발전과 같은 '세계의 탈주술화 Entzauberung der Welt'를 그 주된 내용으로 한다.

하지만 고전적인 자본주의 정신은 경제 조직이 아직 경제 행위의 방향을 결정하는 지배력을 잡지 못한 자본주의 초기에 생성 전개된 것이라 할 수 있다. 그런데 베버가 살았던 19세기말과 20세기초는 독일 자본주의가 이미 초기 상업주의 경향을 넘어 기업 조직이 확대 발전되어가던 독점 초기 단계에 있었기 때문에, 상업적인 기업가 정신뿐만 아니라 기업 조직 확대에 따른 관료화와 아울러 생산의 조직화에 관련한 근로 정신이 강조되게 되었다. 그러나 베버는 기업가 정신 entrepreneurship이나 경영자의 더 적극적인 역할 그리고 과학 기술 정신 등에 대해서는 비교적 후반기에 관심을 가졌을 뿐 『개신교 윤리와 자본주의 정신』에서는 본격적으로 언급하고 있지 않다.

이러한 종교적 후광은 19세기 산업 혁명기에 번창한 미국 자본주의 정신에서도 뚜렷하게 드러난다. 이 시기에 등장한 신흥 산업 지도층은 그들이 획득한 새로운 사회 경제적 지위를 정당화할 필요가 생겼다. 이들은 대다수가 중산층 이하의 미천한 계층 출신으로서 일찍부터 칼뱅주의적 가정 교육을 받아 근면·노력·자기 희생·근검 절약 등의 덕목과 가치들을 익혔던 사람들이었다. 그리하여 자기들의 성공은 주님의 은총이 내린 징조이며, 가난한 사람들은 부자가 될 자격이 없는, 하나님의 축복을 받지 못한 존재들이라는 믿음을 굳게 가졌다(Bendix, 1963). 자본가들은 자신의 성공을 덕행과 우월한 능력의 증좌라는 논리에 입각하여 정당화하였다. 이러한 것들이 말하자면 세속화한 개신교 윤리라고 할 만하다(김경동, 1988). 특히 20세기초 이후의 수정된 자본주의 정신에서는 막스 베버가 예견한 바 있듯이, 초기에는 종교적 후광에 힘입어 번성하기 시작했지만 자본주의가 일단 기성 제도의 틀을 갖추고 정착하게 되면 마치 새장 속에 갇혀 있던 새가 새장의 문이 열리자마자 훨훨 혼자서 날아가듯이, 종교적 후광이 필요 없이 스스로의 운용 기제에 의하여 지속적으로 발전해나갔다.

그러나 베버는 근대화가 가져다줄 관료제화의 부정적인 결과에 대한 우려를 표명하기 시작하였다. 산업이 고도화됨에 따라 무엇보다도 기업 조직체의 수준에서 관료화가 나타나 효율성을 급격하게 떨어뜨리게 되었다. 이와 같은 변화를 반영하는 새로운 이념 운동이 일어나기 시작하였는데, 가령 미국에서는 19세기에 스마일스가 강조한 개인적 자질과 성공한 인물들의 치열한 노력에 덧붙여 '인간의 정신적 요소' 즉 '사고의 힘,' '올바른 정신적 태도' 등을 부각시켜 새로이 등장한 관료적 상황에서 성공의 원천으로 강조하기에 이르렀다. 여기에는 초기의 스펜서 식 생존 경쟁의 원리도 어느 정도 계속 고수되고 있음을 간과할 수 없다(Bendix, 1963).

그러한 상황에서 두각을 나타내게 된 미국식 자본주의 정신의 주된 지향은 1) 기업가 정신, 2) 경영자 정신, 그리고 3) 과학 기술 정신으로 요약할 수 있다. 첫째, 무엇보다도 주목할 만한 요소는 기업가 정신 entrepreneurship이다. 미국 자본주의는 청교도 정신에서 비롯한 현세적 금욕주의와 서부 개척의 역사가 표상하는 개방적이고 실용적인 사회 분위기가 맞물려, 기업가의 도전적이고 개척자적인 역할을 사회적으로 적극 허용하고 인정하였다. 이러한 기업가 정신은 슘페터 식의 '창조적 파괴'와 이노베이션 innovation을 적극적으로 추진하게 하여 자본주의를 새로운 국면으로 끌어올렸다. 둘째로, 경영자 정신을 중시하게 되었다. 특히 일차 대전을 전후로 하여 기업 조직이 급격히 거대화·관료 조직화되면서 경영자의 지배가 산업 조직의 대규모화의 가장 큰 특징으로 등장하였다(Bendix, 1963). 조직의 거대화에 부응한 경영자 지배의 추세는 경영자 정신의 중요성을 더욱 강조하게 되었다. '높은 생산성과 고임금'을 목표로 한 테일러주의 taylorism는 그 하나의 전형으로 나타난 경영 이념인 셈이다. 셋째로, 과학 기술(개발) 정신을 중요시하게 되었다. 기업 활동에서 과학 기술의 역할이 현저히 증대된 것이 20세기에 들어 가장 큰 변화라 할 것이다. 따라서 자본주의 정신 내에서 과학 기술 개발 정신의 비중이 커지는 것은 당연한 현상일지도 모른다.

이러한 연원에 대한 고찰에 입각하여 자본주의 정신의 연구는 추상적인 자본이나 기업의 사회적 논리를 넘어 보다 구체적인 내용과 시대적 요구 사항의 반영 양상을 잘 보여줄 수 있다. 우리나라에서 이 분야의 연구는 근대화 추진 세력으로서 기업가 및 상층 경영자의 가치관에 대한 사회학 분야의 연구(김경동, 1968)에서 비롯된다.

반면 경영학에서는 구체적으로 경영 사상에 대한 연구(양창삼,

1993)와 기업과 사회와의 관계 및 기업 문화의 연구의 일환으로 1980년 후반 비교적 활발하게 이루어졌다. 기업 문화와 조직 행동의 유형화에 대한 연구로서 1995년 조사된 『한국 대기업의 경영 특성』(신유근, 1996)은 이 분야의 대표적인 연구 사례다. 또한 기업가 정신을 리더십으로 한정하고 기업의 리더십이 기업 경영 결과에 미치는 양적 분석을 시도한 예도 있다(강신일 · 이창원, 1997).

그러나 새로운 기업가 정신의 창조를 통해 경제 위기를 극복하고 21세기 경제 사회적 환경 속에서 번영을 기약해야 할 20세기말의 시점에서는, 기업가 정신의 내용 전체를 충실히 살펴보고 "왜 그리고 어떻게 그러한 특정한 가치 지향과 내용 구조를 띠게 되었는가"를 밝히는 것이 시급한 일이라 할 것이다.

특히 시장 경제의 자립화가 어느 때보다도 절실한 것으로 강조되는 현시점에서 시장 경제의 주체인 기업가 · 경영자의 사회 문화적 기반을 밝히는 것은, 내재적으로 시장의 사회적 배태성social embeddedness을 부각시키는 관점에서 우리 사회의 시장 경제 정착의 기초를 닦는 학문적 작업이라는 의미를 갖는다. 시장의 정상화 · 합리화는 정치의 합리화와 민주주의의 정착을 이끌어갈 시민 사회의 성숙과도 밀접한 관련을 갖는다. 그러므로 기업가 · 경영자의 정신적 성숙은 21세기 우리 사회의 전반적인 발전에도 기여할 수 있는 문화적 요소로서 중요성을 지닌다 할 것이다.

3) 외환 위기와 IMF 관리 체제로 특징지어지는 1997년말 이후에는 성장기 기업가 정신이 해체되고 성숙 경제에 걸맞은 새로운 기업가 정신이 태동하고 있다

외환 위기와 IMF 구제 금융으로 새로운 경제의 틀을 짜기 시작한

1997년의 경제 위기는 기업가 정신에 대한 새로운 반성을 촉구하는 계기가 되었다. 지금까지 국가 주도의 외형적 개발에 안주했던 성장기의 기업가 정신으로는 다가올 새 천년기의 전지구화 globalization한 경제 운용의 틀 속에서 살아남을 수 없다는 절박한 성찰이 요구되고 있는 것이다. 따라서 이제는 이른바 발전국가의 외피를 벗어던지고 국내외의 전지구적 시장 경제의 치열한 경쟁 압력 속에서 기업 경영을 할 수밖에 없는 환경 변화를 수용하면서 완전히 새로운 출발선에 선 기업가 정신의 현주소를 밝히고 해명하고자 하는 것이 이 연구의 목적이다.

이러한 연구는 무엇보다도 새로운 기업가 정신의 탐색에 가장 큰 의의가 있다. 그러므로 여기에서는 대기업뿐 아니라 중견 기업의 엘리트 기업인들도 연구 대상으로 삼았다. 1995년 현재 30대 기업 집단이 669개로서 총 GNP 규모의 16.3%를 차지하는 등 대기업 집단의 비중이 아직도 크지만, IMF 시대 이후의 새로운 성숙기 기업가 정신을 탐색한다는 의미에서 우리는 대기업 집단의 기업가 · 경영자 못지않게 중견 기업과 중소기업의 기업가 · 경영자의 경제 사회 비전이 중요한 의미를 지닌다고 보았다.

II. 한국 기업 엘리트의 일반적 특성

서두에 검토한 개념 규정에 의거하여 기업가 정신에 대한 연구는 대기업 및 중견 기업의 소유 기업가와 최고위층 '기업가형 경영자'를 대상으로 삼는다.

우리나라에서 10대 대기업의 회장, 사장 중에서 소유 기업가는 대개 10% 정도이며, 소유주 owner 기업가 및 그 직계 가족 성원 또는 인척으로 구성된다. 반면 중소기업이나 중견 기업에서는 회장 또는 사장이 거의 오너 기업가이며 소수의 직계 가족 또는 공동 창업자로 이루어진다. 이러한 소유 기업가가 상당한 정도로 한국 기업의 의사 결정을 주도하고 있다는 점이, '하면 된다' 문화can do culture로 표현되는, 과감한 리스크를 부담하면서 저돌적으로 행동하는 진취적인 기업가 정신을 특징짓게 된 셈이다.

반면 기업가형 '경영자manager'는 10대 대기업에서도 실지로는 거의 90%를 차지하지만, 그러한 최고 경영자들은 실질적인 소유 경영자형 기업가 밑에서 이윤 분배가 아닌 월급을 받는 참모에 지나지 않는다는 평도 있다.

〈표 1-2〉 한국 기업가 및 경영자의 지위 구성	(1998년)	
	10대 그룹	30대 그룹
회장 및 명예회장	95명(5.1%)	195명(6.7%)
사장	351명(18.8%)	647명(22.1%)
상무이사 이상	1,418명(76.1%)	2,083명(71.2%)

다만 30대 그룹의 회장 및 사장 등 최고 경영층의 구성 비율은 10대 그룹보다 높은 편인데, 이 점은 30대 그룹에서 그룹 비서실이나 기획조정실 등 참모형 사장 이하 임원진의 비중이 비교적 높다는 것을 말해준다(〈표 1-2〉 참조). 물론 대부분 중견 기업에서도 회장과 사장의 업무 구분이 이루어지고 있어 회장 및 명예회장의 비중도 점차 증가하고 있다.

일단 한국의 기업가는 한 가지 특이한 성격을 지닌다. 다른 나라에 비해 중소기업이 허약하고 대기업을 중심으로 경제가 발전하였으며 또한 기업의 역사가 일천하기 때문에 아직은 창업자를 포함하여 소유 경영자가 기업 의사 결정 과정을 거의 지배하고 있다는 점이다. 또 한 가지 특징은 전체 종업원의 규모에 비해 경영진의 상대적 비중이 크다는 것이다. 가령, 1996년의 예로 볼 때, 우리나라 기업의 종업원 대비 임원의 크기는 0.1~0.25%로 일본의 0.03%에 비해 3~8배이며 미국의 0.05%에 비해 2~5배인 것으로 나타났다.

한편 우리나라 기업 엘리트들의 학력은 대학 졸업 이상의 고학력이 75% 이상 대부분을 점하고 있다. 창업 세대에서 2세로 넘어갈수록 교육 수준이 눈에 띄게 높아지고 있다. 소유 기업가들이 경제적 부(富)를 기반으로 교육과 같은 사회적 자본을 다음 세대로 확대하여 가는 것을 알 수 있다. 종교적으로는 특정한 종교가 없는 기업가가 거의 절반에 이르며 종교를 가지고 있는 기업가 중에는 특이하게도 불교가 가장 많고 개신교가 그 뒤를 잇고 있다. 아직도 전통적인 성격을 많이 지니고 있다는 증거일 것이다(〈표 1-3〉 참조).

〈표 1-3〉　　　　　30대 그룹 기업가(자본가)의 특성　(1996년 기준 총 61명)

학 력	비 율	종 교	비 율
고졸 이하	14명(23.0%)	불교	18명(29.5%)
전문대/대학 중퇴	3명(4.9%)	기독교(성공회)	11명(18.0%)
대학 졸업	21명(34.4%)	천주교	2명(3.3%)
대학원 이상	19명(31.1%)	유교	1명(1.6%)
기 타	4명(6.6%)	없음/무응답	29명(47.5%)

출처: 강신일 · 이창원, 1997: 326~28에서 재구성.

Ⅲ. 조사 대상 기업가의 특색

여기서 말하는 기업 엘리트는 소유 기업가 및 최고위 경영자층을 대상으로 한다. 대주주를 포함하여 경영에 참가하지 않는 주주 소유자는 제외하고 경영에 참가하는 창업 경영자, 소유 경영자 등과 통상

이사회에서 최고 의사 결정에 참여하는 경영자층을 포함한다. 실제 연구에 참여한 면접 대상자는 1명의 상무이사를 제외하면 회장 7명, 사장이 11명, 그리고 부사장이 4명 등으로 모두 최고 경영자에 속한다. 대상자의 선정은 기업 경영인의 속성상 무작위 표본 추출이라든가 기타 계통적 선정이 불가능한 상태에서 몇 가지 기본적인 특성들을 배려하면서 접촉 가능한 인사들을 면담하는 방식을 택하지 않을 수 없었다. 게다가 면접 대상자의 수도 극히 한정되었으므로, 이번의 조사 대상자들이 우리나라 기업 엘리트의 대표적인 표본이라는 주장은 하지 않는다. 다만 그 내용으로 보아 매우 중요한 정보를 제공하였다는 점에서 이 연구의 의의를 찾고자 한다.

이들 기업가·경영자에 대한 인터뷰는 1998년 7월 29일부터 11월 6일까지 24명을 대상으로 시행하였다. 기업가·경영자 면접은 당초 6~7월 예정이었으나 본 연구가 IMF 이후 급격하게 변화하는 기업가·경영자 정신을 포착하기 위하여 그러한 변화를 (정신적으로) 충분히 겪은 7월 후반기에서부터 인터뷰를 시작하기로 한 것이다. 인터뷰 내용은 〈부록〉과 같으며 다양한 인터뷰 항목으로 인하여 인터뷰 시간은 대체로 1시간 20분에서 2시간 30분 정도가 걸렸다.

현재까지 면접을 완료한 조사 대상 기업은 다음과 같은 특색을 지닌다. 〈표 1-4〉에서 보듯이 비제조업체는 대기업 소속 기업이 많으나 제조업에서는 10대 기업에서 중소기업까지 다양하게 분포되어 있다.

〈표 1-4〉　기업 규모(모기업 기준) 및 업종별로 본 조사 기업의 특징

업종 분야		10대 기업	30대 기업	중견 기업	중소기업
제조업	기계/철강	T		F	J, M, R
	전기 전자	S, L		K	

	기타		H, C	G, O, P	I, V
서비스 산업	U, N	B			W
판매/종합상사	D, E				
금융업/리스 산업	Q	A		X	

알파벳은 기업명의 약기임.

특성별로는 〈표 1-5〉에서 보듯이 60세 이상 소유 기업가가 많으나 소유 기업가가 10명, 전문 경영인이 9명으로 대체로 균형 있게 선정되었으며 연령별로도 40~50대초, 50대 중반~후반 그리고 60세 이상이 각 8명으로 고르게 선정되었다고 생각한다.

〈표 1-5〉　　　소유 지분별 및 연령 면접 대상자의 특징

소유 지분 ＼ 연령	40~50대초	50대 중반~후반	60세 이상
소유 기업가	H, F, M, R	O, V, W	K, J, G, B
소유/경영자	P	I	S
전문 경영자	L, T, E	C, N, Q, D	U, A, X

끝으로 구체적인 면접 대상 기업 엘리트의 명단과 인터뷰 일정은 다음과 같다. 실은 이분들과는 이름을 밝히지 않기로 약속하였는데, 여기서 실명을 제시하는 뜻은 이 명단을 보면 우리의 연구 내용이 어느 정도 우리나라 기업계를 대표하는 것일 수도 있다는 점을 알리기 위함이다. 물론 약속대로 실제 구체적인 언급 내용에서는 전혀 실명이 나타나지 않기 때문에 누가 무슨 말을 했는지를 식별할 수가 없게 되어 있음을 양해 바란다.

기 업 명	피면접 최고 경영자 (직위 생략)	출생년	종업원 수　　　　〔기준일〕	일 시
두산그룹	박용만	1955년	12,213명(임시직 포함) 8,923명(정사원)　　〔98년〕	7. 29
SK텔레콤	서정욱	1934년	3,400여 명	8. 14
POSCO	이구택	1946년	19,579명　　〔97년〕	8. 17
LG전자	이헌조	1932년	120,000여 명	8. 19
삼보컴퓨터	이용태	1933년	1,400여 명	8. 24
보왕	권병좌	1936년	—	8. 25
삼송	이형찬	1963년	200여 명	8. 31
대상그룹	김일만	1944년	3,017명　　〔98년〕	9. 2
풀무원	이창근	1952년	2,150명　　〔96년〕	9. 2
동원산업	김재철	1935년	4,000명　　〔98년〕	9. 10
모닝글로리	황귀선	1942년	240여 명	9. 11
금호그룹	박성용	1932년	30,000여 명	9. 16
대우자판	정주호	1946년	13,173명　　〔97년〕	9. 21
한화증권	김재룡	1943년	17,000여 명	9. 25
삼성그룹	장충기	1954년	267,000명　　〔97년〕	9. 28
(주) 대우	장병주	1945년	13,173명　　〔97년〕	9. 29
한국오므론(전장)	채석	1955년	700명	9. 30
진양	양규모	1943년	1,500여 명	10. 2
동양기전	조병호	1946년	652명　　〔98년〕	10. 9
신세기통신	정태기	1941년	1,000여 명	10. 9
교보실업	이영회	1937년	637명　　〔98년〕	10. 12
Deco	이원평	1946년	523명	10. 14
건축설계	김석철	1943년	15명	10. 28
한솔상호신용금고	유목기	1934년	7,000명	11. 6

제2장

기업가 정신의 역사적 전개

1. 초기 기업가 정신의 특징

I. 전통 문화와 상인 정신: 전근대적 기업가 정신

우리나라에서 근대화 이전의 전통 사회라면 대체로 개항을 전후한 시기를 기점으로 조선 사회와 그 이전의 사회를 일컫는다. 다만 전근대 사회 중에서도 오늘날의 사회 조직 원리와 문화적 특성의 전통적 근간을 이루는 사회는 역시 조선조 사회이며 그러한 의미에서 전통적인 경제 문화를 살펴보기 위해서는 조선 시대의 그것을 집중적으로 고찰해야 한다. 사실상 조선조 문화는 고려조나 통일신라와 근본적으로 다른 점이 있는데, 조선조는 삼국 시대와 고려 시대를 석권하다시피 하였던 불교와 그 전부터 면면히 이어져온 전통 종교인 만신교의 영향을 건국 초기부터 철저히 봉쇄하고 새로운 사상에 바탕한 이상 사회를 구축하려고 하였기 때문이다. 물론 조선 시대의 문화도 이중적인 구조를 띠고 있었다. 건국 이념으로 채택되어 사대부 지배층의 문화로 정착한 사상의 주류는 아무래도 고려말부터 우리나라 사상을 주도한 주자학(朱子學: 性理學)에 해당하는 유교였으며, 이에 비하여 상민층(常民層)에는 보다 전통적인 불교나 민간 신앙이 깊이 뿌리를 내린 채 남아 있었다. 그럼에도 불구하고 일반적으로 백성들의 일상적 사회 행위를 규제하는 규범 문화 내지 윤리 규준에는 성리학의 유교적 요소가 신분 계층을 초월하여 사회 전반에 편재하게 되었으므로, 우리가 다루고자 하는 경제 문화 또는 경제 행위의 윤리적 규범 문화를 좌우한 것도 역시 불교나 민간 신앙보다는 유교적인 것이었다고 할 것이다.

그렇다면 한국 자본주의의 정신적 원류도 결국 경제를 담당하였던 사람들의 주된 정신 문화의 원형을 이루었던 성리학에서 찾을 수밖에 없다. 다만 아무리 성리학이 조선조 사상을 지배하였다 해도, 우리의 직접적 관심사인 자본주의적 경제 윤리를 논하고자 할 때는 성리학의 윤리적 구조 자체보다도 그 사상 체계의 변동과 경제 행위의 주체인 상공인들의 의식화 과정에 주목하는 것이 필요하다. 대체로 조선 후기 자본주의적 경제 체제의 맹아가 형성되어가는 배경에는 정신사적으로 성리학보다는 오히려 17세기 이후 성리학에 대한 반성과 비판의 한 형태로 등장한 실학이 더 직접적이고 큰 작용을 하였다고 볼 수 있기 때문이다. 물론 조선 후기 상공인들의 정신사를 매개로 하겠지만,[1] 실학적인 사유와 윤리 규범들이 성리학과 현재의 경제 윤리를 매개하는 디딤돌로서 중요성을 띤다는 점을 강조하고자 한다. 실학의 경제 문화와 경제 윤리는, 맹아적인 형태라 할지라도 농본(農本) 사회에서 근대 산업 사회로 이행하는 사회 변동에 대응하여, 전통적인 유교적 세계관을 더욱 발전시켜 독자적인 근대적 경제 윤리를 정립하고자 하였던 노력의 결과이며 이러한 의미에서 근대적인 경제 윤리 및 문화를 향한 하나의 자생적인 지평을 열어주는 것이었다고 보기 때문이다.

---

1) 조선 후기 상공인들의 정신사에 대한 연구는 우리 한국사의 가장 중요한 공백 중의 하나이다.

성리학의 경제 윤리는 공맹(孔孟)의 원시 유교 사상을 문헌학적으로 연구하여 체계화한 데서 우선 찾아야 할 성질의 것이다. 그런 관점에서, 성리학의 경제 윤리는 무엇보다도 원시 유교의 현세 지향성, 즉 현세적인 삶과 인간의 욕구에 대해 철저히 긍정하는 태도에 기반한다는 점을 주목해야 한다. 공자는 『논어』「선진편」에서 "사람을 섬기기를 아직 모르거늘 귀신(죽은 자)을 섬길 것인가, 산다는 것도 모르는데 어찌 죽는다는 것을 알 것인가(未能事人 焉能事鬼 未知生 焉能知死)"라 하였으며 결코 괴력난신(怪力亂神)을 말하지 않았다(『論語』,「述而」)고 하였다. 맹자도 "욕구할 만한 것은 좋은 것(可欲之謂善)"이라 하였으며(「盡心 下」), 더욱이 "백성은 떳떳이 살 수 있는 생업이 없으면 인하여 떳떳한 마음이 없어지고 떳떳한 마음이 없어지면 방탕과 간사함 그리고 사치함에 몸을 맡기지 않을 수 없으니 그리하여 죄에 빠진다(民則無恒産 因無恒心 苟無恒心放辟邪侈無不爲己 及陷於罪)"고 하여(「梁惠王 上」) 윤리나 예(禮)는 생존의 기본인 생업이나 재산을 확보한 연후에 가능하다고 하였다.

유가의 이상적인 인간관은 따라서 인간의 기본 욕망을 무시한 것이 아니라 도리어 이를 충실히 인정한 데서 출발한다. 부와 귀(富與貴)는 인간이면 누구나 성취하고자 바라는 것이다. 따라서 생의 욕망을 긍정하는 이러한 유가적 현세주의는 부나 물질적 자본을 도교나 불교보다 훨씬 더 현실적인 형태로 중시하였으며 그 취득을 긍정하였다. 동양의 종교는 일반적으로 현세 지향적이며 유일신과 같은 절대자를 상정하지 않는 점이 특징이다. 그 중에서도 유학이 가장 덜 종교적이라는 사실에 주목할 필요가 있다(Berger, 1988; Kim, 1988).

이러한 현세 긍정의 윤리적 태도는 현실 정치에 대한 적극적인 참여에서도 잘 나타난다. 군자의 이상은 "백성에게 은혜를 널리 베풀어 많은 사람을 구제하는 것(博施於民而能濟衆)"을 그 핵심으로 한다

(『論語集註』,「雍也」). 공자는 스스로 "나를 등용해주면 동주(東周)로 만들어주겠다(如有用我者 吾其爲東周者)"고 하여(『論語』,「陽貨」) 현실 정치 참여(吾將仕矣)를 적극적으로 피력하였다. 따라서 사대부에게 사회적 책임을 회피하는 것은 불의(士而懷居 不足以爲士矣)라고 비판되었다.[2]

그러므로 유교처럼 인간 욕망을 적극적으로 긍정한 사상은 흔치 않지만, 또한 분명한 것은 유가는 종욕(縱欲)으로 나아감을 철저히 경계한 사상이라는 점이다. 첫째, 무엇보다도 먼저 부(富)의 축적 기준이 엄격하였다. 과욕(寡慾)은 부정하였을 뿐만 아니라 부는 "의(義)에 어긋나게 취득해서는 안 된다"고 한다. 이(利)를 보면 의(義)를 먼저 생각하고(見利思義〔『論語』,「憲問」〕, 見得思義〔「子張」〕) 이(利)보다 먼저 의(義)를 생각하라(義然後取)고 하였다.

문제는 이(利) 못지않게 측은(惻隱)·수오(羞惡)·사양(辭讓)·시비(是非)의 사단(四端)도 인간 본성인 것처럼, 의리(義理)라는 것이 인간 본성에 어긋나는 것이 아니라는 점이다. "누구라 목숨을 희생하면서까지 절의(節義)를 세우는 것이 살고자 하는(生) 욕망을 만족스럽게 추구하는 것임을 알리오, 누구라 비용 쓰는 것을 겁내지 않는 것이 진정 재화의 욕망을 만족스럽게 추구하는 것임을 알리오, 누구라 다른 사람에 대해 공경하고 양위하는 것이 편안하고자 하는 욕망을 만족스럽게 추구하는 것임을 알리오, 누구라 예의와 도리를 지키는 것이 성정(性情)의 욕망을 만족스럽게 기르는 것임을 알리오"(『荀子』,「禮論」)라 하였다.

유가의 의리(義理)는 어짊(仁)의 타고난 심정을 펴되 사람의 욕망

38

을 정당하게 달성시켜줄 수 있는 깨어난 이성 능력을 말하는 것이다. 따라서 유가적인 최상의 삶은 사람의 욕망과 이성이 통일되어 올바르게 최대로 욕망을 성취하는 데 있으며 이를 위해 바로 인간의 욕망 즉 부귀 재물의 욕망을 조절하고 인도하는(節欲, 導欲) 데 있다. "사람은 교육시켜야 한다. 사람은 사람 된 까닭이 있으니, 배부르고 따뜻하게 입고 편안한 집에 살기만 하고 교육이 없다면 짐승과 다를 게 없다"(『孟子』, 「滕文公 上」). 문(文)을 통해 내면적 도덕을 기르고 심신을 수양하는 것이 중요하다. 이러한 의미에서 유교적 경제 윤리는 반욕망론(反欲望論)이 아니라 절욕망론(節欲望論)이었으며(유인회, 1988) 의욕론(義欲論)이라 할 것이다.

그러나 "이(利)보다 의(義)"라는 엄격한 직업 윤리는 성리학에서는 선의후리(先義後利)의 의리론(義理論)으로 발전되었다. 주자가 본연지성(本然之性)과 기질지성(氣質之性)으로 나누고 인심(人心)은 사욕(私慾)이며 "정심(正心)인 도심(道心)"과 구별지었던("人心 私慾也 道心 正心也 〔……〕 人心惟危, 人慾也") 것은, 의(義)와 이(利)를 명확히 구분함으로써, 의리지변(義理之辨)을 통해서, 의(義)와 이(利)가 모순적이라는 인간관의 기초가 되며, 이(利)를 배격하고 의(義)를 실현하려는 윤리관의 출발점인 셈이다. 그러므로 성리학에서는 "이(利)는 의(義)로 단(斷)한 뒤에 그 실을 취할 뿐이다(斷以義理之公參以利害之實)"(『朱子行狀』). 결국 성리학에서는 의(義)를 위해 삶을 버릴 수 있다(捨生取義)는 도덕 규범을 떠받들었고, 이(利)를 천시하고 억제하려는 중의경리(重義輕利)의 가치 의식이 지배적이었다. 안빈낙도(安貧樂道)의 행위 규범은 그러한 사상의 산물이었다.

둘째로, 이러한 부의 취득과 인정(認定)에 관한 도덕적 규범과 의무가 엄격하였을 뿐만 아니라 신분적 차이에 따라 상이하다는 특징이 있다. 성리학적 신분제는 사농공상(士農工商)이라는 직역(職役)에 따른 신분에 의하여 사대부층(士)의 역할과 의무를 규정하였는데 이는 노심자(勞心者)와 노력자(勞力者), 정신 노동자와 육체 노동자의 분업 관계를 전제한 것이다. 맹자는 "어떤 사람은 마음을 수고로이 하고 어떤 사람은 몸을 수고로이 한다. 마음을 수고롭게 하는 사람은 남을 다스리고 몸을 수고롭게 하는 사람은 남의 다스림을 받는다"고 하였다(『孟子』, 「滕文公 上」). 치자(治者)로서 사대부층의 직분은 백성들의 양생(養生)을 도모하는 것이며 "여민락(與民樂)"(偕樂)을 도모하는 것이다. 그렇기 때문에 성리학은 사대부층에게는 특히 치자(治者)로서 엄격한 도덕적 규범과 의무를 규정하였다. "정당한 방법이 아니라면 한 그릇의 밥도 남(勞力者)에게서 받아서는 안 된다"라 하였다(「滕文公 上」). 그러나 실제 성리학적 신분관에는 신분적 차이의 생래적 원천마저 정당화하는 견해가 스며들어 있었다.[3] 즉 봉건적 사회 질서(分) 속에서 인간 행위를 예(禮)로써 규제하고, 그에 따라 부와 자본에 대한 윤리관을 별도로 형성하였다.

성리학적 예론(禮論)은 이러한 합리적 분업(分)을 전제로 한 것으로, 그 구분 속에서 만족해야 할 바(한도)를 규정해주는 것인바, 행동함에 예(禮)로써 하여야(動之以禮) 하며 예(禮)는 행함에 있다(禮以行之)고 하였다. 부자유친(父子有親), 군신유의(君臣有義), 부부유별

---

3) 유학의 교육 이념으로서 군자상(像)은 매우 귀속적인 요소를 담고 있다. 군자는 무엇보다도 타고남 natura에 의해서만 결정된다(君子質而已矣). 그러나 군자 됨에 있어서 교육이나 후천적인 수양 habitus을 배제하지 않았으며 이러한 균형적인 감각에 유가적 이상 인간의 특징이 있다. "군자는 질(質)뿐이다. 그러면 문(文)으로서 무엇을 이룹니까? 문(文)은 오히려 질(質)이며 질은 오히려 문이다(君子質而已矣 何以文爲 文猶質也 質猶文也)"고 하였고(『論語』, 「顏淵」) 또 "타고남이 타고난 후 배운 것을 넘으면 야인이요〔……〕타고남과 배운 것이 모두 뛰어난 연후 군자가 될 수 있다(質勝文則野 文勝質則史 文質彬彬 然後君子)"고 하여(『論語』, 「雍也」), 문질(文質)의 동시적 중요성을 강조하였다.

40

(夫婦有別), 장유유서(長幼有序), 붕우유신(朋友有信) 등의 삼강오륜(三綱五倫)은 이러한 관계(分)의 바람직한 바(禮)의 내용이다. 그러므로 치자(治者)로서 군자는 근본에 힘써야 하니 근본이 서면 도(道)는 저절로 생긴다(君子務本 本立而道生)고 하였으며(『論語』, 「學而」) 가난해도 의(義)를 잃지 않고 출세해도 도(道)를 떠나지 않는다(士窮不失義 達不離道)고 하였다(『孟子』, 13). 그러므로 이(利)와 같은 말(末)에 정신을 빼앗겨서는 안 된다.

또한 성리학적 신분 제도는 상민층(常民層) 내에서 다시 농공상(農工商)을 구별하였다. 특히 상업을 천시하게 된 것은 자급자족적인 농경 시대, 농업 중심의 경제 윤리인 유교적 윤리는 상업의 이윤을 기생적인 것으로 보았기 때문이다. 농본 사회의 가치론에 따르면 농업은 땀과 노동을 통해 생산물을 증대시킴으로써 가치를 증가시키는 데 비해 상업은 단순히 생산물을 한 곳에서 다른 장소로 이동시키는 것으로 가치를 증식시키기 않는다. 그러므로 농업은 물건을 보태는 가치 있는 노동이지만, 특히 농자(農者)의 관점에서 볼 때 상업은 물건을 더 보태는 것이 없이 이윤을 수취하는 비윤리적인 직업임에 틀림없다. 농업의 '정직함'에 비해 '증산(增産) 없는' 기생적인 활동에 다름아니다. 상인은 득리만 일삼고 신의를 지키지 않는다는 언술은 이러한 농본 사회의 자급자족 경제의 가치론에서 기인한다. 따라서 자급자족적 농본 사회의 윤리 규범으로서 유학은 상업을 가장 천시하였고 그렇기 때문에 이윤관 즉 "어느 정도의 이윤이 정당한가"라든가 "이윤은 어디에서 나오는가" 하는 상인적 윤리를 정립하는 데 나아가지 못하였다.

그러므로 우리는 1) 의리적 규제와 2) 신분별 규제로 인하여 유교의 경제 윤리는 묵자의 중민지리(衆民之利)에 이르지 못하였을 뿐만 아니라 농업 사회의 윤리 규범을 넘어서지 않았다는 것에 주목해야 한다. 그러한 의미에서 "의(義)에 입각한 욕망(義欲)"의 성취는 조선 시대의 경제 윤리 특히 재산권 행사의 기준이었다. 그뿐 아니라, 여기서 이러한 윤리적 내용이 구현되어야 한다고 생각하는 강도(强度)의 면에서 보면, 유교는 현세주의적 사상으로서 그 윤리적 근거는 인간론적 정신 자세와 이상에 있으며 결코 신이나 내세에 대한 믿음 commitment에 기초한 것이나 그에 근거한 금욕적 주체 형성은 아니라는 점을 강조할 필요가 있다.

이와 같은 성리학적 의리론은 16~17세기 실사구시적 관점에서 비판의 대상이 되었다. 사회 경제적으로 농업 부분의 생산성이 향상되면서 다양한 상인 계층이 성장하였고 그러한 상인의 역할은 국내외적으로 매우 중요한 사회적 의미를 지니게 되었다. 비록 봉건적 국가 권력에 의해 제약되었지만 밑으로부터 사상(私商)이나 잠상(潛商)의 형태로 발전되었다.[4] 이러한 사회 경제적 배경 속에서 실학의 등장을 이해하는 것이 마땅하다.

실학의 경제 윤리는 부(자본)를 훨씬 더 체계적인 논거에 의해 윤리적으로 근거지웠다는 데 특징이 있다. 예를 들어, 정통 성리학의 주자나 퇴계가 주창한 주리론(主理論)의 관점을 극복하고자 한 유학자며 실학으로 이어지는 하나의 분기점을 이루는 율곡(栗谷)의 『동호문답(東湖問答)』에서도 "한갖 이해(利害)만을 따지는 데 급급하여 옳고 그름의 소재를 원치 않는다면 의로써 일을 조절하는 것을 업신여김이요, 한갖 시비에만 뜻을 두어 이해의 소재를 밝히지 않는다면 응

---

4) 봉건적 국가 권력하에서도 16~17세기 상인 계층의 성장은 두드러졌다. 예를 들어 경공인(京貢人)으로서 인삼 상인은 1근당 시가 300량에 이르렀던 인삼을 70량 정도로 공납하지 않으면 안 되어 많은 경공인의 몰락을 초래하였다. 이러한 몰락 속에도 많은 중인, 상민 그리고 심지어 양반들이 직간접적으로 사상(私商)이나 잠상(潛商)의 다양한 형태로 상행위를 영위하여 발전하였다(오성, 1989).

변의 권도에 어긋난다(徒以利害爲急而 不願是非之所在則 乘於制事之義
徒以是非爲意而 不究利害之所在 則乘應變之權)"라고 하여 의와 이(利)
의 조화를 강조하였다. 실학자 이익은 사람을 일차적으로 욕구인(欲
求人)으로 보았다. 생(生), 명예 또는 부귀의 욕망은 모든 사람들에게
공통적이기 때문에 이러한 인간 실상을 억압하거나 제거할 것이 아
니라 도리어 충족시켜야 한다고 주장하였다. 가령 맹자가 양혜왕에
게 "하필 이(利)를 말씀하십니까? 인의(仁義)가 있을 뿐입니다"라고
대답한 구절에 대해 이익은 의(義)를 뒤로 미루고 이(利)를 앞세우는
것이 욕망에 빠져 이(利)와 의(義)의 조화를 잃게 됨을 비판한 것일
뿐, 이(利)를 추구하지 말아야 한다는 주장이 아님을 밝힘으로써 이
(利)의 가치를 긍정적으로 파악하였다("君子未嘗不欲利 但後義而先利
則流以爲欲 而舞復義之知矣 〔……〕 利者天地間元有此道," 『孟子』, 「梁
惠王 上」). 다시 말하면 이(利)의 근원적인 정당성을 확립하려는 견해
를 보여준다.

　실학의 이 같은 이(利) 중시는 인간의 소유욕을 현실적으로 단순히
긍정하는 것을 넘어 소위 의리론적 공리관(義理論的 功利觀)[5]으로 체
계화되었다. 실사구시(實事求是)는 고전적 민본(民本) 원리에 입각한
경세론(經世論)일 뿐만 아니라 성리학의 이념적 의리관이 현실적인
이(利)와 괴리되는 현상에 대한 반성에서 출발하였다. 의식이 족해야
예절을 알 수 있으며[6] 더욱 부를 기반으로 하지 않고는 덕이 바로잡

---

5) 실학은 실사구시를 강조하였으나 본질적으로 공맹학으로서 유학을 거부한 것이 아
　니라는 점, 즉 개신(改新) 유학이라는 점이 강조되어야 한다. 금장태는 이를 공리
　적 의리론(功利的 義理論)이라 하였다(금장태, 1994: 87).
6) 박지원의 『열하일기(熱河日記)』에서 "이용(利用)을 이룬 다음에 후생(厚生)을 할
　수 있고 후생을 이룬 다음에야 정덕(正德)을 이룰 수 있다"라고 한 것이나 박제가
　의 『북학의(北學議)』 서(序)에서 "이용(利用)과 후생(厚生)에 하나라도 닦여지지
　못한 것이 있으면 위로 정덕(正德)을 해친다"라고 한 것은 이를 잘 말해준다.

힐 수 없다는 선리후의(先利後義)의 견해를 보여준다 할 것이다.

실학적 경제 윤리는 이러한 윤리적 기준에 따라 부의 축적을 훨씬 더 긍정적으로 보았다. 17세기 이후 정권에서 소외된 근기(近畿) 남인 학자들을 중심으로 한 경세치용 학파는 농민들의 빈곤 문제를 예리하게 인식하고 이를 위해 경자유전(耕者有田)의 원칙에 따른 전제 개혁을 주장하였으며 또한 농업 생산력의 발전과 기술 개발을 강조하였을 뿐만 아니라 농업에 의한 부의 축적을 적극 권장하였다. 그러나 당시 화폐 및 상품 경제의 발전이 농민층을 분해시키는 것을 목도하고는, 중국 고대의 사농공상 사민(四民)의 사회적 분업관에 의거하여 농업을 근본으로 하고 상공업을 보족적인 것으로 인식하여 무본보말론(務本補末論)을 내세웠다(백승철, 1998). 즉 "공(工)·상(商)이 없어서는 안 될 것은 사(士)·농(農)과 다름이 없다. 다만 이것을 생업으로 사는 자가 너무 많으면 농업을 해롭게 하므로 공상(工商)이 많으면 그 세(稅)를 무겁게 하여 억제하고 적으면 세를 가볍게 하여 물화유통(物貨流通)의 길을 열 것이다. 지금 우리나라는 공산품의 제조가 정밀하지 못하고 물화가 유통되지 못하니 마땅히 그 세를 가볍게 해야 할 것이다."[7] 시전 상인의 특권을 폐지하고 보다 자유로운 상업의 활동을 보장하는 것이 필요하다고 하였으나 이는 상공업이 농업과 병행하여 발전되어야 할 것이며 동시에 농업 발전을 침해하지 않는 정도로 발전되는 것을 의미하였다. 그러한 의미에서 상공업의 자립적 발전을 경계하였다.[8]

반면 노론 계열이지만 정권의 중심에서 벗어나 있었던 북학파는

---

7) 유형원, 『반계수록(磻溪隨錄)』, 권 1 田制 上.

8) 성호 이익은 상업 발달의 여러 가지 폐해를 지적하면서 시장 규제와 개시일 조정, 사치품 교역 규제, 화폐 폐지 등을 통해 상업을 억제할 것을 주장하였다(신용하, 1987).

경세치용 학파의 농본주의에 반해 중국과의 교류를 통해 국제 정세의 변화를 목지하고 청의 선진 문물을 도입하여 이용후생할 것을 주장하였다. 박지원은 당시의 화이론(華夷論)적 세계관을 거부하고 "오랑캐라 할지라도 배울 만한 장점이 있다면 그를 스승으로 삼아 배워야 한다"고 하면서 연금술, 수리(水利) 기술 등 중국의 선진 기술을 도입하여 농기구를 개량하고 수리 시설을 확장하여 영농 방법을 개선함으로써 농업의 생산력을 한층 높일 수 있다고 하였다. 또한 당시 수레 기술을 적극적으로 개량하여 경제 생활을 위하여 운반 수단으로 수레를 사용할 것을 주장하였다.

특히 북학파는 상공업을 말업으로 천시하는 당시의 가치관을 비판하고 화폐 유통과 상업 활동은 농업 및 공업 생산물을 "귀한 곳으로 옮기는" 유통 기능을 하기 때문에 상공업이 국부의 원천이라고 주장하였다. 특권 상인에 반대하고 사상(私商)의 자유로운 영업 활동을 보장하는 통공 정책을 취할 것을 주장하고 또한 외국과 생산물을 교역하여 백성들의 의식(衣食)을 충족시키고(厚生) 부국강병을 도모할 수 있다고 하였다.

이러한 초기 실학은 18세기 후반 이후 정약용과 최한기 등에 의해 더욱 발전된 형태를 띠게 되었다(신용하, 1997). 그들은 농업 개혁론에 한정되지 않고 직접 기술을 개발하여 실제 생활에 이용하였으며 화폐 및 상품 경제를 적극 옹호하고 대외 교역을 적극 주장하였다. 특히 이들은 서양 기술에 대해 적극적인 자세를 보이고 경험적인 연구를 수행한 바 있다.

이렇듯 실학의 경제 윤리는 부의 축적을 더 적극적으로 긍정하고 수긍하였다 해도, 당시 정권에서 소외된 학자들에 의해 주장된 것이었으며 내용 면에서도 상공업의 이윤관이나 배타적인 소유권 등까지는 이르지 못하였다. 그럼에도 불구하고 실학이 부의 축적을 더욱 적극적으로 광범하게 긍정하고 있다는 점은 가장 큰 변화라 할 수 있다. 이것은 독립협회의 개화자강 운동이나 물산장려 운동에서 민족 자본 축적이라는 근대 자본주의적 자본관을 발전시킬 수 있는 사상적 토대를 형성한 것으로 풀이할 만하기 때문이다.

Ⅱ. 근대적 기업가 정신의 태동과 발전

구체적으로 근대적 기업가 정신의 발전은 〈표 2-1〉에서처럼 세 시기로 나눌 수 있다.[9] 근대적인 기업가 정신은 1878년 개항 이후 근대 상업의 출현과 더불어 형성되었다. 그러나 그러한 초기 기업가 정신은 일제 강점기와 민족 분단 그리고 전쟁 등을 거치면서 왜곡된 채 미숙아로 성립되었다.

〈표 2-1〉　　　　　　한국 기업가 정신의 시기 구분

	시기 구분	특 징
성립 초기	1880년~1960년	수난기(맹아기, 일제 강점기, 분단/전쟁기)
성장 발전기	1961년~1997년	성장기(체제 대립과 발전 국가하의 성장/독점기)
성숙기	1998년~	성숙기(발전 국가 해체와 범세계적 시장 경제)

개항 이후 출현하는 근대적인 의미의 기업은 전통적 집단인 민족도 가족도 아닌 그 중간 규모의 새로운 단위로서, 종전의 자급자족적인 농본 사회에서 사회 윤리적으로 적극 인식하지 않았던 조직 집단

---

9) 기업가 정신을 기준으로 하는 시기 구분은 기존의 기업 발전사 연구에서의 성과와 비교하면 다음과 같은 특징을 지닌다. 기업 발전사 연구는 대체로 해방 이후를 중심으로 제1기(1945~1960)를 삼백 산업의 시대로, 제2기(1961~1971)를 수입 대체를 중시하는 개발국가 시대로, 제3기(1972~79)를 중화학공업화 시대, 그리고 제4기(1980~　　)로 시기 구분을 하였으나 IMF 이후 시기가 한국 기업사에서 새로운 분기점으로서 역할을 자리매김하고 있지 못하다.

이다. 따라서 전통 문화의 유산 속에서 그 문화적 기초가 어떻게 근거지워질 수 있는가 하는 문제가 제기된다. 그처럼 전통적인 윤리 규범에 뿌리를 두지 않았던 자본주의는 초기 두 단계로 구별하여 검토할 수 있다.

1) 개항 이후 및 일제하 기업가 정신

근대 자본가 계급은 통상 역사적으로 상인층에서 출현하였다는 견해와 공인(工人: 소생산자)층에서 생성하였다는 관점이 있는데, 우리나라에서는 일제 식민지의 경험으로 인하여 많은 역사의 단절이 일어났으며 그 중에서도 특히 사회 계급 구조의 단절이 두드러진다. 구한말 개항 직후에는 양반 지주층과 관료 출신들이 근대 기업을 창설하는 데 주도적인 역할을 하였으나, 일제 시대에 들어오면 점차 지방 대지주, 상인 그리고 소지주·소상인들이 근대 기업의 창설을 주도하였다. 특히 지방의 대지주들은 일제하에서 투자액의 2할 이상을 상공업에 투입하는 등 일제 시대를 통해 근대 상공업자로 변신하여갔다(김영모, 1981; 장시원, 1989).[10] 1938년 조선은행 자료(〈표 2-2〉)를 보면 대지주의 상당 부분이 기업 투자자들로 변신하고 있었음을 알 수 있다.

〈표 2-2〉　1930년대말 대주주 출신 회사 투자자들의 회사 유형

		30~50 정보	50~100 정보	100~200 정보	200~400 정보	400 정보 이상
투자 방식	중역	16명	29명	35명	4명	31명
	주주	4명	4명	10명	3명	10명
	소회사 대표	1명				

---

10) 일제하 지주층의 자본 축적 방식에 대해서는 「일제하 禮山 成氏家의 자본 축적과 정치 활동」(김성보, 1986) 등 적지 않은 사례 연구가 있다.

민족별	조선인 회사	20명	28명	38명	6명	21명
회사 유형	조일 공동 회사		3명	1명		5명
	일본인 회사	1명	2명	6명	1명	15명
자본금규모	10만 원 미만	6명	5명	7명		
	10~50만 원	12명	18명	15명	6명	16명
	50~100만 원	2명	7명	7명		4명
	100만 원 이상	1명	3명	16명	6명	21명

출처: 공제욱 외, 1998: 32.

개항 이후 상공업 발전의 자주적인 사상적 기반은 실학 사상과 개화 사상에서 발전된 개화자강론에서 제공한 것으로 볼 수 있다(신용하, 1987). 서구의 문물을 배워 부국강병을 추구함으로써 서구 열강과 동등한 대열에 설 수 있고 그럼으로써 독립을 성취할 수 있다는 개화자강론은 1900년대에 들어서 일제의 침략이 노골화됨에 따라 훨씬 더 국력 배양과 결집을 촉구하는 애국 계몽 운동으로 전개되었다.[11] 대한자강회의 취지문(1906년)에서 밝힌 바대로 진작교육(振作敎育)뿐만 아니라 식산흥업(殖産興業)이 애국의 길이었다.

그러한 자강의 방법을 연구함은 다름이 아니라 진작교육(振作敎育)에 있고 식산흥업(殖産興業)에 있으니 오직 교육이 흥하지 않으면 국민의 지혜가 미개하고 산업이 발달되지 않으면 국부가 늘어나지 않나니 그러므로 국민의 지혜를 깨우치고 국력을 배양하는 길은 단지 교육과 산업을 발달시키는 데 있지 않겠는가. 교육 산업 발달의 방책을 아

---

11) 위로부터 서구 문물을 받아들여 부국강병을 추구하고자 하였던 개화파들은 일제 침략이 노골화되면서 1898년 만민공동회의를 개최하고 황성신문과 순국문 제국신문을 창간하는 등 보다 더 대중들을 지향하여 신교육, 언론 계몽과 산업 진흥 등 실력 배양 운동으로 나아갔다(신용하, 1987; 금장태, 1990).

는 것만이 유일한 자강(自强)의 방책이다(如究其自强之術이면 無他라 在振作敎育也요 在殖産興業也니 夫敎育이 不興則 民智未開ᄒ고 産業이 不殖則 國富莫增開ᄒ나니, 然則 開民智養國力之道 豈不在敎育産業之發達乎아. 是知敎育産業之發達이 卽唯一自强之術이라).

식산(殖産)의 중요성에 대해서는 제국신문(帝國新聞)의 1900년 5월 1일 논설을 보면 "나라에 셩쇠가 농상공업이 흥왕ᄒ고 아니ᄒᄂᆞ대 잇나니 대뎌 농ᄉ와 쟝ᄉ와 공업이 흥왕ᄒ게 되면 재물이 그 나라 안에셔만 넉넉ᄒ게 퍼질 뿐만 아니라 물건이 외국으로 슈츌되여"라고도 하였다.

이런 것으로 미루어 볼 때, 일제 시대에 지주 자본의 산업 자원으로의 전환이나 원시적 자본 축적은 경제적으로는 예속적 성격을 강하게 띠고 있었다 할지라도, 정신사적으로는 실력 배양이라는 의미에서 "민족 정신으로서 자본가 정신"의 산물인 셈이었다.[12] 일제하 어떤 민족 자본가는 "돈이란 1, 2천 원이나 1, 2만 원일 때에는 개인 재산이나, 100만 원이나 1,000만 원이 되고 보면 사회의 공재(公財)를 내가 맡고 있다는 생각이 든다"고 했다. 요컨대, 전통적으로 지배적이던 유교적 직업 윤리는 국운이 쇠한 시대에 이르러 민족 정신으로 승화되었다고 할 만하다. 이러한 정신은 삼양사의 김성수의 좌우명 "공선사후(公先私後)" 같은 보기에서도 볼 수 있으며, 민족주의 특히 애국애족 정신에 바탕을 두고 있는 유일한의 기업 정신에서도 엿보인다(양창삼, 1993). 기업은 개인이나 그 가족을 위해 존재하는 것이 아니라 국가와 사회를 위한 공기(公器)이며 국가의 보호와 사회

---

12) 경제사적으로 식민지하에서 자본은 일제 독점 자본에 예속된 자본 형태와 비교적 자립적이며 그들과 경쟁 관계에 있는 토착 자본으로 구별될 수 있는데 후자를 민족 자본으로 범주화할 수 있다(梶村秀樹, 1983).

의 협조로 기업이 이윤을 올렸으므로 그 결과는 당연히 사회로 환원해야 한다는 것이다. 다시 말해서, 기업은 사회적 이익을 증진시키기 위한 기구로 여겨졌다. 유한양행의 기업 이념은 "정성껏 좋은 상품을 만들어 국가와 동포에 봉사하고 정직·성실하고 양심적인 인재를 양성·배출하며 기업을 키워 일자리를 만들고 정직하게 납세하며 그리고 남은 것은 기업을 키워준 사회에 반환한다"는 것이다. 유한양행은 민족 정신으로서 자본가 정신이 종업원 지주제 등 기업의 사회적 책임의 구현으로 승화되었다는 데 가장 큰 특징이 있다. 원래 기능 공동체인 기업이 우리나라에서는 이렇듯 초기에서부터 강한 운명 공동체로 인식되었다. 이것은 전통적 경제 문화의 전이의 결과이다. 그러나 실제 기업은 법제적으로는 독립된 법인체였으며 그 소유 구조나 경영 실태 면에서도 현실적으로는 가족집단주의로 운영되었다.

2) 공업화 초기의 자본가 정신

해방 후 남북 분단과 냉전 체제의 고착으로 한국 전쟁을 비롯한 여러 형태의 치열한 갈등과 대립 속에서 남한 사회는 그 나름의 질서를 정립하게 되었으며, 그 과정에서 타율적으로 채택한 자본주의적 정치 경제의 틀과 질서는 왜곡과 미숙으로 얼룩지게 되었다. 흔히 1950~60년대의 자본주의는 많은 사람들이 "천민자본주의"라고 비판하거니와, 이러한 특징은 당시의 자본가 정신에서도 연유하는 것이었다.

이른바 "정신 없는 자본가 정신"으로 낙인찍히게 된 것은 무엇보다도 다음과 같은 두 가지 역사적 특수성에서 연유하였다고 할 것이다. 첫째로, 먼저 주목할 것은, 일제 시대에 경제적 지배 계급이었던 지주들은, 일부 예외를 제외하면, 광복 이후 급격한 사회 재편 과정에서 산업 자본가로 전환하는 데 대체로 실패하였고, 신흥 자본가들이 대거 등장하였다는 점이다. 1950년대 대자본가 가운데서 지주나 대상인인 부친의 경제적 지위를 계승한 사례가 38.9% 정도인 데 반하여 61.1%가 자수성가를 한 사람들이다(공제욱, 1993: 187). 이들 신흥 자본가 대부분은 귀속 재산을 불하받은 관료층이나 연고권을 가진 경영층에서 형성되었으며 상업 자본가들이 원조 자금으로 건설한 국유 기업체를 불하받거나 정치적 특혜를 입어 성장하기도 하였다. 1950년대 주요 대기업 89개 중에 일제하에 창립된 기업체는 8개뿐이며 36개(40.4%)가 불하받은 귀속 기업체이고 41개(46.1%)가 1945년 이후 설립된 기업체였다(공제욱, 1993: 117)는 사실은 이를 잘 말해준다.

둘째로는, 당시 자본주의 경제 체제가 미성숙하여 주로 자본 축적이 비정상적으로 이루어졌다는 특징이 있다. 1950년대~1960년대초는 비정상적인 원조와 대외 차관 중심으로 자본을 조달하고 국내 실물 경제가 운영되던 시절이었다. 귀속 재산의 불하 및 인수, 해외 원조, 은행 특혜 융자, 세금 포탈, 밀수 등이 기업의 주된 자본 축적 기제였을 뿐만 아니라(공제욱, 1993: 201~18), 덧붙여 환율 인상, 만성적 수급 불균형, 전시 특수, 극심한 인플레이션 등으로 비정상적 이윤 수취가 일상화되었다.

특히 이 시기에 있어서 경제적 자원의 원천은 귀속 재산과 해외 원조였다. 당시는 인플레이션이 심하여 적산을 불하받은 계층은 그것만으로도 상당한 부를 축적할 수 있었다. 경제적 원리보다 경제 외적 영향에 의해 기업이 성장하였으며 자본주의적 경제 질서의 미성숙과 시장 기구의 불완전성으로 인해 기업들이 자본을 형성하는 데 파행성을 띠게 하였다. 또한 미국 원조 물자는 만성적인 환율 차익으로 간단한 가공 후 유통 과정에서 엄청난 이익을 남길 수 있게 해주었다. 따라서 정부의 특혜를 중심으로 정경 유착이 가장 큰 자본 축적의 계기였다(Kim, 1976). 이러한 파행적 축적 계기를 통해 자본 규모를 증대시킴으로써 1950년대 후반에 대체로 삼백 산업을 중심으로 대자본으로 성장할 수 있었다. 그럼에도 불구하고 1950년대 자본 축적은 대체로 환율 차익 등 유통 과정에서 이윤을 수취하는 상인 자본적 성격을 강하게 지니고 있었다.

이런 까닭에 1950년대 기업은 초기부터 부정적인 이미지로 점철되었다. 1950년대 대기업들은 밀수, 세금 포탈, 증뢰, 횡령 등의 비리에 연루되어 이른바 '모리배'라는 오명이 생겨나기도 하였고, 대부분의 기업가들은 5·16 이후 부정 축적 처벌 대상이 되었으며 이러한 상황은 1960년대말~1970년대초(1971)까지 지속되었다고 할 수 있다. 기업가 정신을 새로이하고자 하는 시도가 여론화되고 본격화되었다는 것이 이때의 특징임을 알 수 있는데, 그와 같은 비판과 각성을 통해서 고도 성장기의 기업가 정신이 형성될 수 있었다. 그러나 다른 한편, 이러한 비판은 비공식적으로 남아 있는 유교적 사회 규범에 기초한 기업관과 근대화라는 현실 사이의 '윤리적 괴리'에서도 연유한다는 점에 주목할 필요가 있다. 근대적인 자본 축적과 그에 따른 정당한 이윤에 대한 가치관이 채 확립되지 못한 상황에서, 비정상적인 경제 행위라는 현실과 "정당한 이윤량에 대한 농본 사회적 엄격함"만이 남아, 자본가의 행위에 대한 무차별적 비판이 행해지고 있었던 점도 무시할 수 없다 할 것이다.

2. 성장기의 기업가 정신

1962년부터 실현되기 시작한 제1차 경제 계획은 저임 노동력을 이용한 수입 대체 산업과 수출 지향 산업을 중심으로 한 공업화를 적극적으로 추진하여 급속한 경제 성장을 이룩하였다. 이러한 경제 성장은 기업가 정신의 발전사에서 볼 때 근대적 기업가 정신이 실질적으로 성립할 수 있는 토대를 제공하였다. 그러나 이 시기의 기업가 정신은 박정희 정권 이래 발전국가developmental state의 경제 환경 즉 정부의 직접·간접적인 지원과 보호 아래 이루어진 매우 특수한 유형의 특징을 지니며 따라서 이러한 기업가 정신은 1997년 경제 위기와 IMF 체제로 발전국가형의 경제 운영에 근본적인 변혁이 필요하게 되면서 새로운 모습으로 변화해야 할 계기를 맞고 있다.

그렇다면 한국 경제의 본격적인 성장기인 1961년부터 1997년 시기의 기업가 정신은 어떤 성격을 띠는 것인가? 1950년대의 미숙한 경제 체제와 기업의 물적·윤리적 속성에도 불구하고 어떻게 해서 1960년대의 도약take-off 단계를 넘어 마침내 고도 성장기(1972~1989)를 맞이할 수 있었을까? 그것은 발전국가의 전략적인 경제 개발 정책 덕분이라고 해석할 수도 있고, 혹은 호의적인 세계 시장 구조라는 환경적인 요인의 작용에 기인하였다는 설명도 가능할 것이다. 그러나 아무리 정부의 경제 정책이나 세계 시장 환경이 유리했다 할지라도, 그리고 미국과 일본 그리고 한국을 잇는 동북아 냉전 체제를 지탱하는 '발전국가 동맹'이 있다 하더라도, 경제 주체인 기업인들이 진취성과 도전적인 적극성 aggressiveness을 띠는 기업가 정신을 품고 있지 않았고 또 근로자들이 열심히 노력하지 않았다면, 그 정책이나 경제 환경은 무의미하였을 것이다. 이런 의미에서 고도 성장의 원인에 대한 해명을 위해서는 1961년~1997년 고도 성장기의 한국 자본주의를 이끈 정신적 원동력으로서 한국적인 자본주의 정신이 무엇인가라는 질문에 대한 대답을 찾을 필요가 생긴다.

특히 이 시기의 자본가 정신에 대한 규명에 있어서 중요한 것은, 정부의 전략적인 경제 개발 정책 이외에 기업 운영의 정신적 토대에 있어서도 이중 구조가 형성되어 있었다는 점이다. 고도 성장의 구조적 불균형은 기업 문화와 기업 구조의 불균형도 가속화시켰던 것이다. 기업가나 경영자들은 자신들의 취약한 이념적 근거를 전통적인 집단으로서 국가와 가족, 그리고 전통적인 가치인 충과 효에서 찾으려 하였다. 대기업이나 수출 지향적인 기업에서는 국가를 경영하고 관리하고 이끄는 사대부(士大夫)와 그 가치관에서 이데올로기적 이념적 근거를, 중소기업이나 내수 시장을 중심으로 하는 기업은 가족을 꾸리는 가장(家長)과 그 가치관에서 그 이념적 근거를 발견하였다 할 수 있다. 이러한 가치 전이(價値轉移) 혹은 대리 윤리(代理倫理)는 기업가들의 경영 이념이나 경영관을 살펴보면 분명하게 드러난다.

I. 산업 보국의 이념과 기업가 정신

고도 성장기의 가장 큰 이념적 지주는 우선 전통 시대의 유가적 국가주의와 민족 가정이라고 할 수 있다. 유교의 국가 경영 이념, 특히 조선 후기의 실학 사상으로 오면 국가 본위(즉 왕 중심)의 사회 경제 이념과 제도 개혁을 강조할 뿐 아니라, 그 동안 중국의 속국처럼 지내온 역사에 대한 반성에서 강렬한 민족 의식을 부각시키고 있음을 간파할 수 있다. 그러나 유감스럽게도 그러한 국가주의는 적어도 부분적으로는 일본 식민 지배의 영향으로도 볼 수 있다. 실제로, 일제 당국은 조선 침탈과 식민지 통치 과정에서 우리나라가 전통 시대부터 지니고 있었던 유교적인 요소를 일부 왜곡·강화하면서 명치 유신에서 정립한 일본식 유교 전통과 군국주의적 관료적 권위주의를 우리 사회에 주입시키려 기도하였다(Kim, 1988).

따라서 주도적 기업군에서 거의 비슷한 경영 이념인 산업 보국의 이념을 발견할 수 있는 것도 이런 유산에 기인한다고 할 수 있다. "산업 보국," "기술 보국," "노동 보국," "극일 정신" 등 대표적인 언편들은 창업 기업가들의 경영 철학에서 가장 잘 드러난다. 가령, 삼성의 경영 이념은 사업 보국, 인재 제일, 합리 추구를, 현대그룹은 진취·창조 그리고 검소를, 대우에서는 창조·도전·희생, 그리고 포항제철은 제철 보국을 주된 내용으로 하였다.

더군다나 그들의 경영 어록은 그 구체적인 형태를 잘 보여준다. 현대그룹 정주영은 다음과 같이 밝히고 있다. "우리 현대는 창립 이후 국가와 더불어 성장했고, 나는 우리 국가가 현대건설을 꼭 필요로 한다는 자부심을 갖고 국가 경제와 산업에 무한한 활기와 가능성을 불어넣는 역할을 해왔다고 생각한다"(정주영, 134). 또한 삼성그룹 이병철도 마찬가지다. "나는 인간 사회에서 최고의 미덕을 봉사라고 생각한다. 기업의 사명도 의심할 것 없이 국가·국민 그리고 인류에 대하여 봉사하는 것이어야 한다"(이병철, 1986). 그렇기 때문에 "개인의 기업이라는 차원을 떠나 기술의 선진화를 통한 풍요로운 조국을 후세에 물려주기 위하여 최첨단 반도체 사업에 적극 진출하였다"(이병철, 삼성경제연구소[1989: 89]에서 재인용)고 하였다.

이러한 산업 보국 및 민족주의 이념은 기업 경영의 이념적 추동력이었으며 하나의 종교적 믿음에 가까운 것으로까지 발전하였다. 다시 말해서, 우리나라의 기업인들은 국가 지향에서 기업 경영의 적극적인 추진력의 이념적 자원을 발견한 것이다(김경동, 1993: 196). 이러한 배경에서 창업 세대의 기업가의 모험적인 기업가 정신 entrepreneurship을 이해할 수 있다. 그 대표적인 사례가 "하면 된다 Can Do"는 정신이다. 여기에 몇 가지 보기를 들어본다.

과거의 실적이 아무리 대단하고 축적한 기술이 아무리 많고 제반 여건이 아무리 좋다 해도, 현재의 우리한테 불굴의 개척 정신, 창의적인 노력, 진취적인 기상이 없다면 오늘의 영광이 옛일이 되는 건 한순간이다. 〔……〕 현대가 한국 경제를 선도하고 오늘날 놀랄 만큼 성장해서 세계적인 기업의 일원이 될 수 있었던 원동력이 무엇이냐고 묻는다면, 나는 주저없이 즉각 우리 현대야말로 바로 진취적인 기상과 불굴의 개척 정신을 가진 사람들이 모인 집단이기 때문이라고 대답하겠다. 〔……〕 모든 일의 성패는 그 일을 하는 사람의 사고와 자세에 달려 있다. 〔……〕 진취적인 정신, 이것이 기적의 열쇠였다. (정주영, 『시련은 있어도 실패는 없다』, 머리말)

나는 무슨 일을 시작하든 '된다는 확신 90퍼센트'와 '반드시 되게 할 수 있다는 자신감 10퍼센트' 외에 안 될 수도 있다는 불안은 단 1퍼센트도 갖지 않는다. (정주영, 73)

전심 전력을 기울여 성실히 뛰면 어떤 일을 해도 반드시 성공한다. (정주영, 64)

그러므로

오늘은 어제보다 한 걸음 더 발전해야 하고 내일은 오늘보다 또한 테두리 커지고 새로워져야 한다. 이것이 가치 있는 삶이며 인류 사회를 성숙, 발전시킬 수 있다. 나의 철저한 현장 독려는 우리 직원들과 나, 사회와 우리 국가와 함께 나날이 새로워지기 위한 채찍이다. (정주영, 98)

코오롱그룹 이동찬도 "어느 상황에서나 살아남는, 경쟁에서 이기고 보는 투지 — 그것이 어쩌면 내가 가지고 있는 '장사꾼 정신'의 근거인지도 모르겠다"(이동찬, 57). "이거다 싶을 때 밀어붙이는 기

업가로서의 근성도 때로는 필요하다고 생각하며, 바로 그때 포기하
지 않았던 것도 그런 근성이 작용한 때문이었다고 확신한다"(이동찬,
180~81).

이 같은 '하면 된다'는 진취적이고 도전적인 정신은 발전국가의 지
원하에서 대마불사론(大馬不死論)의 의식적 표현이기도 하지만, 다른
한편에서는 그와 같은 개인적인 성취 지향마저도 국가주의 내지 민
족 감정이라는 집합적 동기의 추동을 받아서 비로소 실효를 얻게 되
었다고 할 것이다. "나는 경제란 돈이 아니라 진취적인 생명력에 한
민족의 정기를 불어넣어서 만드는 것이라고 확신한다"(정주영, 251).

그러나 이러한 '하면 된다'는 문화 Can Do Culture가 우리나라 기업
가 정신에서 강한 요소이기는 하지만 그 또한 하나의 특수한 변인이
지 전부는 아니다. 훨씬 합리적이고 조심스러운 기업가 정신이 또 하
나의 주요한 구성 요소이기 때문이다. 이러한 합리적 형태의 일상화
된 기업가 정신의 일면은 이병철의 기업 정신에서 찾아볼 수 있다.

기업 경영에는 의욕이 있어야 한다. 그렇다고 의욕만이 앞서도 기
업이 되지를 않는다. 〔……〕 준비가 되어 있지 않으면 이는 엄청난 낭
비인 것이다. 〔……〕 사업은 재화(財貨)이든 서비스이든, 보다 저렴하
고 보다 양질의 것을 계속적으로 사회에 공여해가는 경쟁 그 자체인
것이다. 이 경쟁에서 이기는 열쇠는 오직 경영의 합리화의 우열에 달
려 있다고 나는 생각한다. (이병철, 삼성경제연구소〔1989: 103~04〕에
서 재인용)

나더러 작은 일을 너무 챙기고 따진다고 한다. 그러나 작은 일을 할
줄 모르면 큰일도 잘할 줄 모르는 법이다. 처음부터 충분히 준비하고

시작하기 때문이다. 작은 일을 소홀히 취급하는 동안에 큰일을 그르치게 되는 것이 인간지상사(人間之常事)이다. 〔……〕 천리의 방축(防築)도 개미 구멍 하나로 무너진다는 것을 알아야 한다. (이병철, 삼성경제연구소〔1989: 143〕에서 재인용)

또한

　장사엔 역시 ‘신용’이라는 평범한 진리를 몸으로 터득한 사례였다. (이동찬, 117)

　물론 기업가 정신에서 진취적 정신과 합리적 정신은 결코 대립되는 것은 아니다. 이는 ‘제철 보국’과 ‘기본 중시’를 대외·대내적으로 강조한 박태준의 기업 정신에서도 잘 찾아볼 수 있다. 다만 여기서 주지해야 할 점은 국가 지향의 기업가 정신 속에는, 베버가 지적하였던 전통적인 기업가 정신 즉 기업가의 자기 헌신이 종교적인 추상성보다는 더 실질적인 차원에서 몸에 배어 있었다는 사실이다. 비록 산업 보국의 외피를 쓰고는 있지만, 기업가의 정신 내부에는 전형적인 기업가 정신의 요체가 살아 움직이고 있었음을 알 수 있다. “어떤 사업을 기획하고 사전 조사를 거듭해서 계획을 세워 황무지에서 공장을 건설하고 여기서 많은 사원들이 활기차게 움직이며 새로운 제품이 쏟아져나와 트럭에 실려나가는 것을 볼 때, 기업가는 ‘살아 있다’는 실감을 맛볼 수 있다”(이병철, 삼성경제연구소〔1989: 62〕에서 재인용). “나의 노력과 일의 대가는 알량한 몇 푼의 돈이 아니다. 그것을 위해서만 남들처럼 쉬지도 못하고 일 중독자처럼 뛰어다닌 것이 아니다. 정말이다. 내게는 다른 사람이 못 느끼는 기쁨이 있다. 그것이 바로 ‘성취감’이라고 하는 것이다”(김우중, 178).

유교적 국가 지향(忠)의 가치관은 우리에게 있어서 일본에 비해 상대적으로 약하다는 것이 일반적 통념이지만, 그럼에도 불구하고 기업 목표와 국가 이익 사이의 관계에 특정한 이념적 연계성을 강하게 부각시킴으로써 이러한 가치관이 기업가 자신과 노동자들의 경제 활동에 대한 헌신·몰입에 강한 영향을 미쳤던 것이 우리나라 기업 정신의 특징이라 하겠다. 그런 의미에서 기업의 국가 지향은 자기 정당화의 수단으로서 활용될 수 있었다.

다만 이 대목에서 주의해서 관찰할 것이 있다. 이미 위에서 밝힌 대로, 광복 후 우리나라 현대사에서 새로이 등장한 기업인 내지 사업가들은 해방 후 혼란기와 전쟁을 거치면서 부정과 비리로 얼룩진 기업인들의 부정적인 이미지를 창출하게 되었다. 이러한 부정적인 기업인상에 대한 일종의 보상 심리로 이를 교정하려는 적극적인 동기가 작용하여 국가 지향적인 윤리적 전이로써 자기 정당화를 겨냥한 측면이 있음을 간과해서는 안 될 것이다. 다시 말해서, 우리 사회가 자립적으로 자본주의를 추진할 겨를도 없이 식민지화됨으로써 그 결과, 기업가 자신을 정당화하고 기업 활동의 목표와 방향을 설정해주는 자생적인 자본주의적 윤리 규범을 발전시키지 못하였다는 말이다. 이러한 여건 속에서 국가 지향적 기업 경영관은 사회 윤리 규범으로부터 인정받지 못한 부의 축적과 기업 활동에 대한 자기 정당화의 동기에서 발현한 것으로 해석할 수 있을 것이다.

특히 국민 여론과 언론의 따가운 시선을 의식하지 않으면 안 되었기 때문이다. 언론은 "기업의 사회적 책임"(동아일보, 1975. 6. 14, 1978. 4. 20)을 강조하여 기업을 철저하게 비판하였다. "기업을 자기 일신의 치부와 영달을 위한 수단으로만 여기고"(동아일보, 1972. 8. 21, 1979. 10. 15) "최대 이윤의 추구에 급급해서 반사회적 행위를 마다하지 않은 기업인은 대오 각성해야"(동아일보, 1978. 10. 4) 한다는 것이 그 요지다.

이 같은 부정적인 이미지와 자기 소외를 절실하게 느끼게 된 자본가들은 자본 축적을 국가주의적으로 정당화하려 한 것이다. 대표적인 기업가들은 이 점을 분명하게 인식하고 있었다.

현대그룹 정주영은 기업의 사회적 기여도를 인정해야 한다며 다음과 같이 밝혔다.

> 해외 건설은 국제 수지 개선의 주요한 원천이다. 이 점은 국가나 국민들도 이해해야 한다. (정주영, 166)

> 그 동안 우리 기업인들은 눈에 불을 켜고 발바닥이 부르트도록 뛰어다니면서 악착같이 해외 시장을 개척했고, 물불 가리지 않고 일했고 인재 양성도 했다. 그 때문에 오늘날 한국이 이만큼이라도 자립하고 성장, 발전했다는 것에 대해 국민은 인색하게 평가해서는 안 될 것이다. (정주영, 265~66)

> 국민도 나라도 이제 이 나라의 크고 작은 많은 기업들이 국제 경쟁 시장에서 고군분투해가며 적응하고 성장 발전해가는 것을 대견하게 여겨주는 인식의 전환을 해야 할 때이다. (정주영, 261)

그렇기 때문에 "경영자는 국가·사회로부터 기업을 수탁해서 관리하는 청지기일 뿐이다"라고 한 것은 부정적 이미지에 대한 과도한 자기 인식에서 비롯한 것이라 할 것이다. 삼성그룹 이병철도 여기에 대한 변명이 있다.

거친 역사의 소용돌이 속에서 때로는 사업만을 앞세운다는 비난을
받기도 하고 때로는 심혈을 기울인 사업을 단장의 심정으로 내놓아야
했다. (이병철, 1986)

삼성은 소비재 산업을 해서 돈 벌었다고 하지만 국민이 소비재를
필요로 할 때는 소비재를 만들어야지 소비재가 필요한데 중공업이나
조선을 해서 되겠는가, 안 된다고 생각합니다. 그 시대에 맞는 것, 국
민이 요구하는 것, 그걸 언제든지 만들어야 됩니다. 그래야 기업이 사
회에 누(累)가 되는 것이 아니라 기여를 하게 되고 기업 자체도 영속
할 수 있다는 것이 당연한 이치 아닙니까? (이병철, 삼성경제연구소
[1989: 35]에서 재인용)

기업은 국력이다. 국력이 강한 나라일수록 대기업이 많다. 우리나
라에서 대기업이라고 해도 외국에 비하면 아직 중소기업에 불과하다.
부정한 방법으로 치부한 기업가를 사회가 규탄하는 것이 당연한 일이
지만 그렇다고 단순히 기업을 크게 벌였다고 해서 모든 기업가가 규탄
의 대상이 될 수 없다. [……] 기업을 건실하게 발전시켜 국부 형성에
이바지하고 나아가 세계 기업들과 어깨를 나란히하는 것이 나의 꿈이
다. (이병철, 삼성경제연구소[1989: 38]에서 재인용)

삼성전자 전문 경영인 강진구도 그러한 소외감을, "한결같이 여론
과 학계의 따가운 비난을 받아가면서 꿋꿋하게 여기까지 밀고 왔다"
고 표현하였다(강진구, 1996: 269).
대우그룹 김우중은 더욱 분명한 형태로 "나의 마지막 꿈은 기업인
도 존경받는 사회를 만드는 것이다"라 하였다(김우중, 17). "나 자신
이나 우리 가족을 위해 사업을 키우고 세계 시장을 누비며 외화를 벌

어들인 것이 아니다. 만일에 그랬다면 나는 지금쯤 큰 부자가 되었겠지만 정신적으로 몹시 공허한 상태에 빠져버렸을 것이다. 나는 대우에 대해 '내 것'이라는 소유 개념을 가져본 적이 없다. 그것은 잘못이다. 나는 대우의 소유자가 아니라 대우의 전문 경영인이다"(김우중, 142).

재벌 그룹 기업가뿐만 아니라 다른 기업가들도 비난에 대한 의식은 비슷하다.

현재 우리 경제가 이렇게 어렵게 된 것은 기업이 기술 투자를 하지 않고 부동산 투기나 재테크에 열중하면서 중소기업이나 쥐어짜고 정치 세력과 결탁해 각종 이권을 독식하고, 독점의 횡포를 일삼았기 때문이라 한다. 일부가 전체를 대표할 수는 없는데도 마치 모든 기업인이 그러하다고 도매금으로 넘기는 데는 문제가 있다. 세계에서 가장 빠른 기간 안에 농업 사회에서 공업 사회로 전환해 이만큼이나마 살 수 있게 된 것이 기업의 공로가 아니면 무엇이란 말인가. 생산 현장에서 열심히 일한 근로자와 세계 시장을 동분서주 누빈 기업인이 있었기에 오늘날 그나마 중진국 대열에 끼게 되었음을 우리 모두 잊지 말았으면 한다. (박용성, 107)

한편으로 내가 하는 사업이 이 사회를 보다 풍요롭게 만들고 있다는 만족감과 성취감이 없다면 거짓말일 게다. 사실은 이러한 성취감 때문에 오늘날까지 이 일을 해오고 있는 것이 아닌가! 바보이면서도 죄벌인 지금의 기업가들이 국가 경제에 기여한 공을 진심으로 인정받아 존경의 대상이 되는 그런 세상, 그런 세상이 좀더 빨리 앞당겨질 수 있도록 내가 해야 할 일은 무엇일까? 그것은 남보다 더 정직하고 성실한 모습으로 차근차근 정도를 밟아 정상에 오르는 기업인상을 보여주는 일일 것이다. 나는 그야말로 이렇게 해도 재벌이 될 수 있으며 이런 재벌이야말로 정당한 재벌이라는 소리를 듣고 싶은 것이다. 그 때문에 바보 노릇인지도 모를 역할에서 지금도 여전히 만족을 찾고 있다. (이동찬, 239)

그런데 역설적인 현상은, 이처럼 산업 보국의 이념으로 자기 정당화를 시도함에도 불구하고 기업과 기업인에 대한 일반 국민의 불신과 부정적인 이미지는 쉽사리 사라질 기미가 보이지 않는다는 점이다. "국가 발전에 지대한 역할을 하고도 현실적으로 기업이 항상 논란과 비난의 대상이 되고 있는 까닭"은 오히려 기업의 사회적 힘이 급성장하였기 때문이다(정주영, 266). 그뿐 아니라, 이러한 산업 보국의 국가 지향적 기업 경영관을 과도하게 주장할 때는 기업의 공동화(空洞化)를 초래할 수 있다. 공기업은 국가주의적 요소를 강하게 띨 수 있으나, 사기업은 이러한 점에서 한계를 가질 수밖에 없으며, 따라서 국가 지향의 이념은 자본주의 발전의 초기 성장 단계에 자본주의 이념의 도구로서 적극적으로 이용되었다 할 것이다.

II. 가족주의적 이념의 강조

한국 기업이 일반적으로 국가주의적 이념을 강조한 것과 아울러 가족주의적 경영 이념의 색채도 비교적 강하게 드러난다. 상대적으로 말하면, 수출 지향적인 대기업에서는 국가주의적 이념을 강하게 내세운 데 반하여 내수를 중심으로 하는 중소기업은 비교적 가족주의적 경영 이념(家風的 기업 문화)을 특징으로 하였다고 말할 수 있을지 모른다(신유근, 1992). 가족주의적 품성이라고 할 만한 근면·신의·성실·인화 단결·협동과 같은 품성을 더 강조하고 중용·조화 등 자기 규제적인 화합과 협동을 추구하는 태도를 보여준다. 여기에

곁들여 인간성의 중시도 엿보인다.

물론 대기업에서도 경영 또는 기업 이념이 가훈적 성격을 띠는 모습은 쉽사리 볼 수 있다. 예를 들어, LG그룹은 인화 단결을 중심으로 하여 연구 개발과 개척 정신을 강조하였으며, SK그룹은 인간 위주의 경영, 합리적 경영, 현실적 경영을, 쌍용그룹은 인화를 중심으로 구성원들간에 온정적이고 가족적인 분위기를 강조하였다. 효성그룹은 신의와 노력으로 사회와 국가 발전에 공헌한다는 경영 이념하에 전통적으로 성실과 노력 그리고 책무를 공유 가치로 강조하였으며, 사훈으로는 성실 봉사, 화합 단결, 창의 노력을 내세웠다.

좀더 구체적인 보기를 제시하면 다음 구절은 특징적이다. "사돈과 함께 방송국을 개국할 때 창업 회장의 기쁨은 어느 때보다 컸지만, 손주들이 커서 할아버지들이 사업 때문에 싸웠다는 말을 들을 수 없다면서 포기를 결심하시던 그때 〔……〕 인본주의와 인화를 중시하시는 것이었다"(구자경, 175). 사업에서 인간적 신뢰와 믿음에 대한 강조는 "아무리 유망한 사업이라도 무기는 만들고 싶지 않다"(구자경, 171)라고 극적으로 표현되었다.

그러한 믿음은 확실히 조직 관리에서 핵심이다. "리더의 지시와 의도를 구성원들이 믿고 따르지 않고 모두가 제 목소리를 내게 되면 그 조직은 반드시 어그러지게 되어 있다. 따라서 리더를 믿고 따라주며 협력하는 자세가 필요하다"(박용성, 124).

1980년대말 한국 기업의 경영 이념을 보면, 이러한 가족적이면서도 인간적인 윤리를 강조하는 기업 정신이 주류였음을 알 수 있다. 〈표 2-3〉을 보면 창의 · 창조 · 개발 등의 가치가 강조되고 있는 배면에는 실제 인화 · 협동 · 근면 · 정직 등 품성 지향적인 기본 가치가 도사리고 있다.

<표 2-3>　　　　한국 기업의 사훈에서 강조하는 가치들

항목 내용	비율	항목 내용	비율
인화 단결, 협동	46.4%	창의, 창조, 개발	41.2%
성실, 근면	44.2%	품질, 기술, 생산성	16.9%
정직, 신용	28.8%	진취	14.3%
책무	16.9%	사업 보국	14.3%
희생, 봉사, 기타	6.9%	합리성, 과학성	10.4%

　　여기에서 주목할 사항은, 이러한 유교적인 효의 이념에 흡사한 내용이나 인간 관계의 조화를 중시하는 이념은 조직체 내에서 연장자의 권위나 조직체 자체에 대한 자연스러운 복종심과 충성심을 뒷받침해주고 수직적 조직 구조와 종적인 인간 관계 형성의 기반을 강화하는 기능을 하였다는 점이다. 특히, 1970년대에 농촌을 중심으로 일어난 관 주도의 새마을 운동이 농촌에서 주효하자, 같은 원리를 도시와 공장에서도 적용하려는 시도가 있었다. 공장 새마을 운동이 그것이다. 이 무렵 대다수 회사와 공장에는 "회사는 내 집처럼, 종업원은 가족처럼"이라는 구호가 나붙고, 온정주의적 경영에 대한 관심이 고조되는 현상이 나타나기도 하였다. 이와 같은 운동의 실효성에 대해서는 재론의 여지가 없지 않지만(김경동, 1993), 가족주의적 경영 이념을 우리나라에서도 앞세우고자 하였다는 사실은 주목할 만하다.

Ⅲ. 인본주의 이념의 허실

　　유교적 국가관에서는 국가(왕)에 대해 민(民)의 충(忠: 사명 의식)을 기대하는 한편 동시에 국가는 민에 대하여 민본주의적 보호와 시혜를 정책 기조로서 유지해야 한다. 이러한 이념적 구도가 기업 이념으로 전이하게 되면, 민 즉 종업원은 회사에 대하여 충성을 바치는 사명이 있고 이에 대하여 회사는 인본주의적 보상과 혜택을 제공할 의무가 있다는 온정주의적 형식이 될 것이다.

유교적 인간주의는 민을 중시하는 민본 사상의 모습을 띠는데, 그것은 맹자의 여민락(與民樂)의 정신의 체계화라고 할 수 있다. 우리나라는 이러한 유교적 인간주의의 이념뿐만 아니라 우리의 고유 사상인 인내천(人乃天) 또는 천인합일(天人合一) 사상에서도 민본 사상의 뿌리를 찾을 수 있다. 이 사상의 흐름은 유교 문화의 지배하에서도 면면히 존속하였다는 사실에 비추어 볼 때 매우 중요한 문화적 자산이다. 그러나 오늘날의 기업 경영관에서 그런 성격의 인본주의적 요소를 찾기는 그리 용이하지 않다. 기업은 고용 안정 등 간접적인 형태로 근로자에게 그리고 국민에게 봉사할 수 있을 뿐이라는 극히 실용적인 생각이 강하고, 직접적으로 기업의 주인은 근로자이며 기업은 근로자를 위해 존재한다는 인본주의를 천명하는 데는 인색하다. 국가주의든 가부장주의든 수단적 인본주의에 머무는 정도다.

그러나 그러한 수단적인 인본주의 속에서 한층 더 본질적인 '자본주의적' 기업가 정신의 요체가 태동하고 있음을 볼 수 있다. 그러한 보기들은 기업인들의 여러 가지 언명 속에서 직접 찾아볼 수 있다. 현대그룹 정주영은 분명하게 밝히고 있다. "기업가는 이익을 남겨 소득과 고용을 창출하는 것이지 국가를 위해, 또는 사회를 위해 거저 돈을 퍼넣는 자선 사업가는 아니다. 기업가들이 사회에 주는 기업의 열매는 소득과 고용을 창출하는 것이면 된다"(정주영, 109). "기업의 사명은 첫째 고용을 증대시키고 이익을 내서 국가에 세금을 납부해 국가 살림 주머니를 채우는 것이지만 그보다 더 크게 값싸고 경쟁적인 가격으로 질 좋은 제품을 국민에게 공급함으로써 기업 노력의 과실을 국민 모두에게 골고루 돌아가게 하는 데 있다"(정주영, 268). 뿐만 아니라 삼성그룹 이병철도 "기업이 이윤을 추구하는 것이 죄악이 아니라 이윤을 내지 못해 그 부담을 사회에 떠넘기는 것이 죄악이다"
(이병철, 삼성경제연구소〔1989: 33〕에서 재인용)라고 하였다.

　따라서 성장기 기업가 정신은 자본주의적 이념 자원이 결여되어
국가와 가족 중심적 전통 가치 규범을 전이시켜 사용하였으나 자본
주의의 발전에 따라 자본주의적 가치 이념이 시민 사회에서 성장하
고 자립화해나감으로써 사실상 그 이념적 모순과 함께 좀더 본래적
인 자본주의 정신의 성격을 드러내게 되었다 할 것이다. IMF 시대와
전지구화는 그러한 극적 계기를 마련하는 것으로 볼 수 있겠다. 1997
년 11월 한때 지불 유예moratorium로까지 치달았던 외환의 유동성
위기와 금융 위기는 국내적으로는 성장기의 자본주의 정신과 그 내
적 모순으로 인하여 발생하였다. 그러나 이로 말미암아 우리나라의
정치 경제 및 사회적 혁신의 호기가 도래한 것인지도 모른다는 측면
에서 볼 때, 기업 엘리트의 기업가 정신 또는 자본주의 정신의 재정
비는 그러한 개혁의 핵으로 떠오를 수도 있다.

제2부

한국 기업 엘리트의 경제 사회 비전

제3장

외환 위기의 원인과 대응

1. IMF 시련과 자기 반성: 새로운 기업가 정신의 태동

소련·동구 사회주의권의 몰락 이후 가속화된 범세계적 금융자본주의 체제는 냉전 체제를 기반으로 발전국가형 성장 전략을 추구하던 우리나라에게는 금융 위기의 형태로 그리고 IMF 관리 체제로 국내 경제 시스템을 가혹하게 대수술하게 하는 충격을 가해왔다. 외형적인 구조 조정과 경제 시스템의 일대 혁신을 추구하는 상황에서 무엇보다도 근본적인 변화는, 정부의 보호 아래 일부 대기업 집단을 주축으로 과도한 성장을 추구하던 성장기의 자본주의 정신 즉 '발전국가형 자본주의 정신'을 근본적으로 청산하고 변화된 경제 환경 속에서 성숙한 경제 운용에 상응하는 새로운 시대의 자본주의 정신을 형성해야 하는 것이다.

이처럼 IMF 시대 이후 생성해야 할 새로운 기업가 정신은 한국 경제가 선진 성숙 경제로 접어드는 시기에 부합된다는 의미에서 '성숙기 기업가 정신'이라 명명할 수 있다. 그러나 그 동안 우리 경제의 성장 동력인 '성장기 기업가 정신'은 IMF 관리 체제와 함께 무력화되었으나 IMF 시대 이후 우리 경제가 선진 성숙 경제로 이행해나가는 데

활력이 될 새로운 기업가 정신은 아직 눈에 띄지 않고 있다. 성숙기 기업가 정신은 무엇보다도 새로운 경제 환경의 정비에 따라 변신의 몸부림 속에서 그 맹아적 단초를 드러낼 것으로 보인다. IMF 시대 이후 시장 경제는 더욱 활성화되어 경쟁 환경이 강화될 것이고, 경제 활동이 더욱더 전지구화되고 블록화될 터이며 또한 정부 역할이 현저하게 약화되는 반면 시민 사회가 성숙하여 국내적·국제적으로 다양한 시장 견제와 활동이 이루어질 것이 분명하므로, 이 같은 전지구적 차원의 경쟁적 시장 경제 환경 속에서 끊임없이 기술 혁신과 경영 혁신을 추구해가는 '진정한 기업가 정신'이 새로이 태어나야 할 계제에 와 있는 것이다.

따라서 IMF 시대를 극복하고 21세기 선진 성숙 경제로 이행하는 원동력으로서 기업가 정신은 대마불사론 등으로 표현된 정부 지원의 외형 경쟁보다 훨씬 더 자기 위험 부담 속에서 합리적인 형태를 지녀야 할 것이며, 범세계적인 경쟁에서 기술 혁신과 같은 고도의 지식을 활용하여 생산성을 높이는 선진적인 형태를 지녀야 할 것이다.

그러한 새로운 기업가 정신의 단초는 성장기의 기업가 정신에 대한 자기 반성에서 출발한다. 따라서 외환의 유동성 위기와 그로 인한 경제 위기에 대한 원인과 대응에 대해 기업가들이 어떻게 생각하고 있는가 하는 것은 향후 새로운 기업가 정신의 기초가 된다는 점에서 중요하다. 외환 위기의 원인과 그 대응에 대한 기업 엘리트의 인식은 무엇보다도 발전국가 체제하의 성장기 기업가 정신과 그 결과에 대한 자기 반성의 모습이 될 것이기 때문이다.

2. 외환 위기의 원인 인식

우리나라의 외환 위기는 단순한 외환 관리 차원의 문제가 아니라 사회 구조의 본질적 문제가 외부화된 것이라는 견해가 기업가들 사이에 지배적이다. "압축 성장이 갖는 부작용이 아니겠습니까?"라고 한 F기업 회장의 말에서 엿볼 수 있듯이, 1960년대 수출 주도의 발전 국가를 통해 급속하게 경제 성장을 이룩하였으나 그 동안 누적된 과잉 투자, 관치 금융, 과소비 등의 사회 구조적 문제로 악화된 경제를 관리 능력도 없이 급하게 대외적으로 개방하여 생긴 문제라는 것이다. 이들은 경제 위기의 원인은 오래 전에 잉태되었다고 확신한다. "1980년대초부터 그렇게 된 것 같습니다. 그 10년의 역사는 없었어야 하는 게 아닌지? 직접적으로는 1995년에 자본의 자유화를 하면서 종금사를 왕창 허가해준 것이 직접적인 원인이라고 볼 수 있습니다"(F기업 회장).

근본적으로 경제의 구조적 문제가 상당히 오래 전부터 잉태가 되었습니다. 따라서 무능한 정부, 탐욕스러운 재벌, 무식한 소비자, 또 낙후된 은행, 하나 더 친다면 무분별한 언론, 다섯 개의 합작품이라고 생각해요. 정부의 법 제도나 체계가 일제 시대에 물려받은 체계를 가지고 지나치게 채찍 위주로만 구성이 되어 있고, 기업은 합리적인 기업을 발전시키고 주주들에게 공평한 분배가 이루어질 수 있도록 기업의 이윤 극대화에 최선을 다했느냐 하면 그러지 못했다는 겁니다. 대주주의 자기 성장 욕구를 만족시키기 위해서 공개 법인임에도 불구하고 그 회사의 재산을 전혀 관련 없는 다른 곳에 투자해서 소유주의 성장 욕구를 충족시키고 주주들은 손해를 보았습니다. (H기업 부사장)

이러한 구조적 문제가 실제 1980년말 이후 이미 산업 경쟁력의 상실로 현실화되고 있었으나 엔고를 통해 대기업의 몇몇 수출 분야의 호조로 은폐되어 있었던 위기가 표출되었다.

늘 1990년대 초반부터 1995, 96년까지의 호황이 불안한 호황이었다는 예감을 벗어나본 적이 없었어요. 〔……〕 핵심 기술이 있는 것도 아니고 우리나라에서 나는 자원이 있는 것도 아닌데 우리가 이렇게 살 수 있는 근거가 뭐냐? 없다 이거지요. 〔……〕 김영삼 대통령이 집권했을 때 한국 경제가 굉장히 나빴어요. 그런데 좋아진 것은 엔고가 반짝해서 무슨 호황처럼 보였어요. 이웃 나라의 환율이 얼마나 가변적이고 예측 불가능한가를 조금만 알았더라면 그럴 때 대책을 세웠어야 맞죠. 우리는 죽음을 모르고 영원히 소유하려는 사람과 똑같지요. (E기업 사장)

우리 실력에 비해서 인건비라든가 각종 경비라든가 모든 게 1990년 대초부터 너무 올라가지 않았나 생각합니다. 〔……〕 그런데 중화학공업하고 반도체가 엔고 때문에 잘되는 바람에 정부에서 우리 실력이 올라간 걸로 착각을 한 게 아닌가 생각합니다. 〔……〕 엔고가 사라지고 적나라하게 우리 실력으로 싸워야 되니까 갑자기 우리 경제의 기반이 기초부터 무너져내린 것이 아닌가 하는 생각을 가지고 있습니다. 개인적인 의견입니다만 일시적인 외환 부족이나 유동성 부족은 그 붕괴를 터뜨리는 방아쇠 역할만 했지 실질적으로 우리 내부는 벌써 8년에서 10년 동안 곪아터져 있었던 상황이라고 보고 있습니다. (R기업 부사장)

그러나 직접적인 원인으로는 외화 관리의 정책 실패를 지적하였다. "과잉 투자와 국내 가수요뿐만 아니라 우리나라 원화가 높이 평가된 것도 원인이 아닌가 생각이 들어요"(V기업 회장)라든가, "국민들의 과소비하고 정부의 정책 오류가 겹쳐졌죠. 우리가 어렵긴 어려울지라도 그런 외환 관리 면에서 제대로 운전했다면 그렇게까지 되지 않을 텐데"(G기업 회장)라고 안타까워했다.

또한 외환 관리 시스템의 붕괴에는 국제 투기 자금의 개입도 무시할 수 없다. 1990년대 들어 신흥 시장으로 거대한 국제 금융 자금이 유입되어 상응하는 금융 시스템이 갖추어지지 못했을 때 곧바로 외환의 유동성 위기로 그리고 금융 위기로 파급될 수 있다. 아시아/태평양 시장은 그러한 전형적인 형태로 1994년 778억 달러, 1996년에는 2배에 달하는 1,643억 달러가 유입되어 금융 시스템의 교란 요인으로 작용하였다.

〈표 3-1〉　　　　신흥 시장의 국제 금융 자금 유입 추이　　(단위: 10억 달러)

	1994년	1995년	1996년	1997년
총 계	154.7	217.9	304.5	232.6
중 남 미	63.8	40.5	92.4	96.4
동 유 럽	6.4	36.0	41.1	60.9
아프리카/중동	6.6	8.0	6.6	14.4
아시아/태평양	77.8	133.4	164.3	61.0

이러한 배경에서 우리나라 외환 위기는 우리 경제 내부뿐만 아니라 국제 금융 환경에도 원인이 있다는 견해도 제시하였다. 안정적인 국제 금융 시스템이 없는 가운데 미국 등의 국제 자본이 아시아 경제를 재편하기 위한 음모의 작용일 것이라는 관점도 있다. 외환 위기는 "근본적으로는 미국의 장난이 아니겠어요. OECD를 가입한 27개국의 평균 경제 성장률은 연 2%를 넘지 못했으나 유독 두 자리 숫자를 넘

는 경제 성장을 한 곳은 아시아밖에 없습니다. 그래서 미국이 중국을 혼쭐내야겠다 시작한 게 그렇게 가다보니까……"(J기업 사장). 따라서 기업가들도 동시에 날로 거대화하는 국제 금융 자본의 흐름을 체제 붕괴의 원인으로 간주하며 향후 불확실의 주요 요인으로 지목하고 있다.

그러나 특이하게도 기업가들은 대부분 정부의 위기 관리 실패와 국내 경제의 구조적 문제라는 내부 요인으로부터 외환의 유동성 위기와 금융 위기를 바라보고 있다.[1]

IMF 체제를 맞게 된 데서 자유로운 사람이 우리나라에서 있겠어요? 정치인은 정치인대로 정경 유착을 해서 한보 등 국가 경제를 부도나게 하고 (관료는) 기본 경제 지표도 제대로 조사하지 않고 대기업은 기본적으로 위험 부담 risk-taking을 해야 하는데 무모한 투자를 하였고 말이죠. (Q기업 사장)

백만 원 버는 사람이 계속 이백만 원 써대니 그 가정이 온전할 리가 있겠어요. 외환 위기는 대충 그런 게 가장 중요한 원인이 아닌가 싶어요. 〔……〕 몇 년 동안 적자가 지속되었는데도 단기 자본을 갖고 동남아에 장기로 꿔주고 그래서 외환 유동성에 문제가 생겼지요. 그래도 경제 기반 fundamental은 괜찮은가 하지만 공장도 공장 나름이지 3,000만 톤이 적정인데 4,000만 톤을 지으면 나머지 천만 톤은 안 짓느니만 못한 것이 아닌가 생각합니다. (T기업 사장)

---

1) 정권 교체기에 지나치게 내인론이 부각되어 금융 시스템과 재벌 기업의 과잉 투자 등 국내 경제 구조가 그 모든 원인으로 부각되었으나 실제 외환의 유동성 위기 및 그로부터의 금융 위기는 구조 조정에도 불구하고 오늘날 거대한 국제 금융 자본 속에 항상 노출되어 있다는 점도 강조되어야 한다(이대근, 1999; 신용하 외, 1998).

성장 신화와, 외형 규모가 클수록 경제 안정을 위해 정부 지원이 불가피한 경제적 여건 속에서 과잉 투자는 미래 시장 환경을 통찰하는 적극적이고 진취적인 모험적 투자라기보다는 시장 질서를 교란하는 무모한 차입 투자이며 게다가 국민들을 담보로 하는 투자이기도 하다. 1997년 연이은 재벌 그룹들의 부도 사태가 〈표 3-2〉에서처럼 은행과 제2 금융권에 막대한 부실 채권을 남겨 금융 기관의 부실을 초래하였고 결국 외환 위기로 비화되었다는 사실은 이를 잘 말해준다.

〈표 3-2〉　　　6대 부도 그룹의 금융 기관 부실 여신 현황　　(단위: 억 원)

그룹명	부채 비율	제1 금융권	제2 금융권
한보	2,086%	42,733	15,153
삼미	2,807%	9,524	5,174
진로	3,081%	12,022	17,902
대농	자본 잠식	6,027	7,960
한신공영	—	7,278	4,504
기아	519%	54,845	45,210

요컨대, 금융 위기는 단순한 외환 관리 실패로 한정될 수 없고, 경제 위기는 경제 시스템과 운영 과정 전체에서 나타난, 훨씬 더 구조적인 문제라는 것이다.

버는 거보다 쓰는 게 많으니까요(정부도, 기업도, 소비자도. 특히 기업에서는). 제 값을 받을 수 있는 지식 · 정보 · 기술 · 상품 · 서비스가 없었던 게 아닌가요. (그래도 경제 주체 중 책임이 있다면) 제일 중요한 것은 은행과 세무서입니다. 그들이 '깨끗한 기능을 했더라면 엉터

리 장사를 하는데 꾸어줄 은행이 없었을 텐데 말이죠. (U기업 사장)

고도 성장 과정에서의 구조적인 문제가 가장 크죠. 그러나 직접적으로 금융 산업이라든가 금융 실패를 들 수 있고요. 그 다음이 김영삼 정부 때 환율 정책이나 경제 정책 자체가 실패했던 부분을 들 수 있어요. 다시 말해 국제 금융 시장의 동향에 대해서 대응 체계가 미흡한 부분 말이에요. 부분적으로는 대기업이 과잉 투자했던 부분도 포함되고요. 결과적으로 봐서 우리나라 경제 전체의 지적 경쟁력, 지적 수준 자체가 선진국과 비교할 때 격차가 많았다고 생각이 들어요. (L그룹 상무이사)

결국, 책임론은 분명한 형태를 띠고 전국민 책임론으로 확대되었다.

전국민이 책임져야 한다고 생각합니다. 우선 경제와 정치 일선의 정책이나 기업인들이 더 책임이 많고 전체 국민 모두가 무엇인가 잘못되어 있다고 생각하고, 거기에서 우리는 IMF를 자초했다고 생각을 합니다. 〔……〕 그 몫 중에서 국민들은 자기 몫만큼 잘못된 몫이 있으며 그래서 전체가 책임을 져야 한다고 생각합니다. (I기업 부사장)

신문이나 매스컴에서 IMF의 원인을 몇몇 행정 관리들이 잘못해서 그런 것이다, 은행이 잘못했다 그러는데 IMF는 우리 모두의 책임이지 뭐. 다들 빚을 내가지고 잘살았고 기업 하는 사람들은 정신 못 차리고 이것저것 투자해서 그랬지. (O기업 회장)

일부 위정자나 공무원들만의 책임이 아니라 국민 전체에 책임이 있지 않느냐 생각합니다. 물론 당국자들이 근시안적으로 위기 관리를 잘 못했다는 이유도 있겠지만 근본적으로 IMF가 올 수밖에 없었던 그런 의식 구조가 있다고 생각합니다. 예를 들면 만 불도 못 되는 그런 소득 수준을 가지면서 2만 불, 3만 불의 소비를 해왔다고 하는 것은, (IMF 위기가) 언제 일어나도 일어나지 않았겠어요? (A기업 사장)

그러나 총체적인 책임론에 대해서는 좀더 분석적인 접근이 필요하다는 생각도 제시되었으며, 외환 위기나 금융 위기의 원인을 밝히면 그 대책도 체계적으로 수립될 수 있다는 의견도 나왔다.

무슨 살인 사건이 나도 총체적인 책임이고 삼풍백화점이 무너진 것도 총체적인 책임이래요. 아줌마들이 홍콩에 가서 물건을 좀 구입했다고 IMF가 오지 않아요. 차입 경영, 외환 관리, 불투명한 기업 구조 등 그 원인을 규명해나가는 것이 필요해요. 또 그 책임 소재를 밝히고 경중을 따지는 것도 누구를 벌주기 위한 것이 아니라 재발의 위험을 줄이고 새로운 시스템을 만드는 데 필수적인 절차가 아닙니까. (W기업 사장)

우리나라 경제 체제가 새로운 경제 구조의 변화에 적절히 대응하지 못했다는 점은 시사하는 바 크다. K기업 회장은 그러한 적응 실패를 분명하게 밝히고 있다.

사회 변화의 속도에 적응하지 못한 것이겠죠. 60년대 70년대 성공한 모델은 선박이나 철강, 자동차 등인데 이러한 모델에서 빨리 변신하지 못했다는 것입니다. 경영의 입장에서도 군대식의 계층적 기능 조직 형태에서 세계적인 추세에 대응하지 못했습니다. 직접적 동기는 외

환 위기에서 오는 금융 위기라고 볼 수 있는데 이와 같은 것은 대세에
맞춰 돈을 자유롭게 드나들 수 있게끔 열면서 전체 시스템을 관리하고
모니터링하는 시스템을 갖추지 못해서입니다. 〔……〕 어리석은 잘못
이죠. 변화에 둔한 사람들이 전체적인 안목에서 능동적으로 변할 생각
을 하지 않고, 어디 이것만큼 변해놓고 요것만큼 변하겠지 하고 2차 3
차 영향들을 고려하지 않았기 때문에 오는 것입니다. 〔……〕 입으로
떠들기는 시작했지만 고비용과 저능률의 근본적인 문제에 대한 인식
도 부족하고 그것에 대한 대응도 부족하고 〔……〕 사회 변화는 기하급
수적으로 이루어지는데 선형적 linear으로밖에 대응하지 못하고
〔……〕 또 울퉁불퉁하게 변하니까 그 사이에 갭이 생겨서 〔……〕 시
스템이 외부의 압력에 대해 지탱하지 못하는 균열점 breaking point이
오는 거죠. (K기업 회장)

그리고 그러한 적응 문제는 또한 상당히 역사적 변화의 문제이기
도 하다.

　해방 후 기업을 일으켜서 뭔가 국산화해가지고 국민이 먹고 사는
데 앞장서서 해보겠다는 리더십을 발휘한 사람들이 유교적 엘리트 정
신이 강한 사람들이 많았어요. 소위 기업가 entrepreneuer 가운데 상업
주의에 입각한 기업가가 아니고 유교적 엘리트들의 산업주의적인 발
상에서 출발했다고 봅니다. 그래서 이만큼 커왔거든요. 그러한 개념,
그러한 멘털리티 mentality는 지금 국제화된 국제적 금융 사회에서는
맞아들어가지 않는 거예요. 지금 우리 산업이 가장 진통을 겪고 있는
것은 서비스 산업에로의 전환, 금융 산업에로의 전환, 그것이 앞으로
가장 핵심적으로 발전될 사업인데 전환에 실패하고 재건축해야 하는
입장에까지 가 있는 것입니다. (S기업 前회장)

3. 외환 위기와 IMF 체제에 대한 대응 방안

지금까지 열악한 시장 환경으로 인하여 각 기업은 스스로 불확실한 시장 환경을 내부화함으로써 재벌 등 대기업의 문어발식 투자와 경영 형태를 띠게 되었거니와, 금융 위기와 IMF 체제를 극복하기 위해서는 자본 시장·판매 시장·노동 시장과 같은 사회 경제적 시스템을 새로이 구축하여 공정하고 투명한 시장 질서를 수립하는 것이 필수적이다.

무엇보다도 IMF 체제를 극복하기 위해서는 경제 사회적 "제도를 고치는 것이 가장 중요하죠"(W기업 사장)라는 표현에서 보듯이, 보다 공정하고 투명한 경제 시스템을 제대로 구축하는 것이 가장 중요하다. "결국은 우리가 해야 할 일이 IMF가 옴으로써 좀 앞당겨지는 것이죠. 국제적인 경쟁력을 갖추기 위하여 부채 비율을 줄이고 기업의 투명성을 높이고 〔……〕 이런 전반적인 기업 경영 시스템을 바꾸는 것 아니겠어요"(D기업 사장). 기업 시스템도 마찬가지다. "과잉 투자도 조정하고 부채 비율도 줄이고 내부 시스템도 완전히 바꾸었습니다. 결재를 3단계로 줄이고 권한을 대폭 이양하고 퇴직금을 중간 정산하여 성과급으로 인사 시스템을 바꾸었습니다"(Q기업 사장).

기업 경영 시스템뿐만 아니라 경제 환경을 관리하는 사회 시스템도 한층 더 효율화되어야 한다. "경제 문제는 결국 기업을 하는 사람한테 믿고 맡기는 도리밖에는 없어요. 세무서와 은행만 제대로 관리해주면 스스로 내놓을 건 다 내놓습니다. 내가 망하려고 장사합니까? 〔……〕 신(新) 사농공상 체제로 운영하여야 합니다. 학교(士)와 가정(자연〔農〕)에서 근본을 배우고 현장 기술(工)을 가지고 장사(商)를 해야 합니다"(U기업 사장). 특히 금융 위기로 인하여 1997년 한 해 외환 환차손이 26조 원에 달할 정도로 큰 타격을 받은 기업가들은 훨씬 더 금융 및 정보 시스템의 선진화를 바라고 있다. "일본이나 동남아가 모두 제조업이 중심이 되어 금융이나 기술, 정보 분야에서 발전되지 않아서 경제 위기에 부딪힌 것이 아닌가 생각합니다. 금융이나 기술, 정보 부분에서도 우리가 경쟁력 있는 시스템을 구축해야 하지 않나 생각합니다"(D기업 사장). 금융 시스템도 21세기를 향한 미래 지향적 변화가 있어야 한다. "은행이 아직도 담보 위주로 대출하고 있는데 이제는 지적 재산이나 관리 능력, 성장 가능성 등 진정한 기업의 미래 가치를 평가하는 방법을 창안하여 자금 흐름을 원활하고 건실하게 하는 방법을 연구해야 합니다"(V기업 회장).

외환 위기와 IMF 체제에 대한 대응은 무엇보다도 부정적인 의미에서 구조 조정뿐만 아니라 보다 적극적으로 장기적 관점에서 공정하고 투명한 경제적 기본 원칙을 세우고 그러한 원칙이 통용되는 경제 사회 환경을 만드는 것이다. 경제적 · 사회적으로 공정한 "룰을 확실히 세우는 것이 필요합니다. '회전 의자에 앉는 놈이 임자지' 하는 말이나 배 째라 하는 얘기는 우리 사회의 모순을 대변해주는 단어입니다. 시장 경제와 개인주의 성향의 사회를 지원하려면 룰이 분명하게 서야 해요. 강요된 룰이 아니라 자생적으로 합의에 의한 룰, 그러한 룰을 빨리 세워야 해요"(H기업 부사장).

이를 위해서는 구조 조정이 선행되어야 한다. "경제 및 사회의 구조 개혁을 얼마나 강도 있게, 얼마나 능률적으로 추진할 수 있느냐 하는 데 달려 있다고 봐요. 몇 사람에게 책임을 돌리지 말고 국민들에게 개혁 프로그램을 공개하고 진지하게 합의를 모아내면 위기 극복이 가능하고 빨리 극복될 텐데 말이에요"(O기업 회장).

IMF 체제의 극복을 위해서는 효율적인 경제적 · 사회적 시스템을 구축하는 것뿐만 아니라 그러한 시스템을 운용하고 활용할 경제 주체들의 의식 개혁도 뒤따라야 한다.

사회 변화가 빠르니까 정신moral 면에서 따라가지 못하면 이게 가장 문제일 것 같아요. 우리가 일본을 절대 못 따라가는 게 있는데 그게 뭐냐 하면 정신이에요. 〔……〕 안전과 관련해서 기술 수준이 문제가 되는 측면도 있겠지만, 그것보다는 정신 상태가 문제예요. (B기업 회장)

우선 우리는 의식 개혁을 해야 되고 인성 교육을 실시해서 우리 국민의 마음을 전체 인간 본연의 자세로 돌려놔야 된다고 생각합니다. 한 50년 동안 우리 국민성이 그렇게 바뀌어가지고 그렇게 흘러왔기 때문에 그 의식이 개혁되려면 그만큼의 세월이 흘러야 된다고 생각합니다. 국민 모두가 도덕을 상실하고 인륜이 땅에 떨어지고 그런 데서 (IMF가) 비롯됐다, 인간 근본이 무너졌기 때문에 〔……〕 부정부패라든가 성수대교가 무너지고 삼풍백화점이 무너지고 거기서 돈을 챙기고 〔……〕 양심과 도덕이 다 없어졌기 때문에, 기본은 거기에서 (출발해서) 의식을 개혁해야 한다고 생각합니다. (I기업 부사장)

IMF 체제를 극복하고 더욱 적극적으로 21세기 경제 환경에 대응하기 위해서는 진정한 의미에서 범세계적인 정치·경제·사회적 변화를 이해하고 그러한 변화에 상응하는 범세계적인 경영이 필요하다. "범세계적인 시장을 상대로 자원을 최대로 활용하는 진정한 의미에서의 세계 경영이 필요합니다. 그러기 위해서는 우리의 장점이 무엇이며 약점이 무엇인가를 이해하는 것이 필요하며 그러한 기초 위에서 기업간 협력 체제를 구축하여야 합니다. 우리의 기술력이 최첨단의 제품이나 최고급 제품이 아니라면 실용성·안전성 그리고 고객의 요구need에 잘 부합하는 제품을 만들고 공급하는 경영이 필요합니다"(D기업 사장).

그 중에서 무엇보다도 경제 위기에 당면하여 과거의 성공 신화에서 벗어나 합리적이고 진취적인 기업가 정신을 활성화하는 것이 절실히 요구된다는 지적이다. "IMF 충격으로 종업원은 경영자를, 경영자는 정부 관료를 서로 서로 불신하여 일에 대한 의욕을 잃게 된 것이 가장 큰 문제입니다. 눈치나 보면서 열심히 하려 하지 않고 무사안일하게 샐러리맨의 근성으로 기업 활동을 하고 있습니다. 좀더 진취적인 기업가 정신을 불태웠으면 합니다"(X기업 사장).

제4장

IMF 시대 이후의 기업 경영

1. 기업 경영 방침

IMF 시대 이전의 기업 경영은 대체로 과감하고 공격적인 패턴으로 이루어져서 주요 경영 지표도 주로 매출액과 시장 점유율 등 외형적인 것이었다. IMF 이전에는 "성장을 뒷받침하려면 매출을 늘려야 하고 또 매출을 늘리려면 제품의 구색이 많아지고 구색이 많아지다보면 재고가 늘어나요. 매상 매출 재고를 보면 장부상으로는 이만큼을 팔아가지고 이만큼 이익을 남긴 것으로 되어 있는데 연말에 가서 주머니를 뒤지니까 돈은 한푼도 없고 전부 빚만 있어요"(H기업 부사장). 그러한 까닭으로 매출액 대비 현금 흐름 비율은 실제 1994년부터 1996년에 걸쳐 정상적인 영업 활동 면에서 4.5%에서 2.6%로 급속하게 악화되어 금융권 차입 등 재무 활동으로 보충하고 있었다(〈표 4-1〉 참조).

이러한 배경에서 IMF 이후 대부분의 기업은 안정 경영을 제일로 하여 순이익을 중시할 뿐만 아니라 장부상의 순이익을 넘어 현금 흐름cash flow을 매우 중요시하고 있다. 장부상의 "순이익은 현금 흐름과 다릅니다. 순이익에다 실제 이익이 되지 않는, 그러니까 장부상으

〈표 4-1〉　　　　　IMF 이전 매출액 대비 현금 흐름 비율[1]　　　　　(단위: %)

	1994년	1995년	1996년
전체 현금 흐름	1.2	0.5	0.1
영업 활동	4.5	4.2	2.6
투자 활동	-9.0	-10.6	-9.3
재무 활동	5.7	6.9	6.8
당기 순이익	2.0	2.8	0.5

출처: 삼성경제연구소, 1998: 179.

로는 순이익인데 손에 들어오는 돈이 아닌 경우가 많습니다"(H기업 부사장). 때문에 IMF 충격과 금융 경색 속에서 많은 기업이 무더기로 흑자 도산하게 되었다. 따라서 "그전에는 생각하지 않았던 현금 흐름을 중시하고 또 미래의 현금 흐름에 대한 가치를 파악하는 경영을 이전보다 많이 생각하게 됐죠. 그전에는 성장 경제하에서 과대 차입을 하면서 꾸려갈 수 있었는데 그것이 어려워졌기 때문에 적정한 재무 구조를 가지고 사업을 해야 되지 않는가 하는 생각입니다"(V기업 회장). IMF 시대 이전부터 비교적 구조 조정을 일찍 실시하여 내실 경영을 주도하였던 C기업의 본부장은 그러한 기업 경영 방침의 변화를 자신 있게 피력하였다. "외형을 중시하기보다는 현금의 흐름을 중시하는 체제로 우리 회사는 확실히 바뀌었습니다. 〔……〕 의사 결정을 할 때 이익이 나는 것도 현금이 들어오는 이익이 나야지, 전부 외상

---

1) 현금 흐름은 현금, 예금, 3개월 이내 만기 도래 채권 등 현금 등가물의 유입과 유출을 측정하는 자금 지수 척도이다. 영업 활동의 현금 흐름은 현금 매출, 외상 매출금 회수, 받을 어음 회수 등 유입금에서 현금 매입, 외상 차입금 지급, 지급 어음 지급, 급료 비용, 지급 이자 등 유출금을 차감한 것이며, 투자 활동은 유가 증권 처분, 자산 처분 등 유입금에서 시설 투자, 주식 취득 등 유출금을 차감한 것, 재무 활동은 장단기 차입, 주식 발행 등 유입금에서 차입금 상환 등 유출금을 차감한 것이다.

으로 팔고 돈이 들어오지 않는 것은 이익이 없는 것이지요. 〔……〕
판매량만 늘어나 1등을 해도 아무 소용이 없지요. 내실 있는 경영, 현
금이 들어올 수 있는 것이 우선입니다"(C기업 본부장).

그러나 실제 경영 방침은 현금 흐름을 중시하는 내실 경영을 지향
할 뿐만 아니라 그 이상의 변화를 나타내고 있는 듯하다.

지금의 경영 패러다임이나 경영 방침은 IMF 이전과 많이 달라졌습
니다. 현시점에서 가장 중요시하는 지표는 고생산성이에요. 과거에는
대기업은 부도가 나지 않는다 하는 대마불사(大馬不死)론이 팽배했는
데 지금은 그걸 담보하는 환경이 아니거든요. 정부로부터도 우호적인
정책을 기대할 수가 없고 금융 기관도 자기 코가 석 자이기 때문에 자
체적으로 그런 환경을 극복해나가야 하며 그러한 의미에서 고생산성
이 제일 중요한 과제지요. 그러기 위해서는 제일 중요한 것이 원가 경
쟁력이며 '어떻게 경쟁할 수 있느냐' 하는 즉 원가 경쟁에서 리더십을
발휘하는 것이죠. 다시 말해 핵심 역량을 기반으로 차별화하는 방법을
찾아내는 것입니다. (L그룹 상무이사)

또한 우리나라에서 대표적인 제조업인 T기업 사장은 "경영 지표
중 제일 중요한 것은 현금 흐름이지요. 부도내지 말아야 합니다"라고
전제하면서 동시에 독자적인 기술력을 갖는 것이 중요함을 강조하였
다. "초일류 기업이 되기 위해서는 경영 시스템이든 기술이든 우리
회사만의 것이 있어야 하는데 그것이 없다는 것입니다. 고유 기술을
가지는 것을 경영의 핵심이라고 생각합니다." 그러나 그는 조심스럽
게 "(물론) 기술이 중요하다고 하지만 비용 절감, 효율 상승 등 효과
가 무엇인지를 측정하는 것이 필요합니다"라고 덧붙였다.

그러므로 IMF는 기업 경영의 기본을 되새기는 계기가 된 듯하다.

기본으로 돌아가서 다시 생각하기를 주문하기도 하고 고객의 요구를 넘어 좀더 적극적으로 경영 환경 변화에 대한 전망과 비전을 축구하기도 하였다.

2. 소유와 경영, 그리고 재벌

I. 소유와 경영의 분리

소유와 경영의 분리는 오랜 기업사적 과제이다. 특히 IMF 위기를 맞이하여 그러한 사회적 요구는 매우 다양한 형태를 띠고 있다. 그러한 점에서 21세기 경제 사회 비전의 가장 중요한 측면이라 할 수 있다.

1) 소유 경영자와 전문 경영자

기업가들 사이에서는 소유와 경영의 분리나 소유 경영자와 전문 경영자 어느 쪽이 좋다는 생각보다는, 경영 능력을 어느 정도 가지고 있느냐 하는 것이 중요하다는 생각이 지배적이다. "경영이 전문 경영인에게 넘어가기도 하고 자기 아들에게 넘어갈 때도 있고 전문 경영인에게 넘겼다가 아들에게 주기도 하고 그러는데, 문제는 그런 자질을 갖추고 있느냐 하는 것이겠죠"(F기업 회장). "소유 경영자와 전문 경영자를 나누는 것이 좋지 않은 것 같습니다. 소유자가 능력이 있을 때가 최고로 좋은 거 아닙니까? 능력이라는 것은 도덕성까지 포함된 능력을 얘기하는 겁니다. 〔……〕 그렇지 않을 때는 전문 경영인하고 공존공생하는 게 필요하다고 봅니다. 소유자도 남의 것처럼 자기 회사를 봐야 되고 고용된 전문 경영자도 내 거라고 생각할 수 있다면 괜찮은 거고요"(U기업 전문 경영자). 실제 "전문 경영인한테 맡겨도 전문적으로 경영을 잘할 수 있느냐 하는 것이 중요합니다. 올바른 인재 선택이 있어야 한다는 전제에서 말씀드립니다"(A기업 사장).

또한 소유 경영자와 전문 경영자는 각각 특장이 있다는 생각이 지배적이다. 특히 소유 경영자는 신규 사업을 시작할 때나 기업 위기 시 자기 책임을 가지고 과단성이 있는 결단을 할 수 있기 때문에 장점을 가진다.

> 소유와 경영을 분리한다는 대원칙에는 저도 찬성을 하지만 반드시 전문 경영인이어야만 된다는 것은 아닙니다. 〔……〕 내 것이 아니었을 때 사람의 심리가 자기 것을 가지고 경영하는 사람의 그 마음에는 따라가지 못하거든요. 아무리 그 분야의 자기 전문성을 가지고 한다 해도 내 것이 아니다, 여기서 나는 월급쟁이다 하는 사람의 사고 방식으로는 어림도 없거든요. 가령 내 것이라면 내 자식이 물에 빠졌을 때 내 생명을 던지는 마음으로 하지 않겠습니까? (I기업 부사장)

그러한 점 때문에 특히 중소기업에서는 소유 경영자가 경영해야 한다는 것이다.

> 중소기업과 대기업이라는 규모의 차이를 고려해서 보는 시각이 달라야 된다고 생각합니다. 〔……〕 중소기업에서는 〔……〕 중요한 것은 전문성과 더불어 책임감이죠. 조금 능력이 뒤떨어진다고 해도 거기에 자기 인생을 함께하는 것과 그렇지 않고 언제나 떠날 수 있다고 생각하는 것은, 그 자체가 오히려 기업을 끌고 나가는 능력의 한 구성 요소가 되지 않을까 생각합니다. 〔……〕 전문 경영자도 자기 개인의 이해를 위해서 움직이는 측면이 다분히 있거든요. (M기업 소유 경영자)

하지만 장기적으로 기업 경영을 잘 아는 CEO 형태의 전문 경영자가 맡아야 한다는 데는 대체로 동의하였다. 즉 "무능한 소유권자보다는 유능한 경영 전문인이 낫다"(J기업 소유 경영자)라는 표현은 특징적이다. "경영 능력이 있는 전문 경영인이 맡아야 한다고 봅니다. 우리나라 재벌 2세의 교육 과정을 보면 경영 수업이 제대로 되고 있지 않습니다"(X기업 사장). 그럼에도 불구하고 전문 경영자가 경영 최전선에 나서는 데 필요한 제도적 여건이 필요하다. "전문 경영자가 낫다. 단 전문 경영자가 반드시 주주의 이익 극대화를 위해서 전력을 다한다는 전제 조건이 충족되어야만"(H기업 소유 경영자) 낫다고 생각하기 때문이다.

특히 정당한 평가 시스템이 있어야 한다.

우리나라에서도 전문 경영인이 경영을 해야 한다는 얘기가 수도 없이 많이 나왔죠. 그러다가 기아가 어려움에 처하니까 또 의견이 달라요. 그런데 그것이 전제가 있어요. 〔……〕 전문 경영인이 되려면 확실한 평가 시스템이 갖춰져야지요. 그것이 없이 전문 경영인을 하려면 안 된다 이거죠. 그렇게 하려면 오너owner가 하는 것이 낫죠. 그래서 우리나라 현재 실정으로는 오너가 하는 것이 낫다고 보는데, 그래야 본인이 책임지고 의사 결정도 빨리 하고 자기 기업이니까 평가 시스템뿐만 아니라 통제 시스템이 없어도 책임감 있게 할 수 있는 것 같아요. (E기업 전문 경영인)

덧붙여, 소유와 경영의 분리라는 원칙을 근대 기업의 역사가 짧은 우리나라에 그대로 적용하는 것은 잘못이라는 견해도 피력하였다. "우리나라는 자본주의 역사가 짧고 기업의 역사가 짧기 때문에 미국에서 보는 전문 경영인 CEO의 역할이 부족한 게 사실이며 주어진 여건하에서 전문 경영인의 능률을 발휘하는 것이죠"(L그룹 상무이사).

그러한 이유는 우리나라의 소유 중심 기업 구조에서 오너하에서 제대로 자기 책임을 진 결정을 하는 것이 불가능하였고 따라서 대체로는 보좌역이나 참모 역할의 경영자가 있을 뿐이며 진정한 전문 경영자는 제대로 육성되지 않았기 때문이다.

오너 가족 기업에 속해 있는 경영자들은 경영자로서 리스크 부담을 하지 않으려고 합니다. 모든 것을 오너에게 물어보고 스스로 결정하는 습관이 없어요. 사장이 제일 심하고 부사장, 전무급들이 되면 관료와 똑같아요. 왜 리스크를 떠안아서 새로운 것을 개발하고 혁신합니까? 안 하려고 회피하는 것이 그 자리에 있는 사람들입니다. 그래서 정도의 차이는 있으나 실제 30대 재벌의 임원진은 오너 체제에서 스스로 결정할 일이 별로 없어요. (N기업 사장)

그러나 많은 전문 경영인들은 아직 시작 단계이지만 소유와 경영의 분리는 불가피하다고 생각한다.

소유와 경영이 분리되는 것은 당연한 추세이고 또 그렇게 되어야 되는 것이죠. 재벌들이 가족에게 물려준다고 하는 것도 된다 안 된다 하는 논의 이전에 그 사람이 그러한 경영 능력이 있느냐 없느냐를 봐야겠지요. 우리나라 기업의 역사가 이제 30년밖에 안 됩니다. 기업을 창립해서 20년, 30년 된 기업들에서 오너 체제일 수밖에 없는 것 아닙니까? 이제 겨우 전문 경영인이 나올까말까 한 그런 시점이고 앞으로 10년, 20년 더 가면 자연스럽게 체계적으로 양성될 것입니다. (D기업 사장)

소유와 경영을 분리해서 잘하는 기업을 보고 요즘 "오너가 있어야

한다"고 민영화를 주장하는데 거꾸로 가는 것 같기도 합니다. 〔……〕
외국에 가보면 전문 경영인 체제가 되어야 맞는 것 같은데요. 현재 우
리나라에는 아직은 전문 경영인이 육성이 안 되어 있다고 봐요. 재벌
의 전문 경영인은 회장이 오너이며 전문 경영인이지 나머지 사람들은
경영 차원보다는 대부분 하라는 범위에서 관리를 잘하는 그런 사람들
로 육성되는 것이지요. 〔……〕 경영인이라는 것은 문자 그대로 자기
책임하에서 자기가 회사에 모든 것을 다해야 하는데 〔……〕 우리나라
에 그렇게 많은 전문 경영인이 있다고 보지 않습니다. 그래서 어느 날
갑자기 소유 경영인의 체제를 전문 경영인 체제로 바꾸는 것이 쉽지
않겠지만 장기적으로 그런 방향으로 가야 되는 게 아닌지. (T기업 전
문 경영자)

더욱 본격적인 의미에서 전문 경영인의 시장이 조만간 형성될 것
이라고 전망한다.

지금까지 내가 봤을 때 엄밀한 의미에서의 전문 경영인은 한 사람
도 없어요. 다 직·간접적으로 관계가 있는 거죠. 앞으로 생기겠죠. 과
거에 아마 김선홍 같은 사람은 CEO로 있었으나 미국식 CEO는 아직
없었는데 이제는 전문 경영인 체제가 그 나름대로 시장을 통해서 생길
것입니다. 이제까지는 관리 사장이라고 해서 월급 적게 받고, 이런 건
제일 싸구려거든요. 그러니까 앞으로는 연봉 10억, 20억씩으로 모셔다
가 하고 기업이 잘되면 스톡 옵션 stock option 하든지 하지 않고는 이
경쟁에서 살아날 길이 없어요. (Q기업 사장)

그러나 전문 경영인 체제는 사회적 분위기와 제도적 여건이 구축
되어야 가능하다.

가장 유능한 개인한테 주는 게 좋겠죠. 〔……〕 우리 같은 경우는 전부 죄인이고 도둑놈이라고 하는 비판은 불합리합니다. 자기가 자기 것을 벌어서 부자 된다는 생각을 갖는데, 그걸 어떻게 뺏깁니까 ? 정직한 사회에서는 누구한테 맡겨도 좋습니다. 그러나 그렇지 않은 사회에서는 그건 어렵다고 봅니다. 그게 큰 문제인 것 같아요. 자본과 경영을 분리하는 게 제일 어렵습니다. 〔……〕 전문 경영인도 있기는 있어요. 그것도 총수니까 전문 경영인이지, 전문 경영인이 과연 있을 수 있겠느냐 하는 얘기죠. 〔……〕 주인이 죽었을 때 경영을 맡아가지고 회사의 비자금을 빼서 자기 이름으로 투자해서 갑자기 지배 주주가 되는 그런 식입니다. 그런 풍토하에서 어떻게 자본주의가 발전하겠는가 하는 얘깁니다. (B기업 회장)

회사를 소유하는 사람과 경영을 하는 사람은 개념적으로 다른데 우리나라는 일치하는 형태가 많죠. 왜냐하면 다른 사람을 못 믿으니까, 물론 내가 다른 사람보다 낫다고 생각하니까 주인이 직접 나서는 경우가 많은데 〔……〕 경영 잘하는 사람을 평가해주고 남은 것을 주주에게 나눠주게 되면 〔……〕 소유주가 할 수도 있고, 전문 경영인이 할 수도 있고. 그러나 결국은 경영을 잘하는 사람이 경영자로 남게 되지 않겠느냐 그렇게 생각합니다. (P기업 소유 · 경영인)

2) 기업 승계

기업 엘리트는 기업 승계도 소유권을 법적으로 상속받는 것은 당연한 것이며 이에 대해 너무 평등주의적 관점에서 비판하는 것은 자본주의적 기본을 무시하는 것이라고 평가한다. 기업 승계에 대해서 긍정적이어야 한다는 주장은 다음과 같은 논리였다.

승계 과정을 우리 국민들이 자연스럽게 받아들여야 한다고 봐요. 〔……〕 부당하다는 인식이 강한데, 〔……〕 그걸 인정하는 풍토가 되어야 돼요. 전문 경영인인 나도 생각을 안 하겠어요. 〔……〕 경험이 저보다 많겠습니까, 경륜이 나보다 많겠습니까? 그렇게만 보면 불공평한데 그렇다면 공평한 시스템이 무엇이냐 이거지요. 대안이 없이 불공평하다고 강조하면 오히려 파멸이다 이겁니다. (E기업 사장)

특히 소유권을 상속받아 최대 주주로서 경영권을 아들에게 승계하는 것은 법적으로 아무런 하자가 없으며 이를 부정적으로 바라보는 것은 문제라고 한다. 경영 능력만 있다면 승계 문제는,

나쁘지 않다고 생각합니다. 국가 경영을 세습한다면 그것은 민주주의 원리에 맞지 않습니다만 기업은 어디까지나 개인의 기업이기 때문에, 선친이 경영했는데 반드시 2세가 기업을 떠나야 한다는 원칙도 없고, 경영 능력을 어느 정도 갖추었느냐 하는 점은 있지만 많은 2세 중에 경영 마인드가 높은 사람이 경영 수업을 하여 참모들의 도움을 받아서 맡는 것이 나쁘지 않다고 생각합니다. (A기업 사장)

따라서 승계 문제는 "기본적으로 경영 능력 문제라고 생각합니다. 오너의 후손이라고 해서 경영 능력이 없는데 경영권을 승계하는 것은 잘못입니다. 마찬가지로 오너의 후손이 경영 능력이 있는데도 단지 오너의 후손이라고 해서 배척하는 것도 잘못이라는 거죠." (L그룹 상무이사)

그러한 배경에서 30대 그룹의 경영권은 전문 경영자로 이전되는 경우는 미비하고 대부분 직계 장남으로 승계되는 형태를 취하고 있

다. 장남으로의 승계는 전통적 가족주의적 가치에서 볼 때 정당성을 가진 형태라 할 수 있다. "승계를 할 때 한국적·동양적 가치가 많이 고려돼서 장남한테 승계가 되는 것이 아닌가 생각됩니다. 그 가치하에서는 장남으로의 승계가 문제 발생이나 분쟁의 소지가 적기 때문이에요"(M기업 소유 경영자).

〈표 4-2〉 30대 재벌의 승계 유형 (1996년 7월)

승계 형태	그룹 수	비 고
창업자 → 직계 장남	20	승계 유력 포함
창업자 → 비직계 장남	2	
창업자 → 형제	3	승계 유력 포함
창업자 → 형제 → 직계 장남	2	
창업자 → 사위	1	
창업자 → 공동 창업자	1	
창업자 → 전문 경영자	1	

그러나 기업가들 사이에서 승계 자체에 대해 반대론도 만만치 않았다.

경영자의 아들이 경영자로서의 자질을 더 쉽게 가질 수 있다는 장점은 있죠. 그렇기 때문에 보통 정도의 자질을 가진 후계자라면 일반 사람보다는 얻어들은 견문이나 무형의 환경 측면에서 볼 때 경영을 더 잘할 수 있는 장점은 있죠. 그러나 〔……〕 현대 기업이 살아남으려면 훌륭한excellent 경영자라야 합니다. 옛날이야 볼트·너트 만드는 시장을 가지고 20년이고 거저 사업할 수 있었지만 지금은 10년 가면 완전히 다른 회사로 만들어놔야 되는 거니까 리스크가 많죠. 승계를 통해 그러한 변신을 제대로 해낼 수 있느냐는 상당히 미스터리입니다.

(K기업 소유 경영자)

기업의 승계는 어렵다고 생각해요. 물론 창업을 한 1세대는 자기가
회사를 만들었으니까 회사의 작은 데에서부터 큰 데까지 다 알기 때문
에 기업 전체를 느끼는 감이 있는데 그걸 갑자기 승계하면 —— 승계한
사람도 처음부터 경영 훈련을 받았겠지만 —— 위기 대처 능력이나 경영
감각에서 떨어지는 것이 아닌가 생각합니다. (V기업 회장)

또한 주주로서 소유권을 상속하는 것과 지위 상속은 구별되어야
한다는 의견이 있다.

주주로서 상속받는 것은 당연한 거죠. 그거야 상속세 내고 합법적
으로 하는데 그것을 가지고 이야기할 수 없는 거지요. 그 다음에 지위
상속 문제는 생각해볼 문제라고 봐요. 기업을 앞으로 운영해나가는 것
이 얼마나 어려운데, 그 사람이 적합하냐 하는 부분을 검증도 받지 않
고 지위 승계하는 것은 문제이지요. (D기업 사장)

Q기업 사장은 더욱 분명한 태도로 기업 승계를 부정하였다.

(승계를) 해서도 안 되고, 해도 되지도 않습니다. 도대체가 부의 세
습도 문제가 많은데, 우리가 얼마나 이래저래 해가지고 재벌이 성장했
는데 [……] 어마어마한 재산을 상속받은 이건희 회장도 그 당시에 겨
우 상속세 65억인가 내고 한 거 아녜요. 온갖 합법적인 방법으로 절
세·탈세를 해가지고 부를 세습하는 것도 문제가 많은데 더구나 복잡
하고 전문화되어 있는 이 시대에 어떻게 경영권까지도 세습이 됩니
까? 물론 능력이 있는 사람도 있고 아버지보다 나은 아들도 있겠지만

그렇지 않고 단지 장자이기 때문에 또는 아들이기 때문에 거대 기업을 갖다가 [……] 21세기를 보는 이때에 세습한다는 것은 말도 안 되는 거죠. (Q기업 사장)

아직 경영 능력도 확인되지 않은 상태에서 무리하게 승계하여 단위 기업의 종업원뿐만 아니라 협력 기업 모두의 생존권을 경영 실험 대상으로 삼는 것은 비난받아야 한다는 의견까지 제기되었다. 특히 국민 경제에 막대한 영향력을 갖는 대기업을 검증되지 않은 자식에게 승계하는 것은 범죄 행위라는 것이다.

승계해서 성공한 기업은 몇 손가락에 꼽습니다. 그러니까 나는 재벌이 자기 자식에게 상속하는 것은 자유인데 우리한테 빚을 떠맡기는 것은 용납할 수 없다 이거지요. 지금까지 그랬으니까. 충분히 검증되지 않은 자한테 대기업을 맡긴다는 것은 일종의 범죄 행위라고 보아야 합니다. 우리나라 대기업은 심한 경우 2~3%밖에 가지고 있지 않기 때문에 공기업이에요. 나머지는 국민들의 세금인데 자기 자본조차 다 까먹은 빚더미인 대기업이 많아요. 그런 걸 또 자식에게 넘기는 것은 범죄 행위로밖에는 보이지 않습니다. (W기업 사장)

특별히 우리 사회에서는 현실적으로 투명하고 정당하게 승계하는 사회적 절차가 미비되어 있다는 점에서 기업가 스스로도 승계에 대해 부정적이다.

창업 1세대가 발군의 경영 능력을 가진 분들인데, 설마 능력도 없는데 자식에게 물려주었겠습니까? 잘못 판단했다면 삼미·진로·대농처럼 문제가 나타나겠지요. 문제는 투명성입니다. 삼성 이건희 회장이

승계하면서 낸 세금이 얼마인지 아십니까? (O기업 회장)

　재벌의 승계 문제도 그래요. 조세 행정이 합리적으로 되어 있었다면 아들에게 넘겨주건 손자한테 넘겨주건 누가 뭐라고 하겠습니까? 그 거대한 기업의 지배권을 가지려면 재산이 얼마가 되어야 하는지 아십니까? 그런 제도적 여건에 관심이 없고 해야 되느냐 해서는 안 되느냐 하는 피상적인 것에 너무 관심이 있는 것 같아요. (N기업 사장)

　주식회사는 주식이 많은 사람이 주주 총회에서 의결하면 되는 것이기 때문에 그 자체는 나쁠 것이 없는데, 아들한테 어떻게 상속이 되느냐 이거죠. 아들한테 상속을 할 때 세금이 제대로 걷혔냐를 따져봐야 된다는 겁니다. 〔……〕 예를 들어 포드Ford 같은 회사는 3대째, 4대째 거듭 회장을 하고 있지 않습니까? 그것을 가지고 잘못됐다고 시비를 거는 사람은 하나도 없어요. 문제는 세금으로 낼 것을 다 내고 법을 잘 지켰느냐 하는 겁니다. (P기업 부사장)

그렇기 때문에 현실적으로 많은 기업 엘리트들은 기업 승계가 하나의 고민거리인 듯하였다. G기업 회장은 그러한 고민을 다음과 같이 솔직히 털어놓았다.

　어떤 사람도 정이라는 게 있는데 누구나 자기 자식에게 승계를 시키고 싶지요. 자질이 되면 하는 것이고 없다면 안 하는 것이지요. 〔……〕 기업이 어느 정도 이상 되면 개인이라기보다는 사회의, 국가의 재산 목록이기 때문에 〔……〕 유능한 사람을 시켜야 발전시킬 수 있을 것 아니겠어요. 〔……〕 능력이 있어야 한다는 겁니다. (G기업 회장)

그래서 일부 기업가들은 그에 대해 훨씬 더 절실하다.

살아 있을 때 정리하고 빚도 재산도 남기지 말고 가라 하는 것이 제 생각인데 〔……〕 후손이 경영 능력이 있다고 한다면 찬성을 하지요. 만일 경영 능력이 없는데도 단지 자기 재산이니까 남은 싫어하는 데도 내 아들이어야 한다는 그런 것은 아니란 말이죠. 자기 재산이지만 나라에 속해 있는 것이기 때문이죠. (I기업 부사장)

우리나라에서 가장 문제가 되는 것은 소위 재벌들이 2세에게 재산을 물려주는 형식에 있습니다. 〔……〕 자식한테 자기 스스로 걸어갈 수 있는 능력을 주는 것이 중요한 것이지 그거 돈을 줘서 어떻게 합니까? 〔……〕 나는 일선에 물러앉을 때 편안하게 전문 경영인에게 맡겨 놓을 생각입니다. 〔……〕 자식에게 사업을 물려주겠다, 재산을 물려주겠다는 생각은 요만큼도 없습니다. (J기업 소유 경영자)

따라서 현실적으로 승계 문제는 기업가들에게는 훨씬 이성적인 문제이기도 하다.

내가 번 돈을 다 쓰고 죽을 수 없으니까 교통 사고로 갑자기 죽으면 내 자식에게 법에 의해 상속을 합니다. 〔……〕 내가 대주주로서 의사 결정에 상당한 영향을 미치니까 현재 우리나라에서는 강제로 그 애를 자리에 앉히는 의사 결정을 할 수 있지요. 그러나 (그런 것이 아니라면) 전문 경영인을 앉혀서 100원 버는데 아들놈을 앉혀서 60원을 번다? 내가 장사꾼인데 그런 바보짓을 하겠습니까? (H기업 소유 경영자)

II. 재벌과 대기업, 그리고 중소기업

1) 재벌 문제

재벌은 경제력 집중과 사회적 불평등의 문제와 연관되어 일반에게
부정적으로 인식되었으며 특히 최근에 들어서는 재벌 체제의 효율성
마저 금융 위기와 IMF 체제의 직접적인 원인으로서 의문시하는 견해
가 지배적으로 되고 있다.[2] 기업가들은 재벌에 대한 이러한 따가운
국민 여론을 인식하고 이 문제에 대해서는 매우 신중한 반응을 보이
고 있다.

대기업의 경영자들은 재벌은 정부 주도의 급속한 경제 성장의 역
사적 산물이라는 점을 강조하였다.

재벌 형태는 우리나라 경제 성장의 역사적 산물이라고 봐야 될 거
예요. 재벌 자체가 가지고 있는 공과가 있잖아요. 짧은 기간 내 우리
경제가 고도 성장할 수 있었던 원동력이라는 긍정적 측면이 있을 거고
요, 반대로 전체 경제 자원의 독점적 배분, 정경 유착 등 그러한 부정
적 측면이 있을 거라고요. 이제는 국제 경쟁 환경에 적응해야 하니까
변화되어야 할 것입니다. (L그룹 상무이사)

변화된 경제 환경 속에서 재벌도 이제는 바뀌어야 하지만 상대적

---

2) 서울대학교 사회발전연구소의 1995년 조사에 의하면 일반 국민들의 41.4%가 재벌
   에 대해 부정적인 인식을 가지고 있으며 긍정적인 인식을 가진 사람은 13.2%에 불
   과하였다. 부정적인 인식의 근거는 중소기업 영역의 침해(22.2%), 정치 권력과의
   밀착(18.6%), 부동산 투기(14.9%), 빈부 격차 심화(11.7%), 소비자 희생(8.1%)
   등이 꼽히고 있다. 이러한 이유로 1998년 12월말 중앙일보 여론 조사에서도 재벌
   의 국민 경제 기여도에 대해 부정적인 인식을 가진 사람이 54.1%에 이르고 있으며
   일반 국민의 52.5%는 재벌 개혁이 보다 신속하고 강하게 추진되어야 한다는 견해
   이다.

으로 작은 시장 환경에서 위험을 분산화시키는 다각화는 불가피하다
고 생각한다. 그렇기 때문에 재벌 개혁도 점진적으로 해야 한다고 지
적한다.

　　너무 짧은 시간에 200년 이상 시행 착오를 겪으면서 만든 제도를 요
구하는 것은 문제가 있어요. 우리나라는 아직도 자본 시장이 형성되어
있지 않아 자본 조달에서 타인 자본 비율이 높습니다. 일본이 1983년
도 우리와 부채 비율이 비슷하였고 13, 4년 걸려서 이제 겨우 200%
이하로 내려왔는데 선진국과 단순 비교하는 것은 문제지요. (D기업
사장)

〈표 4-3〉 30대 기업 집단의 국민 경제 비중의 변화

	부가가치	고용 비중
1990년	12.7%	4.3%
1991년	13.0%	4.3%
1992년	13.5%	4.2%
1993년	13.6%	4.1%
1994년	14.2%	4.2%
1995년	16.2%	4.4%
1996년	14.7%	4.6%

　　그들은 또한 재벌이 그 동안 국민 경제에 크게 기여하였다는 점을
강조하였다.

　　(우리 경제를 이만큼 키웠지만) 초창기 재벌은 장사만 해서 사람도
안 키우고 기술도 안 키워 이렇게 된 거야. 〔……〕 실력 없는 학생이
졸업하는 것은 봤어도 실력 없는 기업이 돈 버는 건 못 봤어. 그럼 번

돈은? 그것은 은행이나 세무서 등 사회 제도가 제대로 역할을 하지 못한 거지. (U기업 전문 경영인)

재벌이 우리나라 경제 건설에 과거 30년 동안 세계 10위로의 경제권까지 올려놓는 데 공헌을 많이 했다고 봅니다. 사회적·경제적·윤리적으로 여러 가지 폐해도 없었다고 말할 수 없지만, 공과를 따진다면 경제에 큰 몫을 담당했다고 생각합니다. 다만 재벌은 공정 경쟁, 시장 경쟁, 민주주의 경쟁 등 그러한 원리에 좀더 충실할 수 있도록 체질을 개선하고 경쟁 체제로 나아갈 수 있었으면 합니다. (A기업 사장)

대기업 경영자는 이처럼 수세적 입장을 취하고 있으나, 많은 기업가들은 그 동안의 경제적 기여도를 인정하면서도 이제는 기존의 시장 독점, 금융 독점 등 독점 구조가 바뀌어야 하며 그러한 의미에서 재벌 개혁이 한국 경제의 공정한 경쟁 환경에 가장 중요한 요인이라는 의견이 지배적이었다.

재벌은 사실은 상당히 빨리 성장을 하는 데는 기여를 했는데, 최근한 5년 동안에는 조금 다른 형태로 바뀌어야 되는 것이 아니었던가 생각합니다. 재벌들이 소위 내부적인 거래를 통해 생산이 높지 않은 기업을 유지해온 것이 사실이거든요. 〔……〕 현대에서 배를 만드는데 페인트가 많이 들면 페인트 회사 만들고 가구가 필요하면 가구 회사 만들고 그런 것은 좀 곤란하지 않느냐 하는 것입니다. (T기업 사장)

이 같은 지적은 30대 재벌의 계열 회사가 1990년 539개에서 지속적으로 증가하여 1997년 821개로 급속하게 증가하였다는 사실을 근거로 한다.

<표 4-4>　　　　　　30대 재벌의 계열사 수 추이　　　(각 연도 4월 기준)

연도	1990	1991	1992	1993	1994	1995	1996	1997	1998
계열사 수	539	561	574	604	616	623	669	821	804
재벌당 계열사 수	18.0	18.7	19.1	20.1	20.5	20.8	22.3	27.4	26.8

이런 점에서 재벌의 사회적 이미지가 부정적으로 되었음을 지적한다.

소위 갖지 못한 자들이 가진 자들에게 승복을 못 하는 이유가 그 당시에 돈이 많아서나 실력이 있어서 그런 것이 아니고 정경 유착이다 해서 그런 것들을 보았기 때문이에요. 〔……〕 재벌들이 커온 과정이 전부 이권이니 독과점이니 그런 식으로 커왔다고요. 〔……〕 또 재벌이 이것저것 다 해서 콩나물, 두부 만드는 것까지 해서 〔……〕 세계 어떤 나라의 경제가 우위를 지키려면 두세 개 이상은 최고가 되어야 하는데 우리나라에서는 그나마 반도체 하나밖에 없는 걸로 알아요. (J기업 사장)

또한 재벌의 선단 경영을 위한 기획조정실 같은 조직에 대해서도 중견 기업 O기업 회장은 단호하게 "있었던 것이 우습지"라고 표현하였다. "기획조정실도 없애야 합니다. 그런데 기획조정실의 역할이 무엇이냐에 따라 달려 있는데요, 외국의 경우에도 그 이사회를 지원해 주는 스태프가 반드시 있습니다"(H기업 소유 경영자).

그러나 그러한 반성은 그 동안의 공과의 인정 여부와 함께 이중적이다. "재벌들은 우리나라 경제를 일으킨 사람들이지요. 그렇지만 우리나라에 IMF를 몰고 온 사람들도 재벌이란 말이에요. 재벌들만큼은 그 모든 것에 대해서 책임을 져야 해요"(I기업 부사장). 중견 기업 F

기업 회장도 비슷한 견해를 표명하였다. "재벌은 이 정도까지 국가 경제를 끌고 왔으니 잘했든 못했든 간에 외형적으로 대단한 것 아닙니까? 그래가지고 또 오늘의 IMF를 부른 것도 그들이니 그 책임도 그들이 져야 되는 거겠지요. 〔……〕 이제는 당연히 없어져야 되겠지요."

보다 중립적인 중소기업가도 있다.

지금의 기준으로 과거에 발생한 것을 평가하는 것은 상당히 잘못된 것이 아닌가 하고 생각합니다. 〔……〕 재벌 쪽에 자원을 많이 흘려서 그걸 가지고 국부나 신용을 급속하게 키워온 것은, 100% 문제가 없다고 볼 순 없지만 선택할 수 있는 타당한 대안이었고 결과적으로 성공했다고 생각합니다. 그런데 문제는 상황이 변하면서 기업이 그 변화를 쫓아가야 하는데 너무 안주하지 않았나 생각되고, 그런 부분에서 경제 위기는 재벌 책임일 거라고 생각합니다. (M기업 사장)

결국 이 문제는 경제 질서가 정상화되고 투명해져야 한다는 과제와 맞물려 있기도 하다.

비정상적으로 재벌이 커지고 재벌의 힘이 세어지고 보니 그것을 억제하려고 하는 거지요. 〔……〕 우리나라 재벌 기업들이 너무 컸기 때문에 일시적인 현상이지 그렇지 않으면 회사 하나씩 가지고 서로 믿고 서로 사주면 나쁠 것 없잖아요. 〔……〕 길게 막아야 할 사항은 아니라고 생각해요. 사회가 정상화되면 하나도 문제가 될 것이 없다고 생각해요. 〔……〕 (연결재무제표 등은) 정의로운 경제 질서가 유지될 때까지는 시행이 되어야 한다고 생각합니다. (G기업 회장)

그러나 기업가들은 재벌의 공과를 단순히 비판하는 것을 넘어 좀
더 미래 지향적인 건설적인 지평이 필요하다고 지적한다. 재벌 체제
의 대안으로서 21세기 우리 경제를 이끌어갈 주체가 무엇이며 어떤
방식으로 이끌어갈 것인가 하는 장기 전망 속에서 재벌 체제의 재편
방향을 모색하는 것이 필요하기 때문이다.

재벌에 대해서 사람들이 호감을 갖지 않는데 문제는 앞으로 한국
경제를 이끌 '주체가 누구냐' 하는 문제인 것 같아요. 시장 경제에서
고객의 요구가 모든 것을 결정합니다. 그러나 기업은 그 이상이어야
하지요. 그 동안 그룹 총수들이 독자적으로 결정해서 리스크 부담 risk-
taking을 했습니다. 이제 그럴 사람이 없어요. 그러나 규제해서 좋은
점이 많이 있죠. (B기업 회장)

이러한 반성은 재벌에게는 자기 반성으로 나타나고 있다. 지금까
지 재벌 체제는,

기본적으로 선단 경영이라고 할 수 있는데 선단 경영이라는 것은
항속이 제일 늦은 모함에 모든 배의 속도를 맞추는 것입니다. 빨리 가
는 데에 맞추어야지, 제일 느린 데 맞추어서 되나요. 그리고 언제 해일
이 올지 태풍이 올지 모르는데 선단이 왜 한꺼번에 같이 다녀요. 풀어
놓고 가면 몇 척은 침몰될지라도 나머지들은 살아남는 것 아닙니까?
〔……〕 그룹은 모든 것이 같아요. 사장이나 상무의 월급은 회사의 이
익마다 달라져야 하는데 어디든지 똑같아요. 그리고 전자에 있던 간부
가 선박 회사에 간부로 가고 화재 보험에 있던 간부가 오고…… 전문
화 시대에 외국 사람들이 보면 웃길 거예요. (Q기업 사장)

앞으로는 전문화로 나가야 하는 시점이 됐다고 봅니다. 과거에는 왜 다각화했느냐 하면 재벌을 빼고는 좋은 사업이 있으면 그것을 맡아서 추진할 주체가 별로 없었어요. 자본과 인력, 추진력 등이 재벌에 편중되어 있었거든요. 총수의 일방적인 지시, 계열사간 상호 지급 보증, 인력 교류 등 공정한 제도라고 볼 수 없는 제도들이 많았으나 〔……〕 빠른 시일 내에 이만한 사업을 일으켰으면 〔……〕 요즘 용어로 스피드 경영을 한 것 아니겠습니까? 그런 부분이 몸에 배서 그러는데 이제는 합리적으로 결정할 때가 왔다고 봅니다. (E기업 사장)

이런 취지에서 1998년 12월 15일 체결된 5대 그룹의 재무 구조 개선 계획에서는 부채 비율과 계열사 수를 줄이고 확실하게 전문 기업으로 전환할 것을 약속하였다.

〈표 4-5〉 5대 그룹의 재무 구조 개선 계획 (1998년 12월)

		현 대	삼 성	대 우	LG	SK
부채	1998년말	332.6	253	306	364	377.3
비율	1999년말	199.7	184	196	199.8	199.7
(%)	2000년말	177.6	158	177	186.4	190.6
외자	1998년	58.9	6.8	2.2	17.8	0.1
유치	1999년	45.6	13.9	33.3	47.2	13.4
(억	2000년	—	11.9	4.7	—	—
달러)	합 계	104.5	32.6	40.2	65.0	13.5
구조 조정 추진	주력 업종	자동차 전자 중화학 건설 금융 서비스	전자 금융 무역 서비스	무역 자동차 건설 중공업 금융 서비스	화학 에너지 전자 통신 금융 서비스	에너지 화학 금융 정보통 신 건설물류
계획	계열사 수	63 → 32	66 → 40	41 → 10	53 → 32	49 → 22

그러한 반성 속에서 상당히 많은 기업가들은 재벌이 좀더 전문 기

업 체제로 재편되어가는 것이 좋다고 생각하고 있다.

　재벌들이 전문화되어야 한다고 생각하죠. 〔……〕 다각화해서 기업을 키워나가는 것은 언젠가 기업이 한계에 부딪힌다는 기업 사례를 읽은 적이 있어요. 지금 현재 산업이 발달하면서 소수의 경영진이 감당하기에는 너무나도 노하우가 다양화되어 있기 때문에 기업이 40~50개라도 10~20명의 최종 경영위원회에서 결정하기에는 판단력의 한계가 있지 않느냐, 그런 의미에서 너무 많은 사업 분야에, 다양한 사업 분야를 쥐고 판단한다는 것은 불가능하다고 생각합니다. (R기업 부사장)

　이제 국제 시장에서 경쟁력을 갖추려면 역량을 집중해야 되지 않겠습니까? 삼성이나 현대에서 분가해서 또 그룹이 된 기업이 몇 개이며 각 그룹이 모(母) 그룹에서 건설이 있어도 또 건설 회사를 만들고 전자 회사를 만들어 과잉 투자, 과당 경쟁하던 것이 지금까지 재벌의 역사가 아니겠어요. 몇 가지 업종을 중심으로 집중되었으면 좋겠습니다. (X기업 사장)

그러니까 재벌 기업들도 이제는 핵심 역량을 중심으로 전문화되어야 한다는 사실을 빼놓지 않는다. "이제 전문화하지 않고는 기업이 살 수가 없어요. 아마 핵심 집중 기업을 대형화하면 재벌이라는 말도 없어지지 않을까 그렇게 보고 있어요. 핵심 기술에 맞춰가지고 전문화하고 있습니다"(C기업 본부장). 그러나 그 방법에 대해서는 신중해야 한다는 생각이다. "업종 전문화한다고 정부가 지정해준다든가 짧은 시간 내에 빅딜한다든가 하는 것은 무리지요. 〔……〕 어차피 자기 그룹의 역량이 뭔지, 그리고 성장 과정에서 가지고 있는 강점이 뭔지, 지금의 사업 기반이 뭔지 그런 것을 감안해서 결정되어야 할 문제인 것 같아요"(L그룹 상무이사).

2) 중소기업 보호

지금까지는 대기업의 경제력 집중으로 인하여 정당한 경쟁 환경이 형성되지 못하자 중소기업을 인위적으로 보호하는 정부 정책이 중요한 경제 정책의 일환으로 대두하기도 하였다. 다음 〈표 4-6〉은 제조 부문의 중소기업이 지속적으로 하청 계열화되고 있음을 잘 말해준다. 특히 이 과정은 1980년 후반 이후 급속하게 이루어져 1995년 중소기업의 78.5%가 대기업의 주문 생산 판매 형식을 띠고 있었으나 하청 계열화는 1997년 이후 점차 약화되고 있다. 따라서 대기업과 시장에서 경쟁해야 하는 체제에서 중소기업의 활력을 어떻게 살려낼 것인가 하는 것이 주요한 과제로 떠오르고 있다.

〈표 4-6〉 제조업 부문 중소기업의 판매 형태별 비중 추이 (단위: %)

	1975	1980	1983	1985	1988	1990	1993	1995	1997
주문 생산 판매	17.0	25.6	35.7	37.6	46.6	66.6	72.5	78.5	69.5
계획 생산 판매	83.0	74.6	64.3	62.4	53.4	33.4	27.5	21.5	30.5
(내 수)	(59.2)	(52.9)	(48.9)	(47.0)	(37.4)	(21.1)	(23.0)	(18.5)	(26.0)
(수 출)	(23.8)	(21.5)	(15.4)	(15.4)	(16.0)	(12.3)	(4.5)	(3.0)	(4.5)

출처: 김대환·김균, 1999: 122.

이 같은 점을 염두에 두었을 때, 대기업의 기업 엘리트들은 중소기업의 고유 업종을 지정하여 보호하는 정책에 비판적인 생각을 피력하고 있다는 사실은 흥미롭다. 중소기업이란 상대적 개념이며 그것을 인위적으로 구별하여 보호하려는 것은 시장 경제에 어긋나는 것이며 형평성에도 어긋난다는 것이다. 중소기업과 대기업의 영역 구분에 대해서 다음과 같은 강한 비판이 있었다.

> 영역 구분은 법으로 절대로 못 합니다. 〔……〕 명확하게 시장과 경제의 원칙에 따라서 자생적으로 결정이 되어야지. 중소기업의 정의가 무엇입니까? 상대적인 것 아닙니까. 중소기업의 정의를 법으로 또는 금액으로 정한다는 것은 무의미하고 또 하청 회사의 경우에도 막 그냥 후려친다고 대기업이 잘된다? 앞으로는 아마 절대로 그렇게 못 할 것입니다. (H기업 부사장)

특히 중소기업의 영역을 규정하여 보호하려는 것은 더욱 문제라 생각하고 있다.

> 중소기업의 고유 영역을 규정한다는 것은 말도 안 됩니다. 그런 법은 우리나라밖에 없습니다. 과보호한다는 것은 중소기업이 스스로 자신이 있게 하지 않습니다. 이제 환경도 보다 경쟁적으로 바뀌었으니 〔……〕 근본적으로 중소기업이 스스로 자립할 수 있도록 자생력을 키워주는 지원책이 필요하며 금융이나 인재의 흐름을 중소기업에게도 이로울 수 있게 하는 시스템을 만들어야 합니다. 그래서 고기를 잡는 방법을 가르쳐주고 지원해주어야지요. (L그룹 상무이사)

> 세계적으로 봐도 우리나라만큼 중소기업 보호를 위한 많은 법이 있는 나라가 없습니다. 〔……〕 그런데 우리나라만큼 중소기업을 하기가 어려운 나라도 없거든요. 몇 개 대재벌들이 너무 광범하게 확장해서 말이죠. 그러나 중소기업 고유 업종으로 묶어놓으면 전혀 국제 경쟁력이 없단 말이에요. (G기업 회장)

중소기업의 업종 보호는 오히려 중소기업의 경쟁력을 떨어뜨린다
는 지적이다.

(중소기업) 업종이다 그러는데 예를 들면 전구 하나 제대로 못 만들
어요. 중소기업 하면서 품질 개선을 안 하고, 그러면 앞으로 어떻게 개
선을 할 것이냐 이런 점에 대책이 없어요. 우리나라에 그런 게 참 많아
요. 다양한 품종인 것은 중소기업의 업종이 틀림없고 〔……〕 적어도
대규모의 경제 또는 투자, 국민 경제에 미치는 영향 등을 감안해서 대
기업(의 업종)을 결정해야 한다고 봐요. 여기서 사회적 시스템이 문제
인데 무언가 하나를 이루면 그것을 쭉 이끌어가는 〔……〕 삼대, 사대
째 하는 기업이 없어요. (E기업 사장)

그러나 현실적으로는 중소기업의 육성·보호가 필요하다는 관점에
서, 그 접근 방법에 문제를 제기하는 기업가도 있었다.

중소기업이 육성이 안 된다는 것은 은행 대출 등 금융 시스템에서
찾아야지, 업종을 분리하여 보호한다는 것은 문제예요. 이미 우리의
소득 수준에서는 없어져야 될 중소기업도 많으며 이를 보호한다는 것
은 문제입니다. 〔……〕 경쟁력 있는 중소기업이 담보가 없어 자금 융
통을 못 해서 어려움을 당하는 경우가 많은데 그런 문제에서부터 보호
해야지요. (T기업 사장)

중소기업을 일으킨다는 개념은 맞는 것입니다. 그런데 적어도 소득
이 만 불 가까이 되는 경제 체제하에서 지금 개방화가 되고 OECD에
가입하는 경제 체제하에서 누구를 일으킨다는 것보다 일어나게끔 인
프라를 만들어준다고 해야 하는 것이지요. 중소기업을 일어나게끔 인

프라를 만들어주고 벤처 기업을 일어나게끔 인프라를 만들어준다는 것이지요. 그런데 그러한 인프라는 만들어주지 않고 육성한다고 나팔 불며 행정가들이 육성 계획서를 만들고 해서 육성이 될 리가 있습니까? 인프라를 만들어주면 자연적으로 될 것 아닙니까. 그러니까 육성한다는 말을 쓰지 말고 중소기업이나 벤처 기업이 활발하게 일으켜질 수 있는 인프라를 조성해주자, 그리고 인프라를 조성하기 위해서는 무엇을 안 해야 되고 무엇을 해야 되나 하는 것부터 보자(하면 됩니다). (S기업 前회장)

반면 중소기업이나 중견 기업은 대기업에 대한 피해 의식이 훨씬 강하다.

미국에서는 벤처 기업들 중에서 정말 기술과 시장을 통해 살아남은 게 있다면 그걸 대기업이 사는 겁니다. 살 때도 미래 시장가치를 5년이나 10년 뒤의 시장가치를 정해놓고 그것의 현재 가치를 추적해서 사는 거지요. 벤처 기업은 팔아서 부자가 되고 대기업은 자기 네트워크를 통해 이익을 보는, 즉 윈윈 win-win이 되는 겁니다. 그러니까 중소기업들이 희망을 갖는 겁니다. 그런데 우리나라에서는 재벌이 중소기업을 돈 많이 주고 사지 않고, 중소기업이 비즈니스에 성공해서 살아남는 경우 그 사업 계획서를 가져다가 한 열 배 정도 불려서 자기 사업 계획서를 만들어 4~5년 안에 중소기업을 다 쓸어버리고 자기가 새로운 사업을 인수합니다. (중견 기업 K기업 회장)

중소기업을 육성하기 위해서 품목별로 카테고리를 설정해주는 것은 좋다고 봅니다. 대기업하고 경쟁이 붙어서 이길 수가 없습니다. 〔……〕 대기업이 '공존공생'이라고 하지만 잘 나갈 때야 괜찮지만 안

될 때는 책임지나요. (중소기업 J기업 사장)

외국에서는 하청 업체를 기술 지원해주고 자금 지원도 해주며 연구 개발도 지원해주고 있어요. 그러나 우리나라 재벌 기업은 하청 기업을 착취하는 그런 구조입니다. 대기업이 크면 클수록 중소기업 하청 기업은 쪼그라듭니다. 제 살 깎아먹는 거지요. 그래서 우리 경제의 건전한 발전을 위해 정책적 배려가 필요한 것입니다. (중견 기업 X기업 사장)

하청 관계의 중소기업에서도 비슷한 피해 의식을 가지고 있다.

대기업이 중소기업의 영역을 침범한 게 얼마나 많아요. 대기업 영역과 중소기업의 영역을 우선 정해줘야 합니다. 중소기업이 신제품을 개발했을 때 정작 뚫기 어려운 것이 국내 시장이래요. (담당자를) 만나기도 힘들고 이미 커넥션이 되어 있고 해서 차라리 외국 대기업에 납품을 하는 게 국내 시장을 개척하는 지름길이라고도 합니다. (Q기업 사장)

실제 하청 관계도 1980년대의 협력적 상호 관계에서 이제는 더 경쟁적인 관계로 변화되고 있다고 지적한다.

대기업이 관리 분야나 품질 관리 분야는 좀 도움을 주지만 기술적으로 도움을 주는 분야는 없었어요. 1980년대초 자동차 산업이 올라갈 때 하청 기업도 적정 마진을 보장해주고 관리 측면은 세부적으로 지원해주었어요. 자회사 개념으로 생각했었으니까요. 〔……〕 자동차라는 것이 자동차 설계도를 쌓아놓으면 자동차 크기만큼 되거든요. 그리고 그게 계속 변하고 있는 분야이기 때문에 우리 기업의 스위치나 릴레이

같은 것을 그 기술까지 개입해가지고 변화의 추이를 살펴가면서 한다
는 것은 불가능하죠. 그래서 기술은 전적으로 저희 책임이죠. 〔……〕
1990년대 들어 하청 기업이 도태되어도 좋다는 개념으로 이원화·사
원화시켰습니다. 세계적으로 아웃소싱하겠다는 거죠. (그러나) 자기
네들이 차의 개념과 차의 기본 방향만 설계하고 차 내부 디자인은 하
청 업체의 엔지니어의 도움으로 설계하는데요. 〔……〕 부품 설계 노하
우를 자기네들한테 빨리 가르쳐달라고, 리드해달라고 도움을 청하고
있습니다. (R기업 부사장)

따라서 무엇보다도 대기업과 중소기업은 각각의 영역을 존중해야
한다.

　대기업과 중소기업이 각각 해야 할 몫이 따로 있어요. 중소기업은
대기업이 되기 전까지는 중소기업의 자기 영역에 충실해야 하고 대기
업은 대기업으로서 조금 이익이 많이 난다고 해서 중소기업을 침범하
는 것은 안 된다고 생각해요. 〔……〕 중소기업이 하는 일을 간접적으
로 지원은 하되, 옛날처럼 문어발식으로 냉큼 삼키고 하면 대기업뿐만
아니라 국가 전체로 봤을 때도 손해 아닙니까? 각자 자기 영역에 충실
해야죠. (I기업 부사장)

특히 중소기업인 W기업 사장은 이 점을 훨씬 더 분명하게 밝히고
있다.

　각 국가의 국민 경제적 특성이 있지만 대기업과 중소기업이 함께
가야 되지요. 설계비 주기 아까우니까 설계 사무소를 차리고 아파트
가구가 대량 필요하니까 가구 공장 차리고 하는 것이 문제 아니겠어

요. 항공기 산업이야 중소기업이 할 수 없는 거지만 각자의 영역을 존중했으면 좋겠어요. (W기업 사장)

대기업의 기업가들은 현실적으로 대기업과의 연계하에서 중소기업을 지원하는 것이 중요하다고 본다.

(중소기업의 고유 업종 지정) 그건 있을 수가 없다고 생각합니다. 대기업이 다 먹는다고 하는데 못 먹습니다. 경쟁에서 져요. 〔……〕 사업에 따라 중소기업이 할 수 있는 게 있고 대기업이 할 수 있는 게 있어요. 대기업이 한다고 해서 다 잘되는 게 아닙니다. (B기업 회장)

따라서 대기업과의 상호 협력적 연관 속에서 지원하는 방안을 마련하는 것이 타당하다는 것이다.

자본력이 좋은 대기업과의 연계 없이는 안 된다고 생각합니다. 조그만 사업이야 중소기업에게 줘야 하지만 큰 사업은 대기업이 맡아야 하고 〔……〕 납품 등은 중소기업들이 상호 연계해서 하고 대기업이 중소기업의 자금·기술·인력을 지원해주면서 중소기업을 육성해야 된다고 보고 있습니다. (C기업 본부장)

중소기업을 육성하고 벤처 기업을 육성하는 것이 정부가 나서서 될 일이 아니에요. 정부는 물론 제도적으로 지원해주지만 결국은 대기업과 서로 연결되어 발전하는 것입니다. 중소기업이 자기들 제품을 만들고 비용 절감하고 품질을 높이는 것도 바쁜데 언제 국내외 해외 판매 시장을 확보하고 하겠습니까? 종합 상사가 대신 해주고 역할 분담을 해서 서로 도와서 해줘야지요. (D기업 사장)

그러나 중소기업의 기업가들은 그러한 방안에 대해 비판적이다. 대기업과의 관계에서

도움받고 보호받는 것은 단기적으로 좋으나 장기적으로 그게 큰 도움이 되지 않는다고 생각합니다. 〔……〕 내년 부품 시장이 개방되는데 준비가 안 돼 있습니다. 〔……〕 정부의 보호라 해도 보호해줄 만한 곳을 지원해주고 개별 기업이 키워야 할 것은 개별 기업이 키우도록 해야 합니다. 〔……〕 장기적으로 어떤 핵심 기술을 개발하고 시장화할 수 있는 그런 영역을 지원해주면 그게 기업이 자립하는 데 도움이 될 것이라고 생각합니다. (중소기업 M기업 사장)

그리고 중소기업뿐만 아니라 중견 기업의 범주를 분명히 인식해야 한다는 점도 분명히 지적한다.

(중소기업 육성안에서) 자꾸 중소기업이라는 것을 한데로 몰아서 생각을 한다고요. 〔……〕 중소기업도 두 부류가 있지요. 하나는 하청이나 계열화를 지향하는 중소기업이 있고, 또 다른 하나는 벤처 기업에서 시작을 해가지고 그야말로 중규모 회사로 있다가 대기업으로 성장하는 경우가 있어요. 그들은 회사의 발전 전략이 달라요. 〔……〕 이 둘을 구별해서 정부가 지원하는 것이 필요해요. (F기업 회장)

중견 기업은 자기 브랜드를 가지고 유통망을 정비해가기 때문에 특히 해외에서 하려면 자본도 많이 들고 전문 인력도 많이 필요한데 그런 면에서 지원해주어야 하지 않나 생각합니다. 지금까지 국내 시장을 발판으로 의류 제조 및 디자인 그리고 브랜드의 이미지에서 굉장히 많

은 노하우가 쌓여 있어요. 그런데 그것을 밖으로 유통시키고 국제화시
키는 데 자금과 인력 면에서 지원이 필요한 거죠. (V기업 회장)

3. 기업의 사회적 책임

I. 기업의 사회적 책임: 범위와 한계

기업의 사회적 책임이 무엇이며, 어디까지 연장하는 것인가 하는
문제는 기업 지배 구조와 관련하여 가장 중요한 문제의 하나다. 영미
식 모델은 주주권을 가장 우선시하는 반면 유럽과 일본의 모델은 주
주 이외에도 이해 관계자를 중시한다. 역사적 여건과 각 모델의 장단
점에도 불구하고 금융 자본을 중심으로 재편되고 있는 현단계에서 기
업 지배 구조는 주주 중심의 영미식으로 수렴되고 있다. 즉 실제 소련
및 동구라파의 붕괴 이후 범세계적 차원에서 자본 이동 등 금융 자본
시장이 활성화되고 인수 합병(M & A)이 활발해지면서 단위 국가에서
자본의 유동성과 가변성을 높이는 영미식 주주 중심의 개방형 지배
구조로 수렴되고 있다. 이에 따라 산업 자본을 기본으로 장기적이고
안정적인 경영을 지향하는 독일이나 일본 등의 이해 관계자 지배 구
조 모형은 주주의 지배권을 높이는 방향으로 변화되고 있다.

〈표 4-7〉　　　　　　　　기업 지배 구조의 유형

	주주 자본주의 모델 Shareholder Capitalism	이해 관계자 자본주의 모델 Stakeholder Capitalism
개 념	주주-경영자간의 대리인 비용 축소를 통해 주주의 이익을 극 대화하는 경영·감독	주주, 종업원, 경영자, 은행 등 채 권자, 고객, 공급자 나아가 지역 사회나 정부 등 다양한 이해 관계

		자 및 이해 집단간의 관계를 중시하는 경영 · 감독
특징	소유와 경영의 분리 신규 진입과 퇴출이 자유로운 기업 경영권 거래 시장의 존재 주주 이익 중시	소유와 경영의 중첩 또는 분리 신규 진입과 퇴출 관련 규제가 많고 기업 경영권 거래 시장 부재 이해 관계자의 이익, 기업 경영권 안정 중시
기업 성과 측정 방법	기업의 시장가치	기업의 시장가치, 고용, 공급자와 구매자의 거래 관계 등
단점	단기업적주의	기업 목표의 추상성(실현 가능성 낮음)
이념	주주주권주의(주주가 기업의 주인)	기업공동체주의(기업은 하나의 공동체)
국가	미국 · 영국 등 영미계 국가	일본 · 독일 등 대륙계 국가
수단	경영에 대한 시장 규율 기능	조직에 의한 통제

그러나 미국에서도 지나친 주주 중심의 경영이 장기적인 기업 이윤의 실현에 저해될 수 있으므로 지역 사회, 고객 등 폭넓은 이해 관계자들을 고려해야 한다는 반성이 일고 있다. 이러한 점에서 특히 이해 관계자stakeholder의 범위를 "기업의 고유 자산firm-specific assets에 공헌하는 사람"으로 그 외연을 명확히 규정하면서 주주 이외의 이해 관계자를 고려하고자 하는 방안이 제시되고 있는바, 이는 기업 경영이 주주를 넘어 사회적 책임 범위를 확대하면서 또한 그 범위의 명료화를 통해 경영 원칙을 분명히함으로써 경영의 공정성과 투명성을 높이는 데 기여할 수 있다.

따라서 국제적으로 수용 가능한 최소한의 기업 지배 구조 기준이나 범위를 명료화하기 위하여 현재 OECD에서는 기업 지배 지침Guideline이 논의되고 있다. 그러나 OECD에서도 보편적으로 바람직한 기업 지배 구조의 전형적인 모델은 없다고 선언하고 있으며 (OECD, 1998: 4) 따라서 각 기업은 자신이 처한 경영 여건에 따라 상이한 기업 지배 구조를 가지며, 또한 각 국가의 장점을 취하면서 동시에 변동하는 사회 환경의 새로운 요구와 새로운 기회에 맞게 기업 지배 구조를 새롭게 혁신하지 않으면 안 된다.

1) 주주와 종업원

우리가 만나 대화를 나눈 기업가들은 기업 경영의 책임은 무엇보다도 주주에게 있지만 동시에 종업원과 지역 사회 등 기타 이해 관계자 집단에도 책임이 있음을 언급하였다.

우리나라는 다른 나라와 달리 기업의 사회적 책임을 참 많이 강조하잖아요. 그것은 미국에서와 같은 전통적인 의미의 자본주의인 주주 shareholder 자본주의라기보다는, 독일이나 일본에서처럼 이해 관계자들을 중시하는 이해 관계자 stakeholder 자본주의의 성격을 띠고 있기 때문이에요. 그러나 세계적인 추세에 따라 우리가 엄격한 의미에서 자본주의를 지향한다고 할 때 기본은 주주 자본주의로 하되 기업도 사회의 일원이기 때문에 시민 사회에 대한 사회적 책임을 힘 닿는 대로 해주는 부분이 필요하죠. 그러니까 너무 지나치게 사회적 책무에 방향을 두는 것은 문제가 있죠. (L그룹 상무이사)

특히 주주와 종업원은 가장 중요한 기업가의 책임 영역이다.

종업원과 주주는 더불어 살아야 한다고 봅니다. 두 사람이 다 주인이 되어야 한다, 자본주 없는 회사가 없고 종업원 없는 회사가 있을 수 없는데 [……] 가령 이익이 있으면 주인이라고 해서 자본을 투입한 사

람에게만 그것을 나눠주지 말고 제2의 주인 즉 일을 해서 그만큼의 이
익을 남겨준 종업원에게도 그만큼의 이익을 돌려주는 것이 중요해요.
(I기업 부사장)

그러나 만약 주주와 종업원의 이해가 상충하였을 때는 주주의 이
익이 우선이라는 견해가 지배적이다. "(주주의 이익과 종업원의 이익
이 대립하였을 때) 그 회사는 망할 수밖에 없습니다. 균형이 이루어지
지 않기 때문에 대립이 있게 되는 것입니다. 성공적인 기업은 종업원
의 이익과 주주의 이익이 같은 방향을 향해 가고 주주의 이익이 극대
화되었을 때 가장 바람직한 기업이라고 생각합니다"(H기업 소유 경영
자). U기업 사장은 이러한 점을 더욱 분명하게 밝히고 있다. "기업은
주주의 것이지요. 〔……〕 주주와 종업원이 둘 다 책임을 가져야 돼
요. 〔……〕 (이해가 엇갈릴 때) 구조 조정으로 해고하는 것은 그 자
체도 피고용자를 위해서 하는 거야. 다 공멸하는 것보다는 일단 슬림
하고 회복되면 다시 재고용되는 것이 낫지요."
그러므로 주주가 우선이지만 주주와 종업원의 이해 균형이 가장
중요한 사안이다.

회사가 이익이 나면 주주에게 배당도 해야 되고 종업원들에게 나눠
주고 해야 하지만 제일 먼저 기업 소유주인 주주가 책임지는 것 아닙
니까. 〔……〕 (주주 이익과 종업원의 이익이 상치될 때) 상치하지 말
아야 되는데 왕왕 있을 수 있지요. 지금처럼 주주에 대한 배당을 적게
하여 주식 시장이 활성화되지 않는 것도 문제이며 종업원에게 수긍할
수 있는 대우를 해주어야 생산성이 올라가는 것이기 때문에 앞으로는
균형이 필요하겠지요. (T기업 사장)

2) 사회적 책임의 범위

기업가들 대부분은 기업의 본연의 활동을 통해 기업의 사회적 책임을 수행해야 한다는 생각을 지니고 있다.

우리나라처럼 기업의 사회적 책임을 강조하면서 제일 책임을 안 지는 나라가 없어요. 그러니까 (사회적 책임을) 강조해서 될 문제가 아니라 기업 자체를 잘 운영하게 해야 된다고 봐요. 그러니까 기업은 운영을 잘해서 이익을 내고, 이익을 내서 세금을 내고, 고용을 유지하고 창출하면 그게 사회적 책임을 다하는 건데, 그 기업이 짜게 뭘 낸다 안 낸다 하는 것은 불공평하다고 봐요. (E기업 사장)

그러므로 기업의 사회적 책임은 기업 경영을 통해 이익을 내는 것이며 이를 통해 적당한 세금을 내고 종업원에게 대가를 지불하고 일자리를 안정되게 하는 것이 첫번째임을 적극 주장한다.

기업의 사회적 책임은 일차적으로 고용이지요. 일차적으로 일자리를 제공하고 그 다음에야 여유가 있으면 지역 사회에도 지원할 수 있고…… 고용하고 세금 내면 그게 일차적인 사회적 책임을 다한 것 아니야. (T기업 사장)

또한,

"나는 기업이 경영을 잘해가지고 세금을 많이 내는 것이 기업의 일차적인 사회적 책임이라고 생각해요. 그런데 우리나라처럼 기업보고 환경도 보호해라, 지방 자치 단체에 보태라 한다는 것은 오히려 어떤 의미에서는 기업에 무리한 짐을 지울 뿐만 아니라 탈선할 계기를 제공

한다고 생각해요. (G기업 회장)

　기업의 사회적 책임에 대해서는 조금 잘못된 시각을 바로잡아야 하겠다는 생각을 해보는 것은, 기업의 대주주가 기업 이윤을 사회에 환원하겠다고 학교를 세우고 문화 재단을 세우고들 하는데 자기 배당금을 갖고 하느냐 하는 겁니다. 자기 개인으로 해야 돼요. 〔……〕 기업의 사회적 기여 중 가장 큰 것은 고용을 창출하고 그 회사에 관련된 사람들, 투자가·종업원·채권자·납품 업체, 이러한 사람들의 이익이 다 극대화될 수 있는 방안이며, 그것이 무엇이냐 하면 그 회사가 쌩쌩 잘 돌아가는 것입니다. (H기업 소유 경영자)

그러니까 성공적인 경영 이외의 기부나 헌금, 메세나 활동은 부차적인 것이며 이러한 데서 사회적 책임을 찾는 것은 전근대적 발상이라는 것이다.

　나는 본질적으로 기업이 이윤을 사회에 환원한다든지, 수재 의연금을 많이 낸다든지 하는 것이 기업의 사회적 책임이라고 생각하지 않아요. 누구든지 돈 많은 사람이 수재 의연금을 내고 없으면 못 내는 것이지. 〔……〕 기업의 사회적 책임은 건전한 기업을 운용해서 국가 경제에 공헌을 하고 이윤을 창출해서 기업 내에서 인재가 값을 하도록 인재를 양성하고 하는 그러한 기업의 본질적인 영역에서 건전성을 유지하는 것이라고 생각하지요. 〔……〕 건전성이라는 것은 기업이 〔……〕 국가의 기본적인 국가 목표라든지 사회 문제, 번영이나 복지 등 기업을 둘러싸고 있는 더 큰 사회의 일원으로서 거기에 어긋나지 않고 도움을 줄 수 있는 운용이 되어야 한다(는 것을 말합니다). 〔……〕 문화 사업을 한다, 수재 의연금을 낸다 하는 것은 배당금을 받아가지고 해

야 하며 〔……〕 그것은 기본적으로 국가와 사회의 책임 영역이지. (S
기업 회장)

　기업이 태어난 원래의 이유가 뭔가 하는 겁니다. 자선 사업을 하기
위해서 기업을 한다면 잘못이죠. 〔……〕 그 목적에 맞게 운영이 되도
록 하는 것이 기업 성장의 필요 조건이고요. 그 다음 사회적으로 도움
이 되는 기업이라는 이미지 같은 것이 그 충분 조건이지요. 〔……〕 기
업 속성 자체가 이윤을 창출하고 싶고 남한테 인정받고 싶고 커지고
싶고 하는 것인데 그러한 길이 사회에 기여할 수 있는 길일 수 있도록
하는 조건을 만드는 것이 필요하지요. (M기업 사장)

　돈 버는 사람은 벌고 카네기 식으로 쓸 수 있는 사람은 쓰는 거고,
거기서 사회적 책임을 다한다고 그렇게 생각하면 좋은 거 아니에요?
환원할 때도 벌어가지고 환원하는 거지, 벌기 전에 환원하는 것은 참
무식한 거예요. 일본은 총 순이익의 1% 이상을 쓰지 않습니다. 그런
데 우리나라는 훨씬 더 많이 씁니다. 어떻게 하는 게 낫냐 하면 나는
일본식으로 해야 된다고 생각해요. (B기업 회장)

그러나 사회적 책임이 기업 본연의 활동에서 비롯된다고 할 때 기
업 본연의 활동은 고객에 대한 최소한의 책임에서 비롯된다.

　기업이 사회적으로 예를 들어 아파트를 지으면서 튼튼하고 안락한
건물을 짓는 것도 중요하지만 3만 인구가 사는 대단지 아파트를 짓는
다면 진입 도로도, 공공 시설도 필요하고 최소한의 문화 시설도 필요
하지요. 그렇게 해서 최대 이윤을 남기면 주주에게 배분하고 종업원들
에게 월급 주고 하는 것이 기업의 책임 아닙니까? 그런데 입주자의 삶

은 고려하지 않고 부실 아파트를 짓고 진입 도로도 고려하지 않고 문화 시설도 전혀 없는 그런 아파트를 짓고 이윤을 남기면 무엇 합니까. 그렇게 해서 연말에 불우 이웃 도우면 무얼 합니까. (W기업 사장)

중소기업 J기업 사장은 "기업의 궁극적인 목표는 이윤 추구인데 나는 그걸로 보지 않아요. 어떤 의미에서는 고객 만족이라는 거예요. 품질도 좋아야 하고 가격도 적당해야 되고 그것을 위해 노력하다보면 '그 회사는 믿을 수 있다' 하면서 주문이 오고, 그런 식으로 가다 보면 고객에게 만족을 줄 수 있어요"(J기업 사장).

따라서 "기업이 제품을 만들 때 괜찮은 걸 만들어서 소비자에게 판다는 것이 제일 큰 사회적 책임인 것 같아요. 그렇게 하려면 자본도 있어야 하고 투자하는 사람에게 이윤도 보장하고 이윤이 나면 세금도 내고 종업원에게 월급도 제대로 줘야 하고"(P기업 부사장)라고 말한다. 따라서 기업의 사회적 책임이 "값싸고 경쟁적인 가격으로 질 좋은 제품을 국민들에게 공급"하는 것에만 있는 것이 아니라 선진 성숙 경제 사회에서 고용 증대, 인재 양성, 환경 등 사회적 책임 경영, 기업 이윤의 사회적 배분 등 폭넓은 책임을 지니고 있다. 그러므로 좀더 일반적으로 말하면, "사회적 책임이라는 것이 광의의 책임도 있고 협의의 책임도 있겠지만, 우리가 속해 있고 연결되어 있는 회사의 사람들에게 뭔가 좀더 공평하고 공정한 관계를 유지하는 것이라 할 수 있죠. 그리고 여유가 있으면 회사가 지향하는 사회적으로 도움이 되는 일을 할 수 있는 게 아닌가 생각합니다"(V기업 회장). "연말이면 불우 이웃 돕기 성금도 하고…… 우리가 할 수 있는 일은 환경 문제를 포함하여 해야 되며 회사의 이익을 위해서 국민 전체, 사회 전체에 악영향을 미쳐서는 안 되죠"(J기업 사장).

그러나 기업의 사회적 책임은 고객에 대한 책임에 한정되지 않는다. 현대 기업은 개인 기업이 아니라 법인이기 때문이다.

개인 회사가 아니라 법인이라는 것은 사회적 혜택을 많이 받고 있기 때문에 사회적 책임이 있어요. 세금이 다르고 대우도 달라요. 〔……〕 그만큼 보호를 받고 있기 때문에 그 법인이 부도를 냈을 때는 구속이 되는 거라고요. 요즘은 부도를 내도 한 사람도 구속이 안 되는 거 이것도 문제이지. 〔……〕 기업이 존립하는 이유는 이윤을 창출하는 거야. 이윤을 창출해가지고 우선은 남에게 피해를 주지 말아야지. 종업원에게 제대로 월급 주고 고용을 창출하고 그 다음에 국가에 세금을 내고, 그 다음에 회사의 주주에게 배당금을 내는 것, 거기에서 책임을 다하고 그 자체가 이미 사회에 큰 몫을 하고 있는 거야. 그래서 우선 기업이 이윤을 내야 한다고. 이윤을 내지 않은 기업은 무슨 할말이 없어. 이윤을 내고 그 다음에 여유가 있다면 더불어 살면서 국가와 사회에 온갖 좋은 일을 하는 것이지. (Q기업 사장)

더욱 그러한 기부나 헌금 행위는 배당된 개인 돈으로 해야지 회사 돈으로 하는 것은 온당한 행위가 아니다.

기업과 기업가는 좀 다르다고 생각해요. 사회 환원은 기업가의 문제이며 그 경우도 기업가가 당연히 배당을 받아서 세금 낼 것을 내고 그러면 되는 것이고 기업이 해야 할 일은 뭐니뭐니 해도 공익 근성, 그 다음에는 자기 종업원의 만족, 그리고 고객 만족이며 결국 반사회적인 일을 안 하는 것이라 생각해요. 그런 정도가 기업이 해줘야 되는 거지 그 이상은 아니지 않느냐고 생각해요. (F기업 회장)

이러한 지적은 우리 사회에서 개인 헌금과 기부금이 없고 모두가

회사의 사적 목적을 위하여 정치적 유착 관계 또는 홍보용 기업 헌금
이 지배적인 현실에서 중요한 의미를 지닌다.

3) 환경 문제

　기업의 사회적 책임과 관련하여 환경 문제에 대한 의식은 매우 중
요하다. 일본에서 열린 기후 협약에 따르면 지구 오존층 파괴의 주원
인인 이산화탄소 배출을 규제하는 안건이 조만간 통과될 가능성이
높은데, 그 중 후발 산업국에게 가장 호혜로운 시나리오 1안 즉
"1997년 대비 2020년 이산화탄소 배출량 50%의 증가"안도 대표적인
에너지 다사용 국가인 우리나라의 국민 소득(GDP) 5.8%를 감소시키
는 효과가 있으며, 미국이 제시한 시나리오 2안 "30% 증가"안은 국
민소득 20.3%를 감소시키며, 일본이 제시한 "동결"안이나 유럽이 제
시한 "10% 감소"안은 에너지 효율의 개선뿐만 아니라 대체 에너지원
으로 대체하여야 하며 그럼에도 불구하고 심각한 국민 경제적 타격

〈표 4-8〉　　온실 가스 감축 의무에 따른 GDP 영향　　(기준안: 에너지 효율 개선)

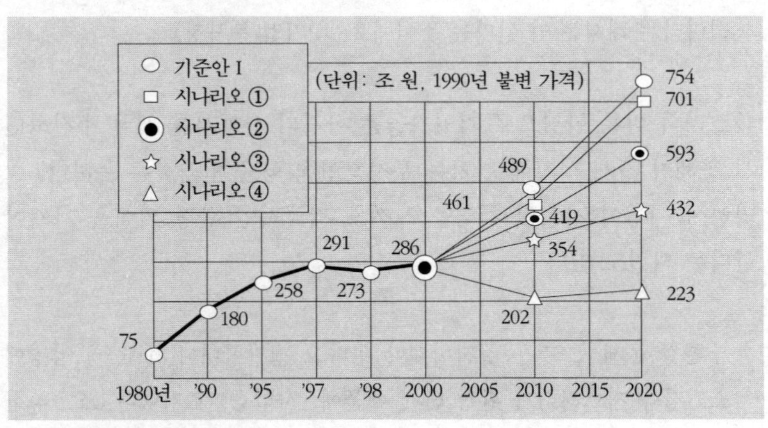

자료: LG경제연구원.

이 예상된다.

따라서 환경 문제에 대해 기업가들이 어느 정도 인식하고 있는가 하는 것은 매우 중요한 향후 과제가 아닐 수 없다. 그러나 환경 문제에 대한 기업의 사회적 책임은 어느 정도 법적으로 정해진 한도에서 하는 것이며 그 이상을 하는 것은 여력이 있을 때의 일이지 이를 강요하는 것은 타당하지 않다는 견해가 지배적이다.

법이 한계를 정하지 않습니까? 〔……〕 환경 관련 법안에서 규제치가 0.5ppm이라는데 그 회사가 0.0ppm으로 한다는 것은 좋은 것이지요. 그것은 그 기업에 경제적 요인이 있기 때문에 그렇게 하는 것입니다. 〔……〕 환경을 막 보호하겠다, 그것은 월권 행위예요. (H기업 부사장)

(환경 책임은) 법적으로 규정된 것입니다. 〔……〕 일본 것을 베낀 것도 있고 미국 것을 베낀 것도 있고 해서 기준이 문제이며 또 기준이 없는 경우가 많은데, 없는 경우는 미국에서는 해도 된다는 뜻인데 우리나라는 해서는 안 된다는 뜻이에요. (P기업 부사장)

그러나 다른 한편으로 기업가들은 환경의 산업화를 적극 추진하면서 공해가 경제 성장에 미치는 부정적인 영향을 인식하는 듯하다. 그리하여 기업이 사회적 책임을 느끼고 적극적인 환경 의식을 가져야 한다는 의견도 있다.

환경 문제, 그것은 철저히해야 된다고 생각합니다. 〔……〕 양평에 스키장을 지으려다가 환경 문제 때문에 (사업을) 포기했다고요. 북한강에서 12km밖에 떨어져 있지 않아서 〔……〕 그래서 난 오염에 대해

서는 신념을 가지고 있는 사람입니다. (B기업 회장)

CO₂ 배출을 규제하는 정책은 필요하다고 봐요. 결국 사회적인 비용인데, 자동차 제조사가 덜 부담한 것 같지만 결국은 그 비용을 부담하게 되지요. 그러니 해야 한다고 봐요. (E기업 사장)

그러한 의미에서 환경 문제는 기업이 사회적으로 책임져야 할 주요한 영역으로 인식하고 있다.

환경 문제는 기업이 발전하면서 당사자들보다는 제3자가 피해를 입는 경우가 많은데 이러한 환경 문제는 지금까지 등한시해왔다고 볼 수 있습니다. 〔……〕 사회적 책임이라는 측면에서 환경 문제를 기업이 우선으로 하고 (또) 기업이 가치 증대를 해서 많이 팔았다는 것은 제품을 애용해준 소비 대중 덕분이기 때문에 사회에 보답하는 활동이 필요하다고 생각합니다. (C기업 본부장)

II. 사외 이사/감사 제도와 소액 주주 소송 제도

우리나라 기업 지배 구조는 이사와 감사를 포함한 임원을 기업 총수가 사실상 임명하여 이사회를 유명무실하게 하고 기업 총수의 일인 지배를 선호하는 성향이 강하다. IMF 이후 이러한 기업 지배 체제를 반성하고 한층 더 기업의 투명성과 사회적 책임을 증대시키는 사회적 제도가 필요하다는 인식이 이번의 면접에서 드러났다. "사회의 모순과 부조리는 한 군데만 있는 것이 아니고 사회 전반적인 병폐라고요. 그렇기 때문에 그런 문제들을 점진적으로 동시에 고쳐가야 되겠지"(K기업 회장).

1) 사외 이사 제도

특히 그런 의미에서 사외 이사 제도나 감사 제도에 대해서는 대체로 긍정적이다. "당연히 그렇게 되어야 합니다. 기업이 투명성이 없으면 경쟁력을 가질 수 없어요. 사외 이사도 있고 감사도 있고 그래도 잘못하면 소액 주주들이 소송도 해야지요. 현실을 무시하면 안 되지만 말이에요"(D기업 사장). "사외 이사 제도 그것 좋다고 봐요. 〔……〕 딱 잘라 말하면 사장·회장에 대한 견제 기능이지, 그 이상도 이하도 아닙니다. 〔……〕 불편한 점도 많지만 큰 잘못을 하는 것을 막는다는 그런 면에서 앞으로 발전시켜나갈 만한 제도입니다"(T기업 사장). "그런 방향이 바람직한 방향이라고 생각합니다. 집행하는 사람과 소위 심의하는 사람을 점차 독립하는 것이 좋다고 생각합니다. 사외 이사를 대학 교수나 변호사 중심으로 한다든지, 또는 정부가 강요하다보니까 불편이 있고 불리한 게 있지만 〔……〕 좋은 방향으로 활용하는 것이 좋지 않으냐 생각합니다"(G기업 회장).

〈표 4-9〉　　　　　　　　사외 이사 선임 현황　　　　　　(단위: 명, %)

	기업체 임직원	교 수	변호사	회계사	공무원	기 타	합 계
1997. 12	163명 (34.5)	108명 (22.9)	50명 (10.6)	44명 (9.3)	28명 (5.9)	79명 (16.8)	472명 (100)
1998. 10	284명 (37.2)	154명 (20.1)	46명 (6.0)	52명 (6.8)	125명 (16.4)	103명 (13.5)	764명 (100)

(사외 이사 및 감사 제도를 도입하는 것은) 당연한 추세이고 우리가 진작에 그런 것을 했었으면 그 수많은 상장 기업과 대기업들이 그런 엉터리없는 짓을 못 해요. 사실은 정부가 배임 행위를 한 것이지요. 그 기업에서 종업원들이 열심히 번 돈을 갖다가 왜 경쟁력도 없는 계열사

를 지원하고 반도체에서 번 돈으로 자동차에 쏟아붓고…… 진작에 소액 주주 소송제를 도입했으면 대기업의 횡포나 특히 오너owner의 전단을 막음으로써 이 IMF 사태를 막을 수 있었을 텐데 말이지요. (Q기업 사장)

그러나 기대는 자주 우려와 섞여 나타나는 듯하다.

비즈니스가 속한 전체 사회에 게임의 룰rule of game이 분명히 서 있느냐가 상당히 중요해요. 사외 이사라는 분들이 와서 실질적으로 의사 결정에 참여를 하게 되는데 그분들의 목표가 과연 무엇이 되어야 하는가(하는 것이 중요하며), 공정하고 정당하게 주주의 이익의 극대화를 위해서 의사 결정을 해야 하는데 〔……〕 주주의 이익 극대화다 하면 마치 일부 대주주의 단편적인 이익의 극대화로 자꾸 해석해서는 안 되겠지요. (H기업 소유 경영자)

또한 "나는 사외 이사 제도에 대해서는 큰 기대를 하지 않는다"는 O기업 회장의 말처럼 현재 실시하고 있는 사외 이사 제도와 그 효과에 대해서는 의문시하는 사례가 많았다. 하지만 보다 많은 기업가들은 이에 대하여 신중한 태도를 보였다. "이사회의 멤버가 상당 부분 소유주와 겹치기 때문에 그게 유명무실하게 되는 경우가 많은데 〔……〕 앞으로 그렇게는 안 되겠지요"(H기업 소유 경영자). "형식적으로 사외 이사 제도를 운영하고 감사를 하고 대우해주고 월급을 주고 그래서 오히려 그 기업의 자기 비판보다는 두둔해주고 옹호해주는 역할밖에 하지 못했기 때문에 무용했지만, 근본 취지대로 정말 머리와 지식, 기술을 보충해주고 보완해가는 제도가 되어야 하지 않나 생각합니다"(A기업 사장). 사외 이사 제도는 "있어야 된다고 봅니다.

있는 것이 좋아요. 그렇기는 한데 과연 견제를 하느냐? 우리 사회에
서는 전반적으로 견제를 하지 않습니다. 〔……〕 은행도 사외 이사가
있지만 안 해요"(B기업 회장).

2) 소액 주주 소송 제도

소액 주주권의 권리 찾기도 지배 대주주가 자기 거래 self-dealing,
계열사간 지급 보증과 내부 거래 insider trading 등을 통해 자신의 독
점적 지위를 유지하고 기업의 투명성을 저해하는 것을 견제하는 장
치로서 중요성을 갖는다. 지금까지 5%의 지분으로 소액 주주 소송을
제한하였으나 앞으로는 소액 주주 소송 제도가 더 활발해져서 대주
주를 견제할 것으로 기대한다. 30대 재벌의 내부 지분율을 보면(〈표
4-9〉) 재벌 총수와 그 특수 관계인이 소유한 비율은 1987년 15.8%에
서 계속 하락하여 1997년에는 8.5%밖에 되지 않지만, 실제 계열사간
상호 출자를 통해 기업 집단을 지배하고 있다는 사실을 배경으로 이
해해야 한다.

〈표 4-10〉　　　　30대 기업 집단의 내부 지분율의 변화　　(각 연도 4월 기준)

	1987	1990	1991	1992	1993	1994	1995	1996	1997
동일인 + 특수 관계인: A	15.8	13.7	13.9	12.8	10.2	9.6	10.5	10.3	8.5
계열사 지분: B	40.4	31.7	33.0	33.4	33.2	33.1	32.8	33.3	33.7
기업 집단 내부 지분율: A + B	56.2	45.4	46.9	46.2	43.4	42.7	43.3*	44.1*	43.0*

* 자기 주식 비율이 1996년 0.5%, 1997년 0.8% 있음.

소액 주주 소송제에 대해서는 10대 그룹 기업가들은 그 필요성을
인정하면서도 그 남용의 폐해를 지적한다. "기본적으로 소액 주주들

의 권리를 강화시켜나가는 것은 필요하잖아요. 특히 좀더 투명하게 하고 내부로부터 견제하는 것이 필요할 거라고요. 문제는 사외 이사들이나 소액 주주들의 권한 행사를 위한 기본적인 자격들이죠. 〔……〕 실질적으로 문제가 많을 거라고요"(L그룹 상무이사). "사장이나 회장은 골치 아프겠지만 필연적인 것이 아닙니까. 지나치게 남용은 하지 말아야지. 나는 그것이 걱정입니다. 모든 일이 가다보면 관성이 있는 것 아닙니까"(T기업 사장). "관성이 문제입니다. 〔……〕 합리적이라 하여 일일이 조그마한 것도 주장하는 것은 좋지 않습니다"(U기업 전문 경영자).

특히 소액 주주 소송권의 범위를 한정하여 부작용을 줄이는 것이 필요하다는 견해가 있었다.

소액 주주 소송 제도는 원칙적으로 찬성인데 그게 약간 잘못됐어요. 우리는 제도가 당초의 목적과는 다르게 가잖아요. 〔……〕 소액 주주(소송)에 관한 것도 뭔가 규제가 있어야 돼요. 책임성이 있는 소액 주주 운동이 될 수 있도록 말이에요. (E기업 사장)

(소액 주주 소송 제도는) 좋다 나쁘다 할 수 없습니다. 본래 자본주의의 본질을 따지면 사실은 기업은 출자하는 사람들이 만들었는데 지금 그 동안 우리 회사들은 종업원·임직원 쪽이지 주주 것이 아니었지 않습니까? 그러니까 주주가 자기 권리를 주장하는 것은 틀리지 않다고 생각하는데 그러나 소액 주주에게 모든 사항을 다 설명할 수도 없는 것이고 때론 현재를 희생하고 미래를 생각해야 하는 경우도 왕왕 있고 해서 〔……〕 적절한 방향에서 활용하는 것이 좋다고 생각합니다. (G기업 회장)

반면 10대 그룹 이외의 기업가들은 한결같이 소액 주주 소송이 활발하여야 한다고 지적하였다. 중견 기업과 중소기업에서는 소액 주주 소송은 당연한 권리이며 동시에 이를 통해 재벌이나 대기업의 지배 주주의 전횡을 견제할 수 있다고 적극 주장하였고, 중견 기업가들은 특히 소액 주주 운동에 대해 적극적인 의미를 부여하였다.

정경 유착의 고리는 투명성을 제고함으로써 끊을 수 있는 것이 아닌가요. 연결재무제표, 사외 이사, 소액 주주 권리 향상, 이런 것을 당장에는 안 된다고 하더라도 2000년이 가기 전에 해야 되지 않을까 그렇게 생각합니다. (C기업 본부장)

주주가 자기 권리를 찾는 것은 당연하다고 생각해요. 어느 정도 합리성과 현실성의 한계 내에서 움직여야 하겠지만 사실 소액 주주의 권한 보호라는 현실이 실제 소액 주주의 권한이 보호받지 못할 만큼 뒤떨어져 있기 때문에 문제이지요. (H기업 소유 경영자)

소액 주주 소송에 대해 속으로 기대하는 바 큽니다. 예를 들어 S기업에서 자동차를 팔 때 총부채 4조 중 약 2조를 주고 팔고 나머지 2조는 양회와 그룹 전체가 맡기로 했는데 양회의 주주들은 무엇이냐 말이에요. 주주권은 자본주의의 기본권인데 대주주의 상식 밖의 횡포에 대해 정부나 금융 기관은 그냥 넘어가는 겁니다. 소액 주주들의 권리 찾기가 본격화되어야 그러한 일이 없어지지요. (O기업 회장)

그런 점에서 X기업 사장의 말은 인상적이다. "경영자가 투명 경영을 하면 세무 공무원이 겁날 게 있겠습니까, 경찰이 겁날 게 있겠습니까, 소액 주주들이 겁날 게 있겠습니까. 숨기는 게 있고 구린 데가 있기 때문에 두려워하는 것 아니겠습니까? 깨끗한 기업 풍토가 이루어져야 됩니다"(X기업 사장).

3) 인수 합병

새로운 경제 환경과 기업 구조의 변화로 인하여 인수 합병(M & A)에 대해서도 새로운 정책 변화가 일어나고 있다.

우리의 사정이 굉장히 혼선이 많이 나오고 있습니다. 너무 급속도로 발전되어가기 때문에 국민들이나 지식인들이 이 변화를 정확하게 이해를 못 합니다. 〔……〕 (미국은 반독점으로 사업 분해하고 또 기술 발전에 따른 합병 merge을 하는 동적 관계를 지적하고) 우리나라 상황은 아직 달라요. 법 체계가 모두 다 반독점법 체계를 갖고 있어서 공정 거래위원회가 하는 일이 일정한 시장을 갖고 있는 회사끼리 합병을 못하게 하는 것이고 이는 법적으로 금지되어 있습니다. 독과점 업체뿐만 아니라 중소기업과 대기업도 완전히 분리시켜놓고 경쟁에 제한을 가해놓았습니다. 〔……〕 관련 법규가 전부 그러한데 그런 상황에서 합병을 한다면 합병이 될 리가 없지요. 〔……〕 재벌의 경제력 집중 때문에 해체한다고 하면서 어떻게 합병을 한다는 말입니까. 〔……〕 지금 우리가 거기에 명확한 철학을 세워야 해요. 〔……〕 경쟁력을 갖추자, 빅딜 시키자 그러나 그게 다 실정법을 위반한 것입니다. (S기업 前회장)

이러한 과도기적 혼선 속에서도, 향후 기업 형태가 훨씬 전문 기업으로 변하고 또 시장 경제를 활성화하기 위하여 기업의 인수 합병을 허용하여야 하며 필요하면 적대적인 인수 합병까지 용인하여야 한다는 견해가 지배적이다.

　기본적으로 시장 경제 원리를 정착시키는 과정에서 필요한 것이 아
닙니까? 적대적 인수 합병도 필요하고 외국 기업이 사는 것도 필요하
고 어차피 시장 환경에 적응하지 못한 기업들 자체는 퇴출되어야 하고
또 기업 가치 자체가 정확하게 시장에서 평가받는 것도 필요합니다.
(L그룹 상무이사)

　기업의 생존 전략 차원에서도 인수 합병은 해야 된다고 생각합니
다. 〔……〕 부실 기업들은 빨리 퇴출시키거나 아예 처분해서 없애버리
거나 아니면 전문 기술이 부족하거나 기업의 역량을 집중하지 못했을
경우에는 그런 데다 집중을 해서 인수 합병하는 것을 권장해야 되지
않을까요. (C기업 본부장)

인수 합병은 기업 경영을 훨씬 더 효율화시킬 것이며 이러한 의미
에서 경영자에게 더욱 긴장감을 갖게 할 것이라는 지적도 있다.

　인수 합병은 허용해야지요, 해야지요…… 나보다 더 회사를 잘 운
영할 수 있는 사람이 사가지고 간 것이지요. (H기업 부사장)

　허용해야죠. 자본주의가 그건데. 적대적 인수 합병이 있어야 오너
든 CEO 전문 경영인이든 긴장을 해요. 지금은 경영을 못 해도 오너한
테만 잘 보이면 됩니다. 경영은 잘 못하고 자기 욕심만 챙기는데
〔……〕 인수 합병을 허용하면 회사가 문제가 있으면 주가가 나쁠 것이
고 그것을 사가지고 구조 조정하고 다시 좋은 회사로 만들어서 되파는
거죠. (Q기업 사장)

따라서 다양한 시장 여건의 변화에 따라 기업 시장에서도 전략적

제휴나 합병은 훨씬 활발해질 것으로 보인다. 그러나 인수 합병이 자
본을 효율화하기도 하지만 그 자체가 성공 요인은 아니다. 상이한 기
업 문화로 실패한 경우가 많기 때문이다. 하지만 "기업 문화가 다른
경우 이를 통합하는 것은 경영자 몫이에요"(H기업 부사장)라고 하듯
이 인수 합병 이후의 경영 문제이다. 그럼에도 불구하고 인수 합병에
도 제한이 있어야 한다는 조심스런 의견도 제기되었다.

> 국가의 기본 방향의 문제와 결부하여 〔……〕 식량이나 에너지 등 전
> 략 분야는 자력갱생하는 쪽으로 가야 된다고 봐요. 위기가 왔을 때 기
> 본적으로 견딜 수 있는 경제 체질에 대한 준비가 있어야 하는데 우리
> 는 그런 게 너무 없는 것 같아요. 〔……〕 기본적인 몇 분야의 자력갱생
> 의 수준을 설정하고 그 위에서 그런 원칙이 서야 될 것이라고 보거든
> 요. 그렇게 된다면 저는 인수 합병도 그외 분야에서 허용을 해야 되고
> 적대적 인수 합병을 허용해도 괜찮지 않느냐고 봐요. (E기업 사장)

4. 기업 조직과 기업 문화

I. 기업 내 의사 소통과 조직 형태

기업 조직은 기업의 전략적 목표를 달성하기 위하여 기업 내 인적
자원을 어떻게 배치하고 업무 및 의사 소통을 어떻게 조직화할 것인
가 하는 점을 그 내용으로 한다. 우리나라의 기업 조직은 내부 노동
시장과 같은 내부 지향적인 인적 순환과 의사 소통 구조를 특징으로
하므로 공식적이고 투명한 조직 원리에 의해 작동한다기보다는 기업
내 관행과 인적 네트워크에 따라 조직화되는 성향이 강하다. 그렇기
때문에 관료화되기보다는 훨씬 더 자의적 성격과 불투명한 업무 과

정을 나타내고 있다.

1) 의사 소통 구조

먼저 기업 내 의사 소통 구조는 통상 최고 경영자의 리더십에 상응하여 하향식 top-down과 상향식 bottom-up이 있으며 복합 방식으로는 최근 일본의 조직 내 커뮤니케이션의 한 특징으로 나타난 중간상향하향식 middle-up-down이 있다.

이번 면접에서 밝힌 기업가들의 의견에 따르면, 의사 소통 구조는 경영 환경과 여건, 그리고 최고 경영자의 리더십에 따라 하향식이나 상향식을 선정하여 융통성 있게 운용하는 것을 선호하고 있으며 특정한 형태로 일원화하는 것이 불필요하다는 견해가 지배적이었다. 의사 소통 구조는 "사람의 개인 리더십 문제가 아닙니까. 〔……〕 또 회사의 어떤 시기에 어떻게 맞느냐 하는 것이 문제이지요"(T기업 사장). 따라서 기업 조직 여건과 "상황에 따라 카리스마도 필요하고 들어주는 것도 필요하지요"(U기업 사장). 그 때문에 업무를 공식화하는 것이 필요하지만 전체적으로는 유연성을 보장하는 것이 필요하다는 생각을 표명하였다.

오히려 기업 조직은 사람이 꾸려가는 것이므로 구성원들 사이의 인간적인 상호 관계를 중요시하고 있는데 그러한 인간 조직이라는 의미에서 의사 소통은 자율과 창의성을 내면화하고 수용하는 것이 중요하다는 것이다. "조직은 사람이 하는 거야. 그 사람이 자기 일을 해낸다면 나는 전혀 간섭을 안 하지요"(U기업 사장). "회사 조직의 위계 질서상 높은 사람들이 모여 (의사 결정) 해선 안 되고 그 조직 단위에서 의사 결정 해야지…… 그 일을 제일 잘 아는 사람끼리 모여서 결정하는—월급이나 직급 여부와 관계 없이—그런 조직으로 바뀌어야 합니다"(S기업 前회장). "한 단계 높은 회사로 성장하기 위해서는 자율과 창의로 가는 것이 필요하다고 생각했는데 한 4년쯤 지나고 나서는 내 판단이 틀린 것 같지는 않아요"(T기업 사장).

소비자의 아이디어나 현장 기술을 가장 열심히 잘 내다보고 있는 사람들의 아이디어가 제품에 반영되어야 하니까 굉장히 유연한 조직 즉 누구나 아이디어를 낼 수 있고 누구든지 리더십을 발휘하는 조직으로 가야 되지 않나 생각합니다. 똑같은 물건을 몇십 년씩 팔아먹던 시대는 지났어요. (K기업 회장)

유연한 조직 원리는 책임 의식을 갖춘 자율성을 강조하고 특히 오늘날 정보 시스템은 자율적인 의사 소통을 활성화하는 데 기여하고 있다.

책임 의식이 대단히 중요합니다. 자율권을 많이 주느냐, 어떤 정형화된 룰을 따라서 해야 되느냐 하는 것인데 실제 자율에는 책임이 따라야 됩니다. 〔……〕 기업에서 책임이라는 것은 개인적으로 사표 쓰는 일밖에 없어요. 그러나 기업에 미치는 부정적 영향은 훨씬 크죠. 하나의 의사 결정을 잘못 내리면 많은 사원들과 고객들이 피해를 봐야 해요. (C기업 본부장)

저희는 전자 우편 E-Mail 시스템을 보급했는데 게시판에 전사 공지 사항이 수도 없이 빽빽히 실립니다. 〔……〕 기술적으로 요새는 톱-다운 top-down(하향식) 그런 건 의미가 없어졌어요. 아직 문화적으로 사원이 사장한테 전자 메일을 띄우는 것이 안 되어 있지만 좋아지는 것 같아요. (P기업 부사장)

그럼에도 불구하고 "위기에 봉착하든지 구조 조정을 해야 되어서 강력한 의사 결정이 필요할 때에는 위에서 아래로top-down 해야 합니다"(H기업 부사장). "기업 내부에서 권한 이양을 많이 해서 밑으로부터 의견을 모아가지고 공감대를 형성하고 결정합니다. 그런데 요즘 경영 환경이 급변하고 경쟁이 치열해지는 환경 속에서는 CEO가 직감과 능력을 가지고 위에서 밑으로 의사 결정을 하는 것이 효율적일 수가 있죠"(L그룹 상무이사). 그러므로 "위기에 처했을 때는 최고 경영자가 지혜로운 판단과 용기를 가지고 밀어야 하는 것이고 정상적일 때는 밑에서부터 올라오는 의견들이 좋고 〔……〕 나는 중간상향하향식middle-up-down이 좋습니다"(G기업 회장).

덧붙여 기업 승계를 경험한 기업에서는 일정 기간 기존 간부들이 의사 결정에 중요한 역할을 하는 합의제 형태로 운영하다가 점진적으로 세대 교체가 이루어져 지휘 계통이 분명해지고 있는 경우도 있었다.

> 세대 교체가 진행되고 있는 것 같습니다. 〔……〕 젊은 사람이 연장자를 부하 직원으로 쓴다는 것은 서로 불편한 점이 많습니다. 〔……〕 승계 시에는 아버님 세대의 간부들이 제대로 보좌해주지 않으면 힘들 것이라는 생각입니다. 어느 정도의 기간을 갖고 점진적으로 세대 교체가 이루어지는 것이 좋지 않느냐 생각합니다. (기업 승계 M기업 사장)

2) 순환 배치와 전문화

전통적으로 서구식 경영에서는 인적 자원을 조직 내에서 활용하는 방법으로 인력의 전문화를 꾀하고 그러한 인력간의 협력과 커뮤니케이션을 원활히 하는 것을 주된 내용으로 하였으나, 일본을 비롯한 동아시아에서는 인력의 순환 배치를 통해 특정 전문 지식을 습득하기보다는 조직에서 필요한 다양한 지식을 복합적으로 습득하고 이를 통해 공동 작업을 추진하는 형태를 띠고 있다. 그러나 최근 일본의 조직 내 인력 자원 활용 방식도 과거보다 훨씬 더 전문화를 지향하는 경향이 눈에 띈다.

우리나라에서도 이번에 면접한 기업가들 사이에서는 인력 배치에 있어서는 인력 자원의 성격에 따라 순환 배치와 전문화를 구분하는 것이 필요하다는 의견이 지배적이다. 기업가들은 직무 순환 형태로 인력 배치를 하던 체제를 고쳐야 한다고 생각한다. "(직무 순환은) 이 젠 안 됩니다. 전문화되어야죠. 〔……〕 식품 공장의 어떤 단위를 책 임지고 있던 사람이 갑자기 반도체 공장에 가서 어떤 라인을 책임을 지는 것은 불가능하죠"(P기업 부사장).

기획을 하나 한 경우, 그 사람이 책임지고 고객들의 반응 조사도 하 고 원자재도 구입하고 해서 판매까지 책임을 지는 일인 전담 체제를 운영하고 있습니다. 〔……〕 굉장히 스트레스를 많이 받는다고 그래요. 왜냐하면 디자이너들이 학교에서 배운 그림 그것만 하면 편할 텐데 자 기가 이거 팔릴 건가 안 팔릴 건가 고객한테 가서 물어보고, 거기서 선 정된 것은 그 원자재를 구입해가지고 하청 공장을 뛰어다니면서 생산 해가지고 그렇게 출고까지 〔……〕 참 스트레스 많이 받죠. 〔……〕 그 러나 자기가 만든 상품이 팔려나갔을 때의 성취감 그것은 다른 스트레 스를 다 커버하고도 남지요. (I기업 부사장)

그러니까 인력 배치의 전문화 혹은 전문주의도 문화적으로 다를 수 있다는 말이다.

동양에서는 사람을 키운다는 점에서 〔……〕 서구 사회의 전문주의와 다릅니다. 〔……〕 미국에서 회사에서 MBA 보내주는 것은 전혀 없습니다. 자기가 좋은 대학에 MBA 하고서 재취직하는 것 아닙니까. 그러나 교육을 통해 인재를 양성하는 방식이 그 조직 체계에 맞아야 하는데, 현재의 사다리식 조직 체계는 소프트하고 지적인 서비스에 대응하지 못합니다. 평등flat하게 자율을 보장해주는 조직, 그리고 그러한 조직에 맞는 사람들을 키워주고 양성해나가야 합니다. (S기업 前회장)

그러나 대부분 기업가들은 신중하다. 즉 현장 기술 인력(능력)은 전문화하는 것이 바람직하지만 경영 능력이 있는 인력은 순환 배치를 하여 전체 업무를 파악하게 하는 것이 좋다는 것이다.

(인력 배치는) 이제 전문화해야 돼요. 〔……〕 (그러나) 지휘 능력이나 상당히 높은 직급에서 요구되는 자질을 갖춘 사람들이 있습니다. 그런 사람들을 어느 정도 의도적으로 양성하는 것, 그런 목적에서는 일부의 사람들을 순환 보직해서 여러 가치 분야들을 두루 경험하게 하는 게 좋은데, 전부를 모든 분야에 만능인 제너럴리스트generalist를 만드는 것은 옳지 않습니다. (H기업 부사장)

적어도 하나의 전문은 자기가 가져야 하지만, 그것만이 아닌 전체 상황을 볼 수 있는 안목이 필요하다고 생각합니다. 〔……〕 과·부장을 시킬 때 그 일을 할 수 있겠는가를 보고 지금 전문 분야 이외에 최소한 딴 부서 하나는 거쳐야 한다고 생각합니다. 그래야 다른 부서랑 협조가 되니까요. 너무 한 가지만 알고 쭉 올라간 사람은 다른 데랑 협조를 못 해요. (G기업 회장)

모든 사람을 다 직무 순환시킨다는 것은 바람직하지 못하다고 생각하거든요. 기술 엔지니어링 같은 분야는 그 분야에 평생토록 집중을 하게 하는 것이 전문성의 영역을 확보하는 데 필수적이라는 생각이 들고요. 반면에 전반적으로 관리하는 사람은 기술의 특성도 알고 관리하는 방법도 알고 〔……〕 골고루 구체적인 일을 경험하게 해서 실질적인 일과 기획을 하는 것을 같이 병행할 수 있도록 해주는 것이 필요하다고 생각합니다. (M기업 사장)

3) 공식화와 정보화

근대 기업은 지속적으로 기업 내 업무를 공식화하여 기업가나 노동자 개인들의 자의성과 임의성을 줄이고 투명성과 효율성을 지향하여왔다. 그러나 최근 기업 조직이 공동 작업을 지향하는 팀제의 형태로 바뀌어감에 따라 조직 내 업무의 공식화와 개인의 자율성 및 유연성의 보장 사이에 균형을 더욱 배려하지 않으면 안 되게 되었다.

이러한 업무의 공식화 정도와 관련하여 최근 급격하게 확산되는 정보통신 기술은 새로운 조직 인프라가 되고 있다. 우리가 만난 기업가들은 전체적으로 정보통신 기기는 업무의 효율화와 투명화에 기여하였음을 인정하였으며 정보화의 필요성에 대해 깊이 인식하고 있었다. "지금 태평양이나 인도양 등에서 조업하는 데에 인공 위성의 정보를 많이 사용하고 있습니다. 수온이라든지 플랑크톤 분포라든지 등을 수집해서 시뮬레이션해서 배에 알려주기 때문에 인터넷 접속하기 위해서 어디를 가도 노트북 컴퓨터를 들고 다닙니다"(G기업 회장). 또 "요새는 컴퓨터가 없으면 일이 안 되잖아요. 컴퓨터로 기술 정보, 품질 정보, 각 제품별 정보 데이터를 처리할 수 있고 고객 정보도 성별·연령은 뭐고 무슨 제품을 가져갔고 성향은 어떻고 그러한 것이 나와야 마케팅 차원에서 활용하죠"(E기업 사장).

그러나 상당수의 기업가는 엄청난 투자에 비해 그 효과가 미미하

다는 점에서 생산성의 패러독스를 느끼고 있으며 이 점에서 정보화
의 문제점을 지적하였다. "정보 기술은 그 효과보다는 투자가 많이
듭니다. 투자에 비해 효과가 눈에 안 보이게 나타나요. 정보 시스템
을 도입하면 인원이 10명 준다, 그래서 인건비가 이만큼 절약된다 그
랬는데 사실은 줄지 않아요"(C기업 본부장).

중소기업인 R기업의 부사장은 이러한 점을 훨씬 사실적으로 표현
하였다.

구로공단에서 아마 컴퓨터를 제일 먼저 가장 많이 들여왔을 거예
요. 〔……〕 도입하고 4~5년이 지난 다음에 정보 컨설팅 회사가 왜 있
는지를 이해하게 됐어요. 처음에 생각하기에는 효율적인 기계와 좋은
기계만 갖다놓고 추진하면 당연히 그 효과가 나올 것이라고 생각을 했
는데 〔……〕 생각보다 비용이 많이 들어가는 거예요. 초기 비용뿐만
아니라 유지·관리 비용이 굉장히 많이 들어가고 종업원 교육이나 새
모델로 교체하는 업데이트 up-date 비용 등도 많이 들어가는데, 그 비
용만큼 효과를 얻었느냐 하면 회의적이에요. 〔……〕 90년대 들어와서
정보화 쪽에 투자를 반대했어요. 있는 것을 그대로 쓰고 그러자고. 아
무리 좋은 것을 갖다가 놓아도 직원 모두가 이해를 해야 하는데 허구
한 날 교육하고 잘못 만져 고장나면 고치는 데만 몇 명이 달라붙어야
하고 말이에요. (R기업 부사장)

돈이 투자되는 데 비해 그렇게 유용성이 그 이상 되지 못하고 오히
려 못 될 것 같다는 생각이 들어요. 첫째는 정보화가 된다고 모든 문제
가 해결되는 것도 아니고 둘째는 하드웨어를 다루는 인력뿐만 아니라
소프트웨어를 다루는 인력, 그리고 직원들의 수준이나 의식, 협조도
등에 달려 있는 것 같고요. (A기업 사장)

이러한 생산성 패러독스는 우리나라와 같은 기업 구조에서는 어찌 보면 당연하다고 정보통신 분야의 N사장은 주장한다.

미국에서 첨단 경영 기법이라고 ERP(전자적 자원 관리)가 유행인데 ERP는 서양에서처럼 업무가 공식화되어 있고 룰과 매뉴얼이 있어서 각 담당자는 자기 일을 스스로 결정할 수 있는 시스템에 맞춰져 있어요. 그러나 우리나라처럼 품의 제도하에서 결재받고 하는 데는 그 소프트웨어를 쓸 수가 없어요. 먼저 업무 프로세스와 의사 결정 과정을 합리화해놓고 BPR(Business Process Reengineering)하는 것이지요. 기본 엔지니어링 engineering도 되어 있지 않은데 무슨 리엔지니어링 reengineering이겠어요. (N기업 사장)

그렇기 때문에 신중한 대처가 필요하다는 의견이 제시되었다. 먼저 점진적으로 구축하는 것이 필요하다. "칼스라든가 ERP라든가 그런 게 있는데, ERP를 하려면 조직을 맞추든가 그래야 하는데 회사는 상당히 오랫동안 해놓은 기본적인 시스템이 있기 때문에 급격한 활용은 어렵고 서서히 맞추어나가는 것이 좋은 것 같아요." (T기업 사장). 특히 "나는 '절대로 앞서가지 말라'고 합니다. 정보화를 잘해간다는 회사를 벤치마킹해서 우리에게 맞도록 조정합니다. 그것이 리스크를 최소화하는 것이기 때문이에요"(O기업 회장). 또한 업계가 공동으로 정보 기술 기반을 구축하는 것이 필요하다는 것이다.

우리 회사는 독자적인 인프라도 프로그램도 있지. 〔……〕요즘 거의 공문이 없지. 그런 것은 참 잘된 것 같아요. 〔……〕그러나 컴퓨터 쪽에 드는 비용이 너무 많아요. 투자에 비해 효과는 별로인 것 같아.

공동 개발해서 통째로 패키지package를 쓰자, 주문·생산·출하 각 시스템에 각 회사마다 노하우가 많이 있어 공동 개발해서 쓰고 유지도 함께 하고 말이야. (T기업 사장)

한편으로 더욱 근본적으로 정보 기술을 이용하는 방식에 대한 성찰이 필요하다는 지적은 매우 의미 있는 것이었다.

돈이 없어서 정보화를 못 하는 것은 거의 없다고 생각합니다. 정부의 지원도 많고 가격도 많이 싸졌고 〔……〕 과제는 그것을 어떻게 효율적으로 잘 사용하느냐 하는 것이며 거기에 교육도 필요한 것 아닙니까. 〔……〕 역시 성공의 관건은 그게 왜 필요한지에 대한 근본적인 질문에 답할 수 있어야 된다고 생각이 듭니다. (M기업 사장)

II. 동기 부여 시스템

우리나라는 자본주의적 경제 시스템이 잘 갖춰지지 않은 가운데서 대기업은 자본 시장, 상품 판매 시장뿐만 아니라 노동 시장의 불확실성도 기업 내부화하여 우수한 인재를 일시에 채용하여 내부 노동 시장을 통해 동기 부여와 경쟁 환경을 형성하고 급격한 경제 성장을 이룩하였다. 따라서 임금은 사회적 생활급(기본급)을 기초로 연공 서열(호봉)을 가미한 제도이기 때문에 동기 부여 시스템으로서 기능이 약하고 대신 대량 채용한 입사 동기간에 한정된 관리자 직위를 두고 승진 경쟁을 조성함으로써 인적 경쟁을 추진하였다.

1) 승진 제도

따라서 우리나라 기업에서 승진은 기업 내 중요한 동기 부여 시스템의 하나였다. "조직 내에서 자기의 능력을 100% 발휘하기 위해서는 뭔가 동기 motive를 줘야 되지 않겠습니까? 그 중의 하나가 승진이며 승진은 자기 역량에 맞는 업무의 영역 span을 넓혀주고 자율성을 부여해주는 것이지요"(D기업 사장).

그런데 우리가 면담한 기업가들에 의하면, 승진은 연공 서열보다는 과거의 업적과 업무 능력을 점차 중시하는 경향으로 옮아가고 있다. 승진 인사 고과는 "근무 연수도 보고 업무 능력도 보고 밑엣사람에 대한 통솔력도 보고 그러지요"(J기업 사장). 그러나 무엇보다도 중간 관리자들은 능력뿐만 아니라 마음 자세가 중요하다. 중간 간부들은 "그만큼 더 알아야 하고 노력해야 하고 〔……〕 희생도 치러야 하는 거니까 간부들한테 도덕률이나 희생 정신을 강하게 요구합니다. 〔……〕 하급 사원들에게 더 주더라도 윗사람에게 희생 정신, 덕목이 있어야 한다는 것을 강조하는 편입니다"(G기업 회장).

마음 자세가 왜 그토록 중요한지 금융 부문 X기업의 사장은 다음과 같이 설명하였다.

(승진에 있어서는) 능력이 가장 중요하고 그 바탕(心根)은 열성과 정직입니다. 나는 경영을 하면서 잘못한 것은 용서합니다. 그러나 거짓은 용서하지 않습니다. 자기가 잘하려고 하다가 회사에 피해를 준 것은 용서할 수 있지만 의도적으로 불법이나 비리를 저지르거나 연루된 사람은 용서한다고 바뀌지 않기 때문입니다. (X기업 사장)

그러나 아직도 승진을 위한 인사 고과는 과도기 단계에 머물고 있는 듯하다. 인사 평가 요소는 "연공적인 요소하고 업적·필요성 등입니다. 문제는 그 각각의 요소들 사이에 균형을 어떻게 맞추느냐 하는 것이고 궁극적으로는 직접적이건 간접적이건 회사에 기여하는 정도, 부가가치를 내는 정도에 따라 승진이 되는 체제로 가려고 생각하고 있습니다"(M기업 사장). 그래서 "사원의 승격에는 특정 부서에서 경력 가치 프로그램 career value program에 의해 경력 관리를 하고 중간 관리층은 보다 더 엄격한 능력 고과를 실시하고 있고 자격 시험을 보고 회사의 기여도, 자기 개발 능력을 통해 승진하고 있습니다"(C기업 본부장).

특히 승진 인사 고과가 아직 과도기에 있어서 문제인 점은 문화적인 수용성에 있다.

기업의 목적에 부합되는 사람들은 연공 서열에 관계 없이 능력이 있으면 더 빨리 진급시키려고 하는데 그런 것은 근본적으로 위험 부담이 있어요. IMF 등으로 앞으로 그러한 체제로 가겠지만 사회적인 일반 가치관에 굉장히 반하는 것이기 때문에 그러한 부작용을 어떻게 흡수해가면서 기업 문화로 정착시켜나가느냐 하는 것이 쉬운 일이 아닌 것 같아요. (V기업 회장)

그렇기 때문에 각자의 독특한 인사 평가 방법을 개발할 수 있다. "어떤 일을 성취했는가 하는 것, 일을 하나 해낸 사람은 난 절대적으로 믿어. 뭘 하나 해냈다는 뜻은 협동할 줄도 알고 능력도 있다는 이야기야"(U기업 사장).

그러나 승진은 과거의 업적에 대한 보상일 수 없다는 지적이다. 업적에 대한 보상은 임금을 통해 이루어지고 승진은 업무 능력과 미래 가능성을 보고 이루어져야 한다는 것이다.

승진은 과거에 대한 보상이 아닙니다. 승진은 미래에 대한 가능성을 보고 승진을 하는 것이니까…… 일 잘하는 사람한테 관행적으로 수고했다고 승진시켜주지만, 그것은 아니에요. 그것은 그 봉급이나 일

을 통해 보상을 해야지 단순히 그것만을 가지고 승진을 해서는 안 된
다고 봐요…… 멀쩡한 사람 버려놔요. (H기업 부사장)

따라서 승진시킬 때 "새로운 직책을 해낼 수 있겠는가 하는 점을
선택하고 있습니다. 도저히 안 된다고 하면, 전문직으로 해서 보수를
줘서, 벼슬하고 녹을 따로 구분해서 주는 거지요"(G기업 회장). 아직
은 과도기라 할지라도 경제 여건의 변화 때문에 승진의 본질적 의미
에 대해 되새기는 계기가 된 듯하다.

승진 제도는 원칙적으로 특히 피라미드형 위계 서열 조직에서 중
요한 제도다. 그러나 향후 기업 조직이 훨씬 더 슬림화되고 네트워크
화되어 팀제를 기초로 운영될 때 그 중요성은 점차 줄어들 것으로 예
상하고 있다. 그래서 "승진과 같은 것은 없애려고 하고 있어요.
〔……〕 과장이니 부장이니 그런 것을 없애버리려고 합니다"(S기업 회
장). "연공 서열이라는 것은 열심히 일하는 사람들에게는 불공정한
것이지요. 과장·부장 하는 위계 서열 조직을 없애고 임원·팀장·
팀원 이런 수준으로 훨씬 유연하게 풀어서 연봉제를 도입하고 능력
에 따라 책임이 돌아가는 방식으로 해야 될 것입니다"(K기업 회장).

이사(경영자)로 승진하면 사실상 퇴사나 전문 경영진으로 충원하
는 준비 단계를 의미하기 때문에 일반 관리자의 승진과는 달리 그 자
질과 능력에 대한 새로운 기준이 필요하다. 그러나 아직은 명확한 기
준을 가지고 있지는 않은 듯하다.

측정하기는 어렵지만, 관리자가 갖춰야 할 능력은 관리력·창의
력·지도력이 있는데 그 어느 하나만 뚜렷하게 가지면 과장·부장으
로 올라갈 수 있어요. 경영자는 세 가지 모두에서 최소한의 능력을 지

닌 사람이어야 한다고 봐요. (F기업 회장)

이사로 승진시킬 때는 따라서 업무 능력 이외에 비전과 전략적 의사 결정 능력뿐만 아니라 리더십과 조직 내 조정 능력 등 포괄적인 경영 능력을 중시하며 그러한 점에서 관리자로의 승진과 구별된다.

난 부장까지는 실무 처리 능력이 중요한 것 같아요. 그런데 그 이후에는 창의력 같은 것이 있어야 되거든요. 앞을 내다보고 대처할 수 있는 능력, 그 다음에는 갈등 요소의 조정 능력이 우리나라에서 중요하다고 봅니다. (E기업 사장)

임원의 평가 기준은 관리자의 경우와는 다릅니다. 관리자는 지금 당장 할 수 있는 업무 능력을 가지고 있으면 되지만, 임원은 무슨 업무에 대한 방향을 제시할 수 있는 능력 즉 기획력이 있느냐, 그리고 조직을 장악할 수 있는 능력 즉 리더십이 있느냐 하는 항목이 있어야 됩니다. (D기업 사장)

능력이 중요하며 능력 중에서도 리더십, 그러니까 다른 사람들을 끌어갈 수 있느냐의 문제죠. 그것이 우리 사회의 경영자가 되는 소양으로 굉장히 중요한 겁니다. (P기업 부사장)

능력도 있어야 하고 자기 희생도 할 줄 알아야 하고 회사에 대한 지식이 있어야 하고…… (T기업 사장)

큰 말썽이 없고 애사심이 강하며 평판이 좋고 리더십이 있는가를 본다. (Q기업 사장)

또한

　(이사로의 승진에 있어서는) 미래에 대한 전망이 있어야지요. 리더십 능력, 얼마나 지휘력이 있는가, 업무 능력에서 미래 가능성이 얼마나 있는가 하는 것을 봅니다. (H기업 부사장)

그러나 다른 견해도 있다.

　임원은 전술과 전략을 정해주기 때문에 그러한 능력이 있는 사람이 해야 돼요. 과거의 임원은 관리하고 조정하여 가치를 창조하지 않았으나 지금은 직접 가치를 창조하는 데 기여하여야 합니다. (K기업 회장)

2) 임금 제도

연봉제는 1990년대초까지만 해도 우리 사회 문화의 가치관과 괴리되어 적합하지 않다는 평가였으나 IMF 구제 금융 한파를 맞아 빠른 속도로 확산되고 있다. 100대 기업 중 이미 38개사에서 실시하고 있으며 2000년까지는 71개사에서 실시할 예정이다.

〈표 4-11〉　　　　100대 기업 연봉제 실시 현황 및 계획　　(1998년 5월)

1997년	17개사	
1998년 5월	21개사	누적치(38개)
1998년 예정	16개사	누적치(54개)
1999년 예정	13개사	누적치(67개)
2000년 예정	4개사	누적치(71개)

연봉제라고 하지만 아직까지는 적용 대상을 매우 제한하고 있다.

연봉제를 도입한 38개사 중에서 전직원에게 연봉제를 적용하고 있는 기업은 소수이며 과·부장급 이상에만 적용하고 있는 기업이 24개사로 가장 많고 임원급 이상을 대상으로 하는 곳이 6개사 그리고 대리급 이상이 1개사이다. 3개 회사는 일부 직능에만 도입하고 있다. 또한 연봉 책정 방식도 능력과 실적만으로 정하는 미국형 순수 연봉제와 달리 호봉 승급과 직급 상승을 함께 고려한 이른바 '한국형 연봉제'가 가장 일반적이다. 또한 실적을 계속 누적하지 않고 당해 연도 실적만을 평가하고 있기 때문에 연봉의 차이가 누적되지 않지만, 그럼에도 불구하고 직급간 역전 현상이 가시화되고 있으며 이로 인하여 기업 문화에 변화를 감지할 수 있게 되었다.

이번에 면접한 기업 엘리트들은 이제 임금제는 연봉제까지도 도입해야 한다는 데 의견을 같이하고 있다. 연봉제는 무엇보다도 효율성을 높이기 때문이다.

연봉제에 대해서 찬성하는 사람이에요. 〔……〕 능력에 의해서 젊은 이더라도 나이가 많은 사람보다 능력이 월등했을 때 입사와 관련 없이 거기에 보상을 해주는 것이 마땅한 게 아닌가요. 자동적으로 부장, 과장 하고 맨날 이렇게 해왔기 때문에 사람한테도 발전이 없고 전체적으로 보면 국가도 발전이 없고 말이에요. (I기업 부사장)

사실상 정보통신 기술에 의해 위계 서열 조직이 급격하게 평면화하는 것도 임금 제도를 바꾸는 데 중요한 기여를 하는 요인이 된다.

임원은 연봉제로 바꿨습니다. 상당히 빠른 시일 내에 중간 관리자도 연봉제로 바뀌지 않을까 생각합니다. 솔직히 그 동안 피라미드 구조에서 〔……〕 관리자가 많았는데 그것은 컴퓨터가 다 해줄 수 있고 이제는 사장과 오퍼레이터 operator가 직접 지시하고 조정하는 것인데 〔……〕 무슨 연공 서열이 필요하겠어요. (P기업 부사장)

작년 전직원의 동의를 받고 퇴직금 중간 정산을 다 하고 인사 시스템도 바꾸어버리고…… 기본은 그대로 두되 일을 잘하고 그래서 회사에 이익을 많이 남기는 사람은 거기에 비례해서 미국식 성과급 제도를 했습니다. 내년부터는 기본 보너스도 없애고 기본급도 더 낮춰서 완전한 미국식 연봉제가 될 것입니다. (Q기업 사장)

한 걸음 더 나아가서 G기업 회장은 스톡 옵션까지 제시하고 있다. "사실 연봉제와 비슷한 인센티브 시스템을 가장 먼저 도입했다고 할 수 있습니다. 스톡 옵션 stock option을 우리 회사는 운영하고 있습니다. 〔……〕 실질적으로 부서장이나 부장보다 훨씬 더 돈을 많이 버는 사원들이 많이 나오지요"(G기업 회장).

그러나 업적 평가의 투명성과 명료성에 대해서는 아직도 문제가 많으며 이 점에서 우리의 조직 문화가 엄격한 업적 평가에 적합하지 못하다는 데 기업가들은 동의하고 있다. 특히 연봉제의 도입 여부보다 더 중요한 것은 업적 평가 문제라는 점이다. "연봉제다 뭐다 하는 임금 제도를 들먹이고 있으나 임금을 운용하는 시스템이 더 문제야. 〔……〕 생활 관습이 중요하며 실질적으로 잘 운용되는 제도가 제일이지. 〔……〕 평가가 조직에 먹혀들어가야 돼"라는 U기업 사장의 말은 이를 잘 말해주고 있다.

우리는 부가가치의 분배라는 것을 임금의 기준으로 하고 있으며 앞으로도 그쪽으로 가는데 문제는 부가가치란 것이 결과라는 거예요. 그러니까 사원들의 입장에서 잘 보이는 것이 아니며 따라서 개인 개인의 기여도를 측정하기 어렵다는 것이에요. (F기업 회장)

연봉제를 언급하고 있지만 실제 인사 고과를 제대로 하는 기업은 드물어요. IBM에서는 인사 고과 매뉴얼이 있고 각 평가 항목별 아이템이 있으며 각 해당 사례가 적혀 있어요. 그래서 평소에 평가하여 합계 얼마다 하고 하면 승복하게 되어 있어요. 의심스러우면 자신의 고과 자료를 볼 수도 있고 그래도 승복할 수 없으면 차상위에게 항의할 수 있어요. 그러나 우리나라에서는 인사 고과의 근거도 박약하고 평점도 들쭉날쭉하며 차이도 별로 없어요. 〔……〕 연봉제 하려면 피고과자가 아니라 고과자를 먼저 철저히 교육시켜야 해요. (N기업 사장)

이런 까닭에 대기업인 T기업 사장과 중소업체인 W기업의 사장은 연봉제에 대해 훨씬 더 신중하다.

연봉제는 참 어려운 거예요. 연봉제라는 것도 수용성이 있어야 해요. 직원들이 수용을 해줘야 하는데, 즉 더 받거나 덜 받는 것을 인정하고 수용해야 하는데, 아무리 해도 인정이 안 돼요. 수용성이 약하고 또 현장에서는 팀워크가 강조되어서 연봉제 실시가 어려우나, 내년쯤 연구소의 연구원들은 생산량 혹은 성과output 측정이 비교적 용이하니까 해보려 해요. (T기업 사장)

연봉제는 우리 문화에서 정착되기에는 상당히 어렵지 않나 생각이 들어요. 미국에서는 월치 같은 사람은 자기 동기들보다 100만 배쯤 더 받을 거예요. 그런데 우리가 받아들이기에는 굉장히 어려운 구조하에 있지요. 물론 연공 서열 제도를 가지고 국제 경쟁력을 가질 수는 없겠

지만 완전 경쟁 체제로 나아갔을 때 의욕의 상실과 좌절감도 큰 문제이지요. (W기업 사장)

우리 사회에서는 우선 객관적인 평가가 쉽지 않으며, 또 직원들이 평가 결과를 수용하기가 어려운 것도 모두 우리의 특수한 문화와 긴밀히 연관되어 있다.

(연봉제는) 이론은 좋아서 도입하지마는 실천하기는 굉장히 어렵지요. 우리나라 사람들은 누가 누구보다 단돈 1원이라도 더 받으면 잠이 오지 않는다고 그래요. 왜 그러냐고 따지고 그걸 생각하느라고 일이 안 되고 그런대요. 독일에서는 같은 날 입사한 사람들도 보수의 차이가 있고 일에 따라 차이가 있는데 '아 그 사람은 그렇게 받을 만한 당연한 이유가 있겠지'라고 생각한답니다. 그런데 우리나라 사람은 똑같아야 된다, 누가 나보다 나으면 잠이 안 오고 일이 안 된다, 또 그런 생각 때문에 평가가 제대로 안 되고 보상이 제대로 안 된다, 그러다보니까 잘하는 사람은 내가 열심히 하는데도 더 나오는 것은 없지 않느냐, 뭐 하러 열심히 하느냐, 이런 식으로 되고 공평한 평가가 이루어지지 않기 때문에 업무 배분도 책임도 잘 지지 않는 그런 체제가 된 것 같아요. (A기업 사장)

결국, 실제 실시 과정에서는 연공 서열의 조직 문화를 쉽게 떨쳐버릴 수 없어서 과장 이상 혹은 이사급 이상 연봉제와 같은 부분 연봉제나, 업적에 능력의 요소를 가미한 직능급 또는 능력급 제도로 변화하게 되는 추세임을 기업가들은 인정하고 있다. 특히 중소기업은 훨씬 더 연공 서열에 의존하는 경우가 많다.

연공도 조직 안정에 기여하는 부분이 있기 때문에 부분적으로 필요
하죠. 그래서 연공 서열제를 근간으로 하되 여러 가지 경쟁 요소를 가
미하고 있지요. 지금은 연봉제로 전환중에 있으며 그것을 직무급·직
능급이라 합니다. (L그룹 상무이사)

저희도 나이가 든 기업이기 때문에 연공이 상당히 정착돼 있는데
연공이 장점이 있습니다. 직원들 내에 기대가 조직화되어 있기 때문에
규정대로 따라 맞춘다면 신경 안 쓰고 인사 관리를 할 수 있다는 겁니
다. 〔……〕 연봉제라든가 그 사람의 능력에 맞추는 쪽으로 움직여갈
것이라는 생각이 듭니다. 저희도 그런 기획을 하고 있고요. 그러나 그
런 쪽으로 너무 급속하게 가다보면 사회적으로 반론도 많고 기업 내부
적으로도 연공이 더 편한 사람을 바꾼다는 것이 굉장히 부담이 되는
거거든요. (M기업 사장)

그러나 "21세기 변화하는 무한 경쟁 시대에 직무가 달라지고 그러
면 보수 체계도 달라져야 하는데 신속하게 정세 변화를 못 하는 것
같아요"(A기업 사장). "해야 될 것 같은데요. 그런데 원칙이 있어야
할 거예요. 회사의 지불 능력과 사회적 형평성이라는 원칙 말이에요"
(E기업 사장).

III. 채용과 해고

우리나라 기업 조직에서는 중도 채용이 적고 장래 중요한 인재들
을 일시에 뽑기 때문에 신규 채용 때 매우 신중을 기하게 된다. 기업
가 자신들의 독특한 인재상에 따라 비교적 명확한 기준에 따라 신입
사원을 채용하고 있다. 또한 인재는 평생 고용을 전제로 하고 노동자
뿐만 아니라 기업가들의 의식에서도 해고는 가능하면 피해야 할 것

으로 비교적 껄끄러운 과제라는 인식이 보편적이다.

1) 신입 사원 채용

일반적으로 우리나라 기업에서는 신입 사원을 채용할 때 무엇보다도 진취성·적극성·능동성·도전 의식, 그리고 창의력을 갖춘 사람을 선호하며, 적극적이고 능동적인 자세를 가지고 사안에 따라 대처할 수 있는 능력을 중시한다.

(물론, 신입 사원의 채용은) 부문에 따라 달라요. 창의적인 것을 요구할 때에는 창의력을 위주로 보고 기계적인 것은 기계적으로 뛰어난 사람이 되어야 하는데 공통적인 덕목이라 하면, 그 성취 윤리 performance ethic, 내가 뭔가 이루겠다 하는 성취 욕구, 이게 강한 사람(을 우선시하며) 그 다음에 전반적으로 문제에 부닥쳤을 때 문제 해결 능력이 뛰어난 사람, 그런 사람들이 대개 우수하지요. (H기업 부사장)

제일 중요한 사람은 능동적인 사람, 능동적으로 일하는 사람이며 그 다음은 창조적인 사람, 남 하는 대로 가는 것이 아니라 뭔가 새로운 것을 만들어낼 줄 아는 사람, 세번째로는 협동할 줄 아는 사람, 그런 사람들이 중요합니다. 〔……〕 일류 대학 나와서 눈동자도 빛나지 않고 무슨 아이디어도 없고 달달 외어가지고 잘하는 사람은 필요 없어요. (K기업 사장)

요컨대, 드러난 능력보다는 가능성과 잠재력 즉 적극적인 자세나 바탕을 중시하고 적용 능력을 중시하는 이러한 인재관은 확실히 중요한 특징이라 할 것이다. 잠재력을 중시하기 때문에 공통적으로 기업 내에서 신뢰 관계와 협조 관계를 원활히할 수 있게 하는 성실한 인성과 원만한 성격을 기본적인 요소로 보고 있다. 즉 사람의 품성이 가장 중요한 채용 기준이다. 중소기업이나 중견 기업의 채용 기준은 압도적으로 인성과 성실성이다.

제일 중요한 것은 그 사람의 인성 문제이죠. 〔……〕 법을 만들고 해 봐야 역시 법을 피해 가는 사람들이 다 있으니까, 인간 본연의 자세, 도덕, 철학 이것이 근본적인 바탕이 되어야 한다는 거죠. (중소기업 J 기업 사장)

세 가지 면에서 사원을 채용하는데요. 변하지 않은 영역이 있다면, 성실한 사람을 뽑는다는 것입니다. 점점 더 기업은 신뢰에 바탕을 두 지 않고는 어려워지게 됐습니다. 시대가 굉장히 빨리 변하고 기업의 영업 비밀이 점점 중요하게 되는 상황에서 사람을 믿을 수 없다면 어 떻게 할 수가 없을 것 같아요. 그 바탕 위에서 긍정적인 사람이 필요하 다고 생각이 듭니다. 긍정적이라는 것은 우리가 같이 서 있는 목적이 뭔가를 공유하는 거라고 생각합니다. 〔……〕 마지막 기준은 창의력입 니다. (중소기업 M기업 사장)

학교 성적이나 학업 능력은 둘째 문제다. "학교라든지 성적이라든 지 하는 것을 중시하지는 않습니다. 인성 부분을 중시하고 어떤 집중 력을 가질 수 있는가 하고 정서적 안정성을 많이 테스트하고 있습니 다"(C기업 본부장). 또한 "가능하면 특정 학교를 10% 이상 안 뽑으려 합니다. 〔……〕 어느 학교든 그 학교에서 일등을 했다는 것은 나름대 로 가치가 있는 것이야. 그리고 개인의 자질로는 가정 환경을 보고 학교 공부도 보며……"(Q기업 사장).

이런 점은 대기업 기업가들도 마찬가지다. "인성과 능력을 봅니다. 능력이라는 것은 옛날에는 전문 지식을 봤지만 지금은 창의력이나 환경에 적응할 수 있는 도전 의식, 패기 같은 것을 본다 하겠습니다"(L그룹 상무이사). "기본은 갖춰져야겠지만 학교 성적은 중요하지 않습니다. 기초 능력은 기본이고 서비스업이기 때문에 심성이 중요하고 또 외부적으로 풍기는 용모 등이 중요합니다"(X기업 사장). "성실성이 있고 팀 작업team play할 수 있는 자세가 있는가 그리고 지금은 발전이 안 되어 있지만 미래에 자기 발전을 위해서 노력할 수 있는가의 여유가 중요하다고 생각합니다. 그리고 사람이 개방적인가도 보고요"(V기업 회장).

팀워크를 중시하는 한 기업가는 이렇게 말하였다.

역시 자질이 있어야 하지만, 성실성과 적극성에 중점을 둡니다. 〔……〕 희생 정신이 있는가. 단체는 서로가 조금 손해보고 해야 하니까 아무리 머리 좋다고 혼자서만 하는 사람은 화(和)를 이루지 못하니까요. 그런 면에서 성실성과 적극성을 많이 봅니다. 성실하고 적극적인 사람은 자기 희생을 할 줄 아니까. (G기업 회장)

또한 안전 관리 분야의 A기업 사장도 비슷한 견해이다.

채용을 할 때 제일 중요한 것이 성실성, 그 다음이 진취성이며 그 다음이 업무에 관한 자기 성취도이며 끝으로 인간 됨됨이라고 할 수 있습니다. 인간 됨됨이는 인간 관계나 조직의 화합을 중요시하기 때문에, 뿐만 아니라 한 사람이 잘못하면 전체 종업원이나 회사의 재산 피해가 엄청나기 때문에 관상도 보고 하여 중요시하는 것입니다. (A기업 사장)

이처럼 인성을 중시하는 채용관은 인사에서 사람됨을 중시하고 신언서판(身言書判)과 같은 전통적인 인재관을 반영한다 하겠다. 이러한 맥락에서 "특이한 재능을 보고 고른다기보다는 평범한 사람들을 데리고 수재도 못 하던 일을 해내자 하는 것이 내 철학이에요"라는 U기업 사장의 인재관을 이해할 수 있을 것이다.

기본 바탕을 중시하는 인재관은 전문직의 채용에도 마찬가지다.

디자이너는 디자인에 대한 실력이 그만큼 되어야 하고 영업하는 사람들은 사교적인 면에서 특출한 면이 있어야 하고, 기본적인 것은 사람 됨됨이, 인성 그런 것들을 갖다가 많이 참작을 하고 그리고 젊은이가 도전할 수 있는, 도전하려는 자세가 중요합니다. 실패가 두려워가지고 뭘 하지 않으면 발전이 없거든요. 〔……〕 도전 의식이 강한 뭔가 야심을 가지고 해보겠다는 젊음의 패기가 넘치는 사람을 뽑고 있습니다. (I기업 부사장)

그렇다고 인력 채용에서 단순히 인간성과 성품만을 중시하는 것은 아니다. 그러한 기본 바탕은 어떤 사안이든 간에 자기의 능력과 지식을 최대한 발휘하는 습관으로 나아갈 때 의미를 지닌다.

대졸자를 채용할 때 인성을 보죠. 성품과 회사에 와서 팀을 이뤄 같이 잘할 수 있는 자질이 있는가, 그 다음에 실무를 처리하는 기본적인 실력 즉 외국어 능력, 표현 능력이 있는가. 〔……〕 그리고 한 가지 더 바라는 것이 있다면 학생 시절을 보내면서 〔……〕 뭔가 성공 이야기 story가 있다는 점이 중요한 것 같아요. 〔……〕 우리의 화두가 경쟁력 강화인데 각자가 성공의 스토리가 있어야 돼요. 그래서 요즘엔 경력 사원을 뽑는데 다른 것은 안 보고 성공 스토리만 쓰라고 그래요. 그래서 그 성공 스토리가 사실인가 아닌가 확인하고 진짜 성공한 사람만 뽑는다는 거예요. (E기업 사장)

성공한 경력은 성공할 수 있는 습관을 내재하고 있다는 점에서 중요하다는 것이다. 우리가 만난 기업 엘리트는 기본 바탕을 중시하고 그 습관화를 중시한다는 그러한 의미에서 추천제를 선호하기도 한다. 인사 관리자의 순간적인 면접이나 테스트보다는 추천자의 오랜 관찰과 심도 있는 평가를 믿는다는 것이다. "우리 회사는 추천을 받아서 하거든요. 추천을 110%, 120% 정도를 받아서 인터뷰를 해요. 우리가 보면 뭘 얼마나 알겠어요. 그리고 공채를 하면 괜히 비용만 들어요"(B기업 회장).

또한 책을 읽고 이해하는 능력이 자기 개발에서 가장 중요한 요소이기 때문에 독서력을 중요한 기준으로 하기도 한다. "능력보다 자질을 더 중요하게 봤어요. 채용이나 인사 평가에서 독서를 강조하고 있어요. 책을 많이 보고 이해를 잘하는 사람이 꼭 좋을 것인가 하는 데는 의문이 있지만…… 우리는 입사 시험을 볼 때는 반드시 책을 주고 그 책에 대해서 토론을 하게 하지요"(F기업 회장).

요는, 이와 같은 특이한 채용 방법은 각 기업이 지닌 기업 문화의 특성에 따라 다양하게 개발될 것으로 보인다.

2) 장기 근속자의 선임권

우리나라에서 장기 근속자는 사회 관습에 따라 연장자로서 존경받고 생활 보조 형태의 임금으로 보상을 받기는 하나 실제 장기 근속에 따라 숙련의 향상이 따르지 않는다는 현실에서 기업가들은 상당한 갈등을 느끼고 있다. 그리고 해고 과정에서 선임권seniority은 우리나라에서는 전혀 인정되고 있지 않다. "미국 합작 회사가 하나 있는데 거기에서는 해고할 경우 새로 들어온 순서대로 먼저 나가는데 이익이야 오래된 사람들이 나가면 좋겠고 〔……〕 보편 타당한 것은 없는 것 같아요"(T기업 사장).

그러니까 "오랫동안 근무한 사람은 첫째 회사 사정을 잘 알고 〔……〕 사고의 궤를 같이한다는 얘기입니다. 전략적 방향에 그만큼 순응하고 맞춰나간다는 얘기이며 조직의 운영에도 상당히 도움이 됩니다. 〔……〕 능력 면을 봐서는 오래 있다고 꼭 우수한 것은 아니에요. 〔……〕 단순한 연공은, 그런데, 그게 쉽지 않아요. 바뀌어야 돼요, 우리나라 바뀌어야 돼요"(H기업 부사장).

회사에 오래 있었다는 것은 사내 네트워크가 튼튼하고 지금까지의 경험이 축적된 것이니 그런 사람이 오래 있으면 좋겠죠. 그러나 문제는 우리 산업에서는 석 달만 한눈 팔면 뒤진다고요. 현재 일 잘한다는 것이 2~3년 뒤가 되면 그 능력이나 지식은 무의미해질 수가 있다는 것이죠. (회사를 옮겨) 다양한 경험을 갖고 축적할 필요가 있어요. (K기업 회장)

오래 근무한 사람들의 권리는 〔……〕 그 사람이 필요하다면 바짓가랑이라도 잡을 것입니다. 그러나 1년밖에 근무하지 않은 사람이 기업에서 필요한데 나가면 기업의 경쟁력이 무너질 수 있을 때, 10년 근무한 사람의 권리는, 글쎄요 낭만적인 것 아닐까요. (M기업 사장)

근로자 해고 〔……〕 이념적인 문제예요. 안 되면 줄여야지, 그리고 교육을 시켜서 다른 데다 쓸 수가 있으면 좋고, 안 되면 문닫을 수밖에 없다는 겁니다. 노동 시장이 유연해져야 서로간에 해이해지지 않습니다. 제일 걱정거리는 중간 관리자예요. 중간 관리자들이 할 줄 아는 것이 없어요. 결재만 할 줄 알아요. 내용도 모르고 올라오면 그냥 사인을 하면 다 됩니다. 여직원이 기안을 했으면 여직원이 한 게 그게 회사의 서류가 됩니다. 〔……〕 그런데 지금은 (정보) 시스템을 깔아놓고 시스템으로 관리하고 시스템으로 결재하라고 하니까 죽겠는 거예요. 그러나 시스템으로 뭘 했는지 다 아는 겁니다. 〔……〕 '여태까지 안 하고 잘 살아왔는데 내가 이 나이에 지금 와서' 하지만 이제 일자리가 없는 겁니다. 그러니까 해고하는 문제를 이념적으로 내가 이 회사에 들어와서 좋은 일도 했고 10년 20년 근무했는데 어떻게 쫓아낼 수 있느냐 이렇게 생각하는 인정주의적 의리는 경영 외적인 것입니다. 〔……〕 기득권으로 시간당 임금이 높은 사람들은 우선적으로 회사가 내보내게 되게 될 거예요. (P기업 부사장)

3) 해고와 해고 기준

1997년 금융 위기와 IMF 체제 이후 해고는 구조 조정의 산물로서 심각한 수준에 이르고 있다. 일본 경제의 장기 침체와 엔고로 1996년까지 지속적으로 실업률이 줄어들어 실업자 42만 5천 명, 실업률 2.0%이던 것이 IMF 체제 이후 급격하게 증가하여 1998년 실업자 수 146만 3천 명이며 실업률은 6.8%에 이르고 1999년 2월 실업자는 최고 178만 5천 명에 이르게 되었다.

〈표 4-12〉　　　　　　실업자 및 실업률 증가 추이　　　(단위: 천 명, %)

	1993년	1994년	1995년	1996년	1997년	1998년	1999년 2월
실업자 수	550	489	419	425	556	1,463	1,785
실업률	2.8	2.4	2.0	2.0	2.6	6.8	8.7

우리 경제 사회가 200만 명의 실업자 시대를 앞에 두고 뚜렷한 실업 대책도 없을 뿐만 아니라 기업에서는 명확한 해고 문화도 없는 듯하다. 노동 시장에서도 시장 경제의 틀이 강화되고 있으나 해고와 해고 기준은 기업가들에게도 아직 분명한 개념으로 정립되어 있지 않다. "참 하기 어려운 이야기지만 이제는 필요하면 해야 하는 게 아닐까요…… 아직 우리 회사는 그럴 필요가 없지만, (해고 기준은) 서로 합의해봐야지요"(T기업 사장).

기업가들에게 해고는 뜨거운 감자임에 틀림없다. 따라서 특히 해고 기준에 대한 명확한 인식이 없는 것이 특징이다.

경영을 하는 입장에서 보면 정리 해고는 당연히 자유롭게 해야 됩니다. 〔……〕 그런데 정리 해고의 기준이 어느 나라든지 논란의 대상이 되는 것 같습니다. 미국에서는 우선권이 있어서 나중에 들어온 사람 순서로 내보내거든요. 〔……〕 그런데 우리는 아직도 해고 문화가 본격화되지 않았으니까 그 기준을 일단은 정해가는 과정이 아닌가 하는 생각이 드네요. 〔……〕 효율이 떨어지는 사람, 성실하지 못한 사람을 먼저 내보내는 것이 옳지 않나 생각을 합니다. (R기업 부사장)

그러나 이번 면담에 응한 기업가들은 해고의 필요성을 강하게 인식하고 있다.

기업은 확실히 해고가 필요합니다. 우리가 왜 이렇게 많은 인원을 갖게 됐느냐 하면 거품 경제 때문이에요. 90년대 경쟁적으로 업종을 늘리고 투자했다 이거지요. 〔……〕 자금 부담 때문에 견디지 못하니까 우선 해야 된다 안 해야 된다 이전에 기업이 살려면 할 수밖에 없습니다. 그것은 당위이고 기준이라는 것은 효율의 정도이죠. 경쟁력이 있느냐 없느냐에 따라서 정리를 해야 하니까 결국은 나이가 많은 사람이 나가게 되고 능력이 부족한 사람이 나가게 되는 겁니다. 개인 기업은 적어도 능력이 있는데 '빽'이 없어 나가고 이런 건 없어요. (E기업 사장)

아주 민첩하고 날씬한 기업이라야 살 수가 있어요. 군살이 더덕더덕 붙어가지고 목표를 가지고 뛰는 것 이외에 여러 가지 것이 늘어나면서 행동이 느려지면 살아나지 못합니다. 〔……〕 일이 있으면 뽑고 일이 없으면 줄이고 해서 최적의 상태를 유지하는 회사가 많아지면 기업이 활성화되고 새로운 직업이 창조되고 그런 것이지요. (K기업 회장)

그런 점에서 해고 제한 정책은 잘못이라고 이들은 정부의 정책을 비판적으로 본다.

정부에서 구조 조정을 하라고 하면서 사람을 감원하지 않는 것이 좋다? 그럼 뭐 가지고 구조 조정합니까. 구조 조정하려면 노동자 쪽이 희생되어야 해요. 〔……〕 60년대에 방직 공장 했는데 그때 한 가족이 5, 6명이나 되어도 한 사람만 직장 다니면 그 가족은 먹고 살았어. 그래서 내가 100명을 거느리면 결국 500명을 거느리는 셈이라고 자부했어요. 〔……〕 나는 IMF가 오니까 다시 옛날로 돌아가는 거라고 느꼈어요. 그것을 현실적으로 긍정적으로 받아들일 줄 알아야 돼요. 〔……〕 일반 사람들은 IMF를 너무 우습게 보는 경향이 있는 것 같아요. 아직 IMF는 터널 속에도 들어가지 않았는데 사람들은 벌써 빠져나올 생각을 하고 있어요. (J기업 사장)

해고 기준은 능력과 성과이지. 평가하는 문제가 아직 명확하지 않아. 능력이 부족한 직원은 한마디로 '능력이 부족해서 해고다'라고 할 수 있어야 해요. 일 잘하는 사람은 보상하고 못하는 사람은 해고하는 제도가 되어야 합니다. (O기업 회장)

그렇지만 해고에 대해서는 대체로 신중한 의견이 지배적이었다.

가급적이면 근로자를 많이 데리고 가는 것은 좋지요. 〔……〕 가치가 그만큼 되지 않았을 경우 일부의 고통을 감내할 수밖에 없지요. 그런데 문제는 내가 뭘 잘못했느냐, 나를 왜 잘랐느냐, 그러는 사장 너는 잘했느냐, 이런 것들 때문에 그러는데 그것은 명확한 해답이 없어요. (H기업 부사장)

구조 조정한다고 사람의 수만 줄이는 게 능사가 아닙니다. 실업자가 대량 양산되면 사회 불안과 범죄가 늘어나고 사회 전체적으로 보면 훨씬 더 많은 부대 비용이 들어간다고 봅니다. 급여를 조정하든지 근무 시간을 조정해서 실업자를 최소화하여 사회적 책임을 다해야 합니다. (X기업 사장)

마치 해고만이 구조 조정의 모든 것인 양 하는데 내가 보기에는 해고는 (순서상으로) 구조 조정의 한참 밑 단계예요. 〔……〕 기업이 생존을 위한 다른 노력들을 한 다음에 마지막에 해야 될 것입니다. 얼마든지 절감하고 얼마든지 효율을 높일 수 있는 부분이 어마어마하게 많고, 쓸데없이 낭비되고 버려지는 부분이 얼마나 많은데, 그런 것이 회사의 운명이 달린 재무 구조를 건실하게 할 수 있는데 〔……〕 직원을

자르는 것은 더 이상 아무데서도 줄일 수 없을 때 어쩔 수 없이 하는
거죠. (Q기업 사장)

IMF 체제 이후 구조 조정 등으로 실업률이 지속적으로 악화되고
있으며, 〈표 4-13〉에서 보면 1999년 들어 20대의 실업 비중이 줄어드
는 대신 30~50대 가장의 실업 비중이 증가하고 있다.

〈표 4-13〉　　　　　　연령 계층별 실업자 추이　　　　(단위: 명, %)

	10대	20대	30대	40대	50대	60대
1998년 2월	9만(7.6)	49만(39.4)	29만(23.2)	21만(17.1)	12만(9.4)	4만(3.3)
1999년 2월	12만(6.6)	59만(33.2)	46만(25.7)	35만(19.7)	21만(11.5)	6만(3.3)

이런 관점에서 보면 실업은 심각한 사회적 문제로 대두하기 때문
에 신중해야 한다는 생각을 기업가들은 하고 있다.

　기본적으로 해고라는 것 자체는 기업으로서 제일 마지막 수단이에
요. 경영이 어렵더라도 가급적 해고하지 말고 다른 수단을 동원하여
생산성을 올리거나 원가 절감을 한다든지 하는 식으로 해서 극복하면
좋지요. 그게 정말 어려울 때 해고를 해야 될 거고요. 〔……〕 외국에서
는 아주 일반적으로 경영 사정이 악화되면 CEO가 해고 수단을 쓰는데
그런 식으로 남용하는 것은 우리 한국 사회에서 아직 곤란하지 않느냐
생각해요. 기업 스스로 고용 안정을 위해서 노력해야 할 의무가 있고
특히 우리 한국 사회에서는 가장이 가계를 책임지고 있다고요. (L그룹
상무이사)

또한 해고 방법도 훨씬 더 신중해야 한다.

대외적으로 명예 퇴직이나 해고를 많이 안 하고 있으나 실제 해고를 안 시킨 것이 아닙니다. 〔……〕 동양적인 합리성에 바탕을 두고 거기에 조직의 구성원들과 가능한 합의를 형성해서 뜸을 들여서 다운사이징 downsizing하고 인력을 슬림화시키는 것입니다. 그런 뜸을 들일 여유도 없이 그냥 칼로 자르듯이 해고해버리는 것과는 차이가 있을 뿐입니다. 〔……〕 인간 존중의 경영에 입각해서 노사 문제, 정리 해고 문제를 생각해본다면 최대한도로 그 사람들과 합의하는 것이 서양적 합리성과 다르지요. 〔……〕 열 명 있는 중에 두 명이 지금 불필요하면 두 명을 어떻게 아주 명예롭게 물러나게 만들어주느냐, 여건을 마련해주느냐 하는 것입니다. 물론 서운하고 불만도 있겠지요. 그러나 그래도 최선을 다하려고 한 것 그 차이지요. (S기업 前회장)

부실 기업을 정리할 때 일정 요건에 드는 사람들만을 받아들여야 하니까, 정리 해고라는 측면보다는 본인이 알아서 나갈 수 있는 기한을 좀 주지요. 나가는 사람에게는 위로금을 주거나 독립해서 나가겠다는 사람에게는 사업을 아웃소싱 outsourcing해서 길을 찾아주고 있습니다. (C기업 본부장)

법으로 규제하는 것은 기업이 갖고 있는 자율을 제한하는 것인데 해고 같은 부분은 기업이 사회적 평판을 신경쓰고 종업원이 갖고 있는 사기도 신경쓰고 또 동시에 기업의 이윤을 올려야 하기 때문에 남용할 수 있는 가능성보다 더 잘해야지 하는 민감한 부분입니다. 물론 이러한 갈등하는 목표들 사이에 어떻게 조화를 추구하여갈 것인가 하는 문제가 발생하고 여기에 기업이 가진 철학이나 문화가 영향을 미치고요. 〔……〕 지금 해고가 많이 되어 실직자가 많아 사회 문제가 되고 있는

데 이 문제를 해결하는 것은 신규 고용이 창출되는 것밖에 없습니다. 기존 기업 중에서 신규 고용을 하려는 업체는 해고를 해선 안 된다는 것이 정부나 법의 방침입니다. 〔……〕 사람을 잘라내면서 새로운 사람을 쓴다면 해고 회피를 위한 책임을 다하지 못한 것으로 보거든요. 〔……〕 그래서 기존 기업은 새로운 고용 창출을 전혀 기대할 수 없고 새로운 기업이 나와서 고용 창출을 해야 되지만 그게 쉽지 않습니다. 그러나 기존 기업도 경쟁력을 자꾸 회복하기 위해서는 기존 인력을 조정하고 새로운 인력을 써야 인력 운용을 할 수 있습니다. 그런데 법적 제한이 있기 때문에 그렇게 못 하고 있는데 지금 대학 졸업자들의 실업 문제가 굉장히 심각합니다. (중소기업 M기업 사장)

그러나 해고가 불문율처럼 금지된 사회 문화 속에서 해고 기준은 좀더 기업 구조와 사회 구조 전반의 문제로 연관되는 것으로 보인다.

해고 기준에서도 부가가치가 중요할 수밖에 없는데 문제는 그 다음의 기준이 무엇이냐 하는 것이 더 중요한 것 같아요. 〔……〕 지금까지는 한 번도 해고를 생각하고 사람을 뽑거나 조직을 생각한 경우가 없는데 이제는 그것을 최우선으로 두려고 합니다. 어떻게 조직을 꾸려가는 것이 해고를 피할 수 있느냐 하는 생각을 하다보니까, 인력의 아웃소싱이라는 것을 상당히 중요하게 생각하고 있어요. 그래서 해고 기준이 뭐냐 하는 것보다는 어떻게 하면 해고를 안 시킬 것이냐 하는 것이 더 중요하다고 봐요. (F기업 회장)

제5장

IMF 시대 이후의 사회 환경

기업 엘리트는 시장 영역의 주된 행위자이므로 이들이 IMF 시대 이후 정치나 시민 사회 영역에 어떤 역할과 기대를 하고 있는지 살펴 보는 것은 매우 의미 있는 일이다. 여기서는 특히 기술 혁신을 위한 사회적 네트워크, 정부의 역할 그리고 노동조합과 기업가 단체에 대한 기업가들의 의견을 기술하고자 한다.

1. 기술 혁신의 사회 체제

금융 위기와 IMF 체제 이후 과거의 외형적 성장을 반성하고 기술 혁신을 주축으로 하는 지식 경영을 통해 기업 경영의 내실을 다지는 일은 가장 큰 관심사이다. 특히 21세기 지식 정보 사회를 맞이하여 지식 정보의 고도화는 기업 경쟁력의 초석이 되기 때문이다. 그러나 이러한 지식 경영은 기업 내 기술 개발 체제의 구축과 함께 훨씬 더 넓은 사회적 기술 혁신 기반 또는 지식 기반의 구축을 요하는 일이 다. 기술 혁신 체제를 단위 기업 수준에서 내부화하는 것은 상품화에 좀더 용이하고 신속하게 시장에 대응할 수 있는 장점이 있으나, 직접 상품화하기 어려운 기초 연구나 기초 응용 연구가 어려우며 또한 제조 기술을 넘어선 기술 수준이 높은 상품화 기술 연구가 소수의 대기업을 제외하고는 불가능하기 때문이다. 따라서 앞으로 변화된 국제적 경제 상황에서 지속적인 경제 성장을 이룩하기 위한 경쟁력을 갖추기 위해서는, 〈그림 5-1〉에서 요약한 것과 같이 기술 혁신과 관련된 다양한 사회 제도 기관들과의 상호 연계성을 높여 각각의 특성을 최대로 활용하고 공정하고 투명한 자원 배분을 수행할 수 있는 국가 기술 혁신 체제를 구축하는 것이 중요하다.

〈그림 5-1〉　　　　　국가 기술 혁신 체제의 상호 연계

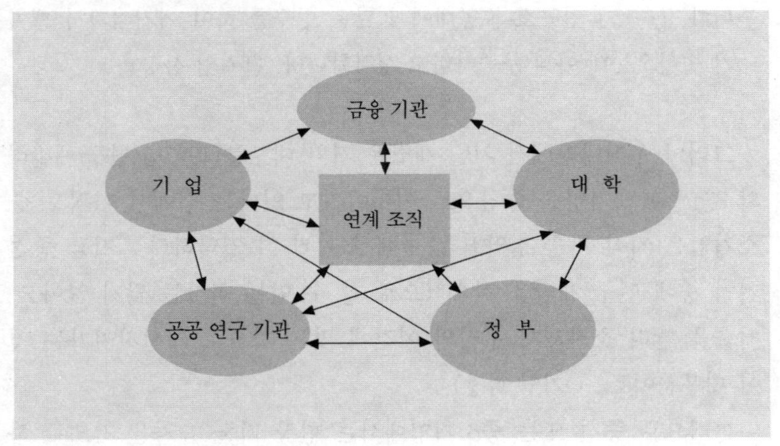

I. 기업 내 기술 개발 체제

우리나라 기업에서는 지금까지 주로 기술 도입에 의하여 압축적 성장을 이룩하면서 기술 도입에 익숙해졌고 자체 개발은 손해라는 시각이 지배적이었다. 그러나 이제 국내 경제 규모의 성장과 국제적 환경의 변화로 인하여 자체 기술 개발의 필요성이 매우 강하게 제기

되고 있다. 우리나라 기업은 성숙기에 접어들어 훨씬 더 지식과 기술의 집약도가 높은 산업으로 전이되어야 한다는 것이다. 아직도 현장 기술을 중심으로 한 대량 생산 체제에서 한 차원 높은 지식 기술 산업으로 이행해가기 위해서는 기업 내뿐만 아니라 전사회적인 기술 혁신 체제를 구축하는 것이 필요하게 된 것이다. 이런 관점에서, 우리나라의 대표적인 제조업체인 T기업 사장은 그러한 현실을 다음과 같이 표현하고 있다.

> 우리 회사의 생산직 근로자는 대단히 우수하여 생산 기술에서는 우수하지요. 그런데 오랜 연구를 통해서 만들어내는 그런 부분이 취약합니다. 〔……〕 연구소나 공대에서 많은 연구를 하여 여기저기서 맹아가 솟아오는데 아직 부족하다고 생각합니다. (T기업 사장)

그러나 우리나라에서 기술 개발은 거의 대부분(1997년 연구 개발비의 87.7%) 대기업을 중심으로 이루어지고 있다는 점에서 아직도 중소기업은 지식 기술 집약화 측면에서 훨씬 더 열악하다. "지금 중견 기업 중에 연구 개발을 지속적으로 할 수 있는 회사는 많지 않아요. 기술을 빨리 소화해서 우리의 여건에 맞는 기술로 개선시켜가는 것이 대부분이죠"(O기업 회장).

그러므로 중견 또는 중소기업에서는 현장 기술 습득을 기초로 하여 기술 습득과 개선 전략을 취하고 있다.

> 산업의 역사가 짧아서 짧은 동안에 고속 성장을 하면서 자체 개발하면 항상 손해를 본다는 개념이 꽉차 있죠. 기술을 외국에서 도입하든지 스카우트해서 뺏어온다든지 하는 개념이 사실은 앞서 있습니다. 〔……〕 부품을 기본적으로 설계하고 개념적으로 창안을 해내는 능력

은 일본에 비해 50~100년 떨어져 있어요. 그래서 가장 간단한 라디오
인데, 핵심 부품은 다 들여오고 〔……〕 일본하고 기본 부품을 설계하
고 레이아웃layout에 있어서 천지 차이가 나지요. 내부 설계는 아예
따라갈 꿈도 못 꾸는 거예요. (R기업 부사장)

설계 기술은 많이 떨어지지요, 생산 기술은 좀 낫지만. 현재는 시간
적으로나 내용적으로 빨리 (도입된 기술을) 소화해서 그 속에서 개선
해나가고 있습니다. 〔……〕 우리는 (기계 제조 부분이어서 그러는지
는 모르겠지만) 중간 기술middle-tech을 지향해야 한다고 생각합니
다. (F기업 회장)

이러한 여건 때문에 기술 개발뿐만 아니라 외국의 기술을 적절하
게 도입하여 사용하는 것도 매우 중요하다는 인식이 강하다. 국내 기
업에서 폐쇄적으로 자체 기술을 개발하는 것은 무의미하며 오히려
기술을 도입하고 국내 기업간의 기술 시장을 형성하여 융통성 있는
기술 혁신 체제가 되어야 한다는 지적이다.

기술 도입을 해야 돼요. 요새 남의 걸 훔쳐다 제품을 만드니까 크게
성공을 못 하는 거야. 당당하게 돈을 주되 실력을 키워서 그걸 내 걸로
만들겠다 그래야지. 일본처럼 외국의 기술을 착실하게 배운 다음에 그
걸 우리 걸로 만들어야 되는데 대충 배워와서 대충 하니까 실패하는
거야. (U기업 사장)

지나치게 우리 기술의 개발을 고집하는 것도 경제 발전에 도움이
되지 않는다는 견해를 표명하고 있다.

　지나치게 내 기술을 나 혼자만이 해야 한다는 생각이 강한데, 그게 결국은 전체의 발전을 더디게 합니다. 〔……〕 서로 경쟁을 해서 기술도 남의 기술을 자꾸 돈 주고 사서 쓰는 사람이 많아야 경쟁적으로 기술이 막 발전합니다. 그런데 우리나라는 그것이 너무 폐쇄적이기 때문에 결과적으로 기술의 발전을 저해하고 있어요. 외국의 경우 전문 연구소가 많거든요. 연구소가 많아서 기업이 자기가 다 기술진을 데리고 있지 않고 특정 분야에 따라 연구소들에게 하청을 주고 기술을 받아오고 자꾸 이렇게 하거든요. 〔……〕 기술에 대한 시장이 성립되어야 합니다. (H기업 부사장)

또한 우리나라의 기술 여건과 지식 정보 기반이 아직 부족하기 때문에 현실적으로 외국에 연구소를 세우는 것이 더욱 효과적이라고 생각하는 기업가도 있다.

　장래 이태리나 불란서 현지에 우리 디자이너들을 양성하고 정보도 얻을 수 있는 연구소를 하나 갖는 것이 우리나라에 세우는 것보다 낫지 않느냐 생각합니다. 기술이 있는 곳에서 기술을 얻어오고 사람들도 거기에 나가서 실제로 창의력을 키울 수 있는 것이 필요하다는 생각을 하지요. 저희 업종 같은 경우에는 국내에 연구소가 있다고 연구가 되는 것이 아닌 것 같아요. (V기업 회장)

여하간에, 우리나라 기업은 이제 기술 혁신을 기반으로 고도화하지 않으면 안 되는 상황에 놓이게 되었음은 인정해야 한다는 것이다.

　기술도 성격에 따라 독자적으로 개발해야 할 것이 있고 도입하는 것도 있을 것입니다. 그러나 기술보호주의가 심해지는 상황에서는 돈이 들더라도 꼭 필요한 기술은 독자 개발할 수밖에 없어요. 그러나 하다못해 신약 개발 하나 한다 해도 1조 원 이상이 들어가잖아요. 기술 개발 투자가 리스크가 크기 때문에 정부에서 지원해주고 기업간에 전략적 공동 연구가 필요하고 외국 기업을 M & A 하든가 벤처 기업에 투자해서 기술의 잠재성을 보는 것 아닙니까. (L그룹 상무이사)

기초 기술 자체는 선진국에 비교해서 엄청난 격차가 있고 응용 기술은 부분적으로 선진국을 따라잡기도 하고 떨어지는 부분도 있지요. 단지 생산 기술은 우리도 거의 90% 이상 근접한 그런 수준이지요. 기술이라고 반드시 첨단 기술만이 중요한 것은 아니라는 거지요. 그 기업만이 가지는 독자적인 기술 즉 차별화된 기술이 중요하지요. 어차피 우리가 가지고 있는 자원의 한계가 있으니까 우리가 할 수 있는 분야에 기술 개발력을 집중하여 차별화시키는 것이 유리하다고 생각하죠. (L그룹 상무이사)

따라서 범세계적인 기술 시장에서 부분적으로 기술을 도입하고 상호 교류하는 것도 중요하지만 그럼에도 불구하고 우리나라는 이제 자체적으로 기술 혁신을 하지 않으면 안 되는 경제적 단계에 와 있다는 인식이다.

자동차고 전자고 간에 현장 생산 기술 면에서는 선진국에 비해 전혀 떨어지지 않습니다. 그런데 자연과학이나 기초 연구 부분에서 근원적으로 우리가 떨어지죠. 그런 부분을 돈 주고 사와야 되지만 점점 기초 연구에 의존하는 기술이 중요해지고 단순한 현장 기술이나 응용 기술만 가지고 기업을 운영할 수 없는 단계인 것 같아요. (D기업 사장)

이제 한국 기업도 기술에 대한 필요성을 느끼고 기술에 대한 투자를 하는 단계까지 와 있습니다. 지금도 기초 과학의 필요성 같은 것은 아직도 일반 기업에서는 안 느낀다 말이야. 즉 화학 · 생물에서의 인센티브가 돈을 만들어낸다고 생각하지 않아요. 반도체 기술도 찾아내고 신소재 기술도 찾아내야 산업화되어 있지 않은 새로운 기술이 필요하다고 느끼고 그러다보면 과학이 필요하다는 것을 느끼게 됩니다. 단계는 그렇게 옵니다. 기술이 필요하다고 느끼면 상품화의 시간이 자꾸 단축되니까 결국 과학을 찾는 것이지요. (K기업 회장)

기초 과학과 응용 연구에 관련한 기술 개발 사이클의 중요성에 대해 다음과 같은 주장은 인상적이다.

기술이라는 것은 기초 과학의 깊이가 있어야 거기서 기술이 일어납니다. 남이 주는 기술을 가지고는 생산을 해봐야 경쟁에서 이기기가 어렵고 더욱 자기의 원천 기술이 없이는 앞으로는 어렵지요. 그런데 우리의 딜레마는 자연과학에 기초를 두어가지고 여기에서부터 연구해서 우리의 오리지널한 기술을 가지려면 속도도 시간도 맞지 않는다는 것입니다. 그래서 〔……〕 국가적으로 과기처를 통해서 기초 과학에 우리가 개발해야 되는 한정된 분야를 정해서 집중적으로 국가가 투자해서 개발하고, 사기업들은 자기 자신의 연구소를 통해서 자기 영역을 개발하는 것, 외국에서 기술을 도입한 것, 외국의 연구소와 공동 개발한 것, 이런 여러 가지 다각적인 기술 개발 네트워킹을 통해서 개발해내는 길밖에는 도리가 없습니다. 〔……〕 선택적으로 (기술 과제를 선정)하고 넉넉하지 못한 우리 연구소의 한계를 보완하기 위하여 외국 기술 도입과 기술 제휴, 개발 제휴, 또 필요하다면 외국 기업을 사기까지 해야 합니다. 〔……〕 이러한 다각적인 전략을 구사해야 기술 개발이 잘되고 어떤 것이든 독창성originality이 없는 상품은 전혀 경쟁이 안 됩니다. 옛날에는 지역적·국가적 벽이 있어서 최고품이 아니래도 팔렸으나 시장이 계속 개방되어가기 때문에 아주 독창적인 제품이 아니면 경쟁이 되지 않습니다. (S기업 前사장)

그런데 기초 과학에서 직접 기술을 끌어내는 것은 쉬운 일이 아니다. "기초 과학에 대한 투자를 해야 산업이 발전한다고 하지만 〔……〕 과학이 산업에 어떤 영향을 미쳤느냐 등을 분석해볼 것 같으면 그렇게 많지 않을 것입니다"(K기업 회장). 각 산업 분야별로 기술 혁신 등 지식화는 차이가 있다.

우리나라는 당분간 제조업 기반을 위주로 해서 지식화해갈 것이지만 분야별로 많은 차이가 있지요. 기술 혁신을 하여 지식 산업을 창출한다는 것은 교육 시스템에서부터 모든 것이 변화되어야 하기 때문에 장기간 걸리겠지만 패션 산업 같은 곳은 그 동안의 노하우에 창의성과 문화적 역량을 동원하여 비교적 빨리 지식 산업으로 들어갈 수 있는 방법이 있는 것 같아요. (V기업 회장)

또한 기술 개발의 효율성을 높이기 위해서는 산업 분야별로 그리고 기업 내에서 정보 공유가 필수적이며, 연구 역량을 집중화하는 것도 필요하다고 한다.

기술 개발을 하는 데 정보의 공유가 안 되는 것이 가장 큰 문제이지요. 무슨 공부를 한다면 개인 도서관 차려놓고 하고 무슨 연구를 한다면 처음부터 끝까지 자기가 다 해야 된다고 생각합니다. 또한 관료주의도 문제이지요. 선진국에서는 연구하는 사람들이 굉장히 자유롭습니다. 무엇을 하건 결과만 내면 되는데 우리나라에서는 수시로 보고서를 내고 점검받아야 되고 그것이 비능률이지요. (N기업 사장)

반도체를 연구하는데 LG, 현대, 삼성 모두 몇백여 명의 독자적인 연구소를 만들어 전혀 정보 교류도 없고 연구 요원도 교류하지 않고 있습니다. 미국의 벨 연구소는 연구 인력이 2만 5천 명이나 되어 하나의 개발에 집중 투자하고 있어요. 경쟁이 되겠습니까? 힘을 분산할 것이 아니라 집중해야 합니다. (X기업 사장)

뿐만 아니라, 기업 엘리트들이 볼 때, 우리나라는 기술 분야의 핵심 인력인 연구 개발 책임자의 능력이 기본적으로 부족하며, 그러한 연구 개발 책임자들의 관료화도 문제가 심각하다.

기술 분야에서 시니어senior 리더들이 부족해요. 이분들이 큰 흐름을 알면서 방향을 제시해줘야 하는데 〔……〕 지금은 기술 개발에서 약간의 편차를 가지면 헛수고하는 경우가 많아요. 전망과 기술 전체의 흐름에 관한 감각을 가진 사람들이 절대적으로 필요해요. (N기업 사장)

그만한 기술을 가진 엔지니어를 한국에서 고용하면 비용이 높습니다. 〔……〕 외국에서는 뛰어난 엔지니어도 작업복을 입고 직접 일을 합니다. 〔……〕 같이 연구하고, 팀의 일원이고 직책상 책임을 가진 거지 사람을 관리하는 사람이 아니라 이거지요. 그런데 우리나라에서는 연구소도 가운 입고 연구하는 것보다는 관리하고 사인하는 이런 것이 책임자의 중요한 일이라고 생각을 하지, 프로젝트에 참여해서 같이 머리를 맞대고 일을 하는 것은 익숙지 않아요. 외국에서는 잘하던 사람도 왜 한국에 오면 그러지 않느냐? 사농공상 뿌리깊은 사상이 아직도 있고 서열에 입각한 일을 해야만 대접을 받는다 이거지. 〔……〕 문화의 차이일 텐데 말입니다. (E기업 사장)

우리가 만난 기업가들이 보기에, 기술 혁신을 내포하는 지식 경영을 위해서는 기업 지배 구조가 그에 걸맞게 변화되어야 한다는 것이다. "문어발식으로 다업종의 재벌 기업과 하청 형태의 중소기업이 아닌, 전문 영역별로 중견 기업이 더 많이 커야 한다고 생각합니다. 좀 더 다양한 분야의 전문 영역에서 기술을 개발하여 세계 시장을 상대하는 그런 중견 기업이 말입니다"(V기업 회장).
그리고 무엇보다도 이들이 아쉬워하는 것은 산학연 연계가 취약하여 기술 혁신이 뒤지고 따라서 경쟁력이 떨어진다는 점이다.

대기업이나 중소기업이나 할 것 없이 기초 과학을 해서 그걸 상품화를 하거나 부가가치를 내겠다는 것은 참으로 어려운 일입니다. 그럼 그런 기술을 다른 데서 가져올 수 있게 항상 사회가 준비가 되어 있어야 합니다. 그것이 대학의 역할이 아닐까요. 기업이 해야 할 일은 기초 기술에서 상품성을 발견하고 그 다음에 시장에 소개하고 고객 만족을 시키고 하는 것이죠. (M기업 사장)

학술과 기술과 예술을 삼위일체시키지 않으면 산업이 안 돼요. 우리나라 신발 산업이 전세계를 휩쓸다가 왜 망했느냐? 그냥 공업 기술만 가지고 신발을 만드니까 임금 비싸고 스트라이크하고 해서 OEM 하던 사람이 손을 떼니까…… 거기에 예술성과 학술성이 가미되었더라면 나이키, 아디다스 같은 좋은 브랜드 상품이 나올 수 있는데…… 예술하는 사람, 학술하는 사람이 기술을 가진 사람을 도와줬어야 더

부가가치 제품을 만들 수 있는데 말이에요. (U기업 사장)

II. 산학 협동

기술 혁신은 관련된 여러 사회 제도의 상호 분업적 구조를 통해 선순환적으로 이루어져야 한다. 특히 산학 관계는 기반 기술을 근거로 기술 개발 능력을 제고하는 데 핵심적인 부분이다. 따라서 학계가 기초 기술을, 정부 연구소가 응용 기술을, 그리고 기업체가 상품화를 담당하는 분업의 방향으로 나아가야 한다는 것이 우리가 면담한 기업 엘리트의 기본 인식이다.

산학연 협동은 현장을 중심으로 되어야 한다고 생각합니다. 현장 사람들과 자주 함께하는 것이 정보 교환 아니겠습니까? 〔……〕 우리 나라 연구소의 연구원들이 대학을 선호하는데 그래도 연구소는 현장에 가깝고 대학은 새로운 기술의 흐름이라든가 첨단 기술의 동향이라든가 하는 것들을 피드백시켜주고 여러 기술 세미나가 열리고 하여 정보 교환의 한 축을 이루고 있습니다. 〔……〕 그러나 모든 연구 인력을 회사에 두는 것은 어려울 때 바람직한 것이 아니라고 생각합니다. 아웃소싱 outsourcing해서 외부 연구 기관과 협력하는 것이 필요합니다. (T기업 사장)

기업이 기초 연구나 기초 응용 연구를 담당할 수 없기 때문에 연구 개발의 흐름이라는 측면에서 산학 협동이 중요할 뿐만 아니라 대학이 박사 인력의 75.7%(1997)를 보유하고 있기 때문에 대학의 연구 인력을 활용하기 위해서도 매우 중요한 의미를 지닌다.

기업체 연구소가 기본적으로 중심이 되어서 기술 중 이론적인 부분이나 기초적인 부분은 대학이나 공공 연구소가 지원해주는 등 유기적인 협력 체제가 필요하지요. 누가 우위에 있다기보다는 어차피 최종 제품을 만들어내는 기업체 연구소와 기업 현장을 지원하는 체제 아니겠어요. (L그룹 상무이사)

〈표 5-1〉　　　　1997년 연구 기관별 연구원의 학위 구성비

	연구원 총수	시험연구기관	대 학	기 업 체
연구원 총수	137,506명(100%)	14,253명(10.4%)	48,588명(35.3%)	74,665명(54.3%)
박사 연구원	37,676명(27.4%)	13.5%	75.7%	10.8%
석사 연구원	49,540명(36.0%)	13.7%	39.0%	47.3%
학사 연구원	45,540명(33.1%)	5.0%	1.6%	93.4%
기타 연구원	4,729명(3.5%)	3.0%	1.0%	96.0%

그렇지만 기업가들에게는 현재 우리나라의 산학 협동이 반드시 만족스러운 것은 아니다.

산학 협동을 해보면 연구소의 입장에서 해주는 것과 실제 기업에서 원하는 것이 차이가 있는데 그러한 중간 영역을 어느 쪽도 담당해주지 못하는 경우가 허다하다. (F기업 회장)

만족한다고 할 수도 없고 불만이랄 수도 없어요. 도움을 받긴 받는데…… 연구 성과를 평가하는 시스템들이 안 되어 있는 것 같아요. 〔……〕 연구 기금을 교수들에게 몇천만 원 주고 그러는데 성과라는 측면에서 보면 빈약한 거예요. 〔……〕 (정부 연구소에 갔더니) 특허가 400건이 있는데 막상 보면 하나도 돈 될 건 없더군요. 즉 가치가 없으니 안 하죠. (G기업 회장)

또한 학계의 연구가 명확한 책임 부담을 가져야 할 뿐 아니라 상품
화할 수 있는 연구를 하여야 하며 상품화 과정에서 나오는 문제까지
를 인식해주기를 바라는 듯하다.

대학과 국책 연구소를 경험해봤는데 상당히 도움이 되는 측면이 있
습니다. 그런데 기업 입장에서 그걸 가져다가 상품화하는 그러한 목적
도 함께 공유해서 협조가 이루어져야 합니다. 예를 들어 계약서를 작
성할 때 어떤 정도의 질quality을 가진 결과물output이 언제까지 나올
것인지, 그게 안 됐을 때 어떤 책임을 서로 나눌 것인지 하는 영역이
굉장히 불투명합니다. 〔……〕 결국 가서는 상품화와 연결되는 데 한
계가 많고…… 그래서 많은 기업들이 산학 공동 연구를 한다면 여유
있을 때 기부한다는 셈치고 하는 거거든요. (M기업 사장)

산학 협동이라고 하지만 학계에서는 내가 해야 하는 것을 분명한
한계를 가지고 연구를 하면 분명한 결과가 나오는데 두루뭉실하니까
하다보면 복병이 걸리는 거예요. 기업체가 연구 결과를 받아놓고서 이
것은 도대체 시장 현실에 안 맞는 것이기 때문에 학계는 현실성이 떨
어져 못 하겠다. 현실성이 왜 학계의 책임입니까? 현실은 기업의 책임
이지 〔……〕 그것은 주문을 준 사람의 잘못이에요. (H기업 부사장)

기술 변화가 워낙 빠르다보니 부문별 표준이 속속 정해져버립니다.
예를 들어 컴퓨터의 자판이 불합리하다고 해서 가장 합리적인 배열을
우리가 설사 개발한다고 하더라도 이미 세계의 표준이 정해져 있지 않
습니까? 그러한 부분이 굉장히 많습니다. 그래서 우리나라에서 연구
소나 대학에서 세계 몇 번째라고 개발했다 하지만 막상 사업화되어 팔
리고 수출하고 하는 경우는 손가락으로 꼽을 정도지요. (F기업 회장)

　　그러나 이러한 이론과 실제의 괴리를 메우기 위해서는 학계의 연구를 소화시키고 발전시킬 수 있는 기업 내 연구 개발 체제를 갖추는 것도 필요하다. 거기에는 최고 경영자의 자세가 매우 중요한 요소임을 지적하는 목소리도 있었다.

　　(기초 기술, 응용 기술, 현장 기술 등) 기술을 나눠서 생각하는 것은 잘못입니다. 기업에서 보면 공학 박사가 아닐지라도 그 회사의 사장이 연구 개발의 총책이라는 사실을 알아야 합니다. 〔……〕 자기는 빈둥빈둥 놀면서 박사학위 연구소 소장만 하나 앉혀놓으면 되는 게 아닙니다. (U기업 사장)

Ⅲ. 대학 개혁

　　기업의 관점에 볼 때 대학은 대학이 가진 연구 인력을 적극적으로 활용하여 기업 내 연구 능력을 보완하는 연구 협력 혹은 산학 협동이라는 좁은 시각에서뿐만 아니라 국가적인 차원의 고급 인력 양성이라는 점에서 중요하다. 사실, 기업은 아직도 대학을 연구 기능의 측면보다는 인력 양성(교육)이라는 측면에서 더 중요시하고 있다. 대학 졸업자는 기업에 가장 핵심적인 관리 능력과 기술 능력을 제공해주기 때문이다. 그러나 〈표 5-2〉에서 보듯이 대학 졸업자의 취업률은 1990년대 들어 지속적으로 증가하여 1996년 4년제 대학 졸업자의 63.3%, 전문대 졸업자의 78.2%에 이르렀으나, 금융 위기와 IMF 체제 이후 급격하게 감소하고 있다. 이러한 낮은 취직률은 앞으로 당분간 크게 반전되지 않을 것으로 보이기 때문에 대학 인력에 대한 새로운 시각으로 기업이 대학 교육에 대한 요구를 더욱 강화할 것으로 보인다.

〈표 5-2〉　　　　　　　　　대학 졸업자의 취업률 추이

	1993	1994	1995	1996	1997	1998	1999(추정)
전문대 졸업자	72.5	68.8	74.2	78.2	75.5	66.3	59%
4년제 대학 졸업자	54.0	56.4	60.9	63.3	61.8	50.5	42%

이런 이유로 대학에 대한 기업가들의 인식을 살펴보는 것은 대단히 중요하다. 우선, 기업가들이 보는 견지에서는 대학은 가까이하기에는 먼 존재인 듯하다. 대학 교육이 너무 현실과 유리되어 있다는 것이다.

우리나라 대학은 산업 현장하고 너무 떨어져 있어요. 그러니까 산업 현장이나 사회에서 필요한 사람들을 대학이 공급해주어야 하는데 [……] 일류 서울대 학생도 데려다가 3년 훈련시키지 않으면 안 돼요. 그 동안에는 복사나 하고 그러고 있는 거지. 조금씩 바뀌어가는 것 같지만 아직도 좀 그래요. (T기업 사장)

대학에서 기업이 요구하는 수준의 직업 훈련을 시킬 능력이 없는 것 같아요. [……] 생산 관리를 가르치는 교수가 한 번도 우리나라 생산 현장을 안 가보고 가르친다 이겁니다. 외국 이론이 전혀 맞지 않아요. 최적 생산을 바라는 건지 최고의 생산을 바라는 건지…… 그런 개념이 현장에 소용없는데 가르치면 뭐 하냐 이거예요. 그러니까 우리나라 산업 현장은 이런 거다라는 최소한의 성찰은 있어야 되죠. 그래서 우리 기업이 요구하는 것은 학교에서 훈련시켜서 기업에 보내달라 합니다. 오랜 기간 학교를 다녔어도 회사에 들어오면 우리도 엄청난 돈을 쏟아붓는다는 사실 때문이에요. (E기업 사장)

따라서 현실과 접목되는 대학 교육이 필요한데, 여기에는 교육 내용뿐만 아니라 교육 체제도 문제라는 것이다.

학문적인 강의하고 실제 실무적인 것과는 상당히 차이가 나요. 학문적으로 배운 것을 그대로 접목시키려면 그대로 안 되는 경우가 너무 많아요. 실무하고 학문하고 겸한 강의가 필요합니다. 예를 들어 박사 학위 받으시고 현장에서 1, 2년 실습했을 때 가능하다고 봅니다. 학문만 가지고 아무리 강의를 해도 실제 기술진들, 현장에서 일하는 경우를 보면 비능률적인 경우가 많아요. 그렇게 되면 안 되지요. (I기업 부사장)

사회에서는 벌써 사양화돼서 아무것도 없는 것이 많은데 학교에서는 아직도 학과가 남아 있다는 신문 기사를 보았어요. 우스꽝스러운 일이지요. 대학교가 결국은 사회인을 양성하는 곳이라 할 때 달라져야 하지 않겠어요. 〔……〕 2년짜리 칼리지 정도의 교양 수준과 교육을 가르치는 학교가 필요한 것 같아요. 칼리지가 특수 기능인을 만드는 전문대인 것처럼 되어 있는데, 그와 달리 여자 교육을 위한 〔……〕 여자들이 취직할 생각도 없고 시집가기 위해서 쓸데없이 4년제 나와서…… (P기업 부사장)

요는, 사회에 필요한 대학 교육이 되어야 한다는 견해가 우세하다.

미국의 대부분 대학은 주립 대학인데 이는 지역 사회에서 필요한 걸 가르치고 지역 사회에 필요한 기술을 가르치고 필요한 예술을 합니다. 백 년 후 우리나라가 제대로 되고 싶다면 지금부터 시작하자, 너무 성급하게 굴지 말자, 내 임기에 빛을 보려고 하지 말자 이래야 합니다.
(U기업 사장)

대학은 박사들의 95% 정도가 있어 대단히 중요합니다. 〔……〕 그
런데 거의 쓸모 있는 인간을 못 길러내고 있어요. 그러니까 기업에서
쓰려면 대학 졸업생을 전부 재훈련시켜야지 그것 가지고는 아무데도
못 써요. 절박함이 없어서 그런 것 같아요. 대학 교수들이 너무 편하고
노력할 필요가 없는 거지요. 그것이 잘못이에요. 왜 대학 교수들이 산
업하고 전혀 관련을 맺지 않느냐? 이유는 여러 가지지만 그 하나는 대
학 교수를 논문으로 평가하는 평가evaluation 시스템이에요. 평가 시
스템을 바꿔서 논문을 쓰는 것도 중요하지만 적어도 방학에 월급을 그
냥 주지 말고 산업과 공동 연구도 하게 하고 〔……〕 그 다음에는 대학
졸업생을 만드는 교육 시스템에 있어 대학 교수는 마케팅 연구
marketing study를 안 합니다. 세상에 물건을 만들어 내보내면서 마케
팅 스터디를 안 하는 것은 대학 교수뿐이라고요. (K기업 회장)

결국, 대학이 수요자를 중심으로 경쟁 체제로 운영되었으면 하는
바람을 표명하는 셈이다.

대학에도 경쟁이 도입되었으면 합니다. 한번 교수는 영원히 교수가
된다든지 입학하면 졸업이 보장된다든지 하는데 경쟁이 없는 조직은
발전이 없다고 생각합니다. 다음은 대학을 평준화시키려고 하는데 그
것은 난센스입니다. 어차피 앞으로 역사를 이끌어가는 것은 소수의 창
조적인 엘리트 계층일 거라고요. 21세기 우리 사회를 이끌 국가 엘리
트를 양성하는 기관이 있어야 됩니다. 〔……〕 또한 교육도 실수요자
를 중심으로 해야 되는 거고요. 기업과 사회가 요구하는 대학생을 만

들어내는 것 자체가 대학 교육이라면, 지금은 문제가 있는 것 같아요. 기업에서 재훈련시키지 않으면 안 되며 그 비용도 엄청나지요. (L그룹 상무이사)

　교육이 문제라고 봅니다. 어떤 지식을 갖는다고 읽어낼 수 있는 사람을 길러주지 않아요. 대학 나와 가지고 말이죠. 국제적 정보를 착 흡수할 수 있는 능력을 가진 사람이 과연 몇 명이나 되느냐 하는 것이 참 문제입니다. 선생들이 공부를 안 하니까 〔……〕 세계의 지식을 빨리 흡수할 수만 있다면 우린 살아남는다고 봅니다. 그렇지 못하면 우리가 뒤처질 것이고 그래서 일본이 문제 아닙니까?. (B기업 회장)

그러자면 대학의 특성화가 필수적이며, 대학생의 질도 엄격하게 관리하여야 한다는 구체적인 주문도 따른다.

　우리 대학을 모두 똑같이 만들려고 하는 데 문제가 있습니다. 대학은 연구 중심이냐 교육 중심이냐 할 때 연구 중심인 대학이 몇 개는 있어야 하지만 모두가 연구 중심으로 가는 것은 낭비고, 몇 개의 우수한 대학은 연구를 중심으로 하고 나머지 대학들은 아예 교육에 충실하는 게 낫지요. 〔……〕 전부가 서울대, 포항공대 흉내내려고 몇천만 원이나 일억 받아가지고 연구가 되느냐 하는 겁니다. 한마디로 연구 중심이냐 교육 중심이냐 하는 것보다는 실정에 맞게 해야 한다는 겁니다. (G기업 회장)

　기업 입장에서 말씀을 드리면 대학생의 질을 정말로 엄격하게 관리를 해야 합니다. 그런데 과목은 듣지도 않고 학점을 받는 경우도 많고 〔……〕 면접 때 전공 지식을 물어봐도 모르는 경우가 많아요. (M기업

사장)

대학의 역할에 대해서 기업가들은 애증이 교차하는 정서를 지니면서도, 대학에 거는 기대는 또 여간이 아니다.

지식인은 미리 위험을 예고해줄 책임이 있어요. 〔……〕 대학은 근본적으로 학생을 잘 가르치는 데 있어요. 연구 중심 대학이라 그러는데 4학년 학부 교육이 제대로 된 다음에 연구 중심 대학이 되어야 해요. 〔……〕 사회에 서비스(봉사)하는 것이 대학의 임무이어야 합니다. (U기업 사장)

한국의 장래가 대학에 달려 있다면 한국은 장래가 없습니다. 〔……〕 공부를 열심히 해서 대학에 들어가는 것은 좋은데 들어가서는 배우는 게 별로 없다는 거지. 〔……〕 (미국은) 끝없는 평가를 통해서 교수들이 열심히 공부하잖아. 우리나라는 교직이 영원하잖아. 한번 전임이 되면 정년까지 〔……〕 거기에서 무슨 생산성이 나오고 경쟁을 할 수 있겠어. (Q기업 사장)

대학에서 기초만 잘해주면 응용적인 것은 현장에 와서 배우는 것이 좋다는 생각입니다. 어떤 때 보면 대학에서 기초는 등한시하고 현장의 것을 지나치게 의식하지 않나 그런 느낌이 듭니다. 업무는 회사에 와서 배우면 되고 그걸 쉽게 배울 수 있고 더 크게 발전할 수 있는 기초, 즉 잠재력을 가질 수 있는 기초를 튼튼히 해주면 좋겠다 생각합니다. 인턴이다 뭐다 하여 현장을 강조하는 것도 중요하지만 기본을 튼튼히 해주면, 짧은 시간에 현장 업무를 마스터하고 그 다음에 자기가 더 클 수 있다 이거지요. (D기업 사장)

그런 점에서 대학은 좀더 기본 기술을 가르치고 총체적인 안목을 가르치는 것이어야 한다는 V기업 회장의 말은 인상적이다.

대학 교육이 테크니션technician을 기르기보다는 전체적인 것을 볼 수 있는 쪽으로 이루어졌으면 싶습니다. 근본이 튼튼하면 기능이나 기술이야 회사에 들어와서 가르칠 수도 있는 것이니까요. 그런 면에서 대학의 일부 학과에서 테크닉 위주로 가르치거나 혹은 막연한 이론 위주의 교육을 하거나 하는 것은 아닌가 생각됩니다. (V기업 회장)

무슨 독문학과나 스페인어학과에서 1년에 몇천 명씩 학생을 배출하는데 그러한 것은 걱정이에요. 그렇다고 하여 대학이 전부 단기적인 사회적 수요나 경쟁력에 좌우되는 것도 문제이지요. 대학은 백 년이나 천 년쯤을 내다봐야 되지 않겠어요. 그래서 기초 과학이나 인문학을 소홀히하는 경향이 요새 큰 바람으로 몰아치고 있는데 나는 큰 걱정이에요. 〔……〕 장기적으로 대학이 사회를 이끌어가는 비전을 만들어야 하는데 그러려면 기초 학문을 튼튼히 하여야 하지 않겠어요. (N기업 사장)

여기서, 대학이 목적을 분명히 해야 한다는 요구가 나온다.

대학은 세 가지로 나누어집니다. 하나는 사회과학이든 자연과학이든 간에 기초 학문적인 것으로 〔……〕 학문 자체를 추구하는 곳입니다. 또 하나는 연구를 통해서 바로 현실 사회 기업에서 활용하는 기술, 공공 기관에서 활용하는 소프트웨어적인 기술 등 테크놀러지를 개발하는 대학과 연구소로서 연구 중심의 대학이지요. 그런데 요새 말하는 연구 중심의 대학과는 개념이 조금 다릅니다. 또 하나는 기능skill 중심의 대학 즉 전문대학 같은 곳입니다. 세번째 것을 정상화시켜야 합니다. 왜냐하면 기업에서, 실사회에서 전혀 불필요한 사람들을 그렇게 많이 내보내지 않기 위해서입니다. 교양은 고등학교에서 철저하게 가르치고 전문대학은 실사회에서 활용할 수 있도록 하고 연구 부문의 대학은 연구 인력을 양성하고 학문 중심 대학은 학문 분야의 사람들을 양성하고 그것이 명확하게 되어야 합니다. 즉 어떤 사람을 양성하는지 명확해야 합니다. 시집가기 위해서, 신분적 의미에서 대학을 나와서는 안 됩니다. (S기업 前회장)

Ⅳ. 공공 연구소와의 역할 분담

우리나라에서는 최근까지 기술 개발에서 정부 및 공공 연구소의 역할은 계속 줄어들고 민간 기업 연구소의 비중이 증가해왔다. 〈표 5-3〉을 보면 공공 연구소의 기술 개발비 비중은 1980년초 이미 50% 이하로 하락하였으며 1994년에는 16%로 급락하였다. 그러나 1995년부터 다시 증가하여 1997년 23%로 상승하면서 정부와 공공 연구소가 기술 개발에서 차지하는 비중이 커지고 있다. 이러한 배경에서 정부와 공공 연구소가 민간 기업 연구소와 어떻게 역할 분담을 하여야 하는가 하는 것은 매우 중요한 과제라 할 것이다.

우리가 면담한 기업가들에 의하면, 기술 혁신 과정에서 정부·공공 연구소는 비교적 분야별로 전문화해버린 민간 기업이 할 수 없는, 공통의 관심사에 대한 기초 기술 개발을 위한 응용 연구를 담당하여야 하며, 그러한 기술 개발에 민간 기업이 공동으로 참여하는 것이 바람직하다고 본다.

기반 기술과 기초 분야 연구는 어느 한두 사람이 맡아서 투자하기

	1980	1985	1990	1991	1992	1993	1994	1995	1996	1997
연구 개발비 총 계	282 (0.74)	1,237 (1.51)	3,349 (1.87)	4,158 (1.93)	4,989 (2.08)	6,152 (2.30)	7,894 (2.58)	9,440 (2.68)	10,878 (2.79)	12,186 (2.93)
기업 부문	36.3%	75.2%	80.6%	80.4%	82.4%	83.1%	84.0%	80.1%	77.8%	77%
정부/공공 부문	63.7%	24.8%	19.4%	19.6%	17.6%	16.9%	16.0%	18.9%	22.2%	23%

괄호 안은 GNP 대비 연구 개발비 구성 비율.

에는 너무 금액이 크고, 적은 금액으로 투자해서는 효율성이 나오지 않습니다. 그래서 기업체가 할 수 없지요. 정부의 몫입니다. (H기업 부사장)

기업이 기초 기술을 하기는 사실 어려운 것 아닙니까? 기초 기술을 하도록 하기 위해서 서울대학 등 몇 개 우수한 대학에서 우수한 인력을 기르고 〔……〕 대학이나 정부 연구소에서 기초 기술을 하도록 해야 합니다. 우리 사회는 너무 획일적이어서 기초면 기초 기술, 응용이면 응용 하는 분위기가 문제 아닌가 싶어요. (G기업 회장)

그리고 정부 연구소는 기초 기술이나 기반 기술을 연구할 뿐만 아니라 관련 분야의 최신 기술 정보를 제공해주는 역할을 해주기를 바랐다. "우리나라에서는 정보를 얻는 것이 매우 어려워요. 그래서 선진국의 중심지에서 분야의 최신 연구 동향을 연구하고 정보를 제공해주는 연구소가 있었으면 좋겠어요"(V기업 회장).

특히 기업 연구소가 할 수 있는 연구를 공공 연구소가 맡아서 상업화와 거리가 먼 기술을 개발하고 있는데 차라리 그런 사례는 민간 기업에게 연구를 위탁하는 것도 바람직하다는 지적도 있었다. 다시 말해서, 응용 연구는 정부 연구소에서 직접 맡는 것보다는 민간 기업의 응용 연구를 지원하는 방식이 훨씬 효율적이다.

정부에서 각 부처마다 국책 연구소를 만들어가지고 기술 개발을 주로 해왔죠. 〔……〕 어떤 분야가 정부로서 육성할 필요가 있다 하면 공모를 해가지고 돈을 기업에 줘서, 개발하면 정부가 도와주는 방식을 취하고 그게 산업화된다 말이에요. 그런데 우리나라에서는 기업에 안 주고 전부 연구소에 줘서 웬만한 기업은 참여하지 못하고 재벌들은 인원 훈련시키기 위하여 참여하고 거기서 뭘 만들면 국산이라 하여 정부가 구매해주니까 〔……〕 그리고 기업은 연구소 것을 팔지 않고 기업 내에서 변경해서 물건을 판다고요.〔……〕 그러니까 결국 투자 효율이 엄청나게 떨어지는 거죠. 정부는 민간 기업이 못 할, 기업 제품 이전 단계의 기초 기술을 개발해다가 기업들에게 나눠주고 그 다음에 산업화 기술은 기업에게 직접 돈을 줘서 기업에 맡기되 필요하면 연구소 사람들을 쓰도록 하는 그런 식으로 바꾸지 않으면 투자 효율이 없어요. (K기업 회장)

왜냐하면 "기술 자체도 중요하지만 마케팅 아이디어나 새로운 시장이 중요"하기 때문이다.

많은 벤처 기업가들이 기술자들이어서 새로운 기술을 개발했으니까 새로운 시장이 가능할 거야. 그래서 기업을 하는 사람이 많은데 그런 사람들이 성공할 확률은 상당히 적습니다. 기술이 좋다고 사주는 것은 아니거든요. 기술은 필요 조건일 뿐이죠. (K기업 회장)

주전산기를 개발하려고 했을 때 〔……〕 미국에 가서 말랑말랑한 상대를 하나 찾아서 시장 조사를 시켜서 미국 시장에 팔 물건이 뭐다 하는 걸 알아서 기본 개념을 위한 디자인concept design을 시키고 그리고 핵심 기술은 공동 개발한다. 실제 제조는 우리가 하고 미국 기업은 미국에서 팔게 하고 나머지는 우리가 팔고 그게 처음 아이디어였어요. 그랬는데 이걸 전자 통신 연구소에서 기술자들이 앉아가지고…… 기술자들은 항상 제가 새로운 것을 만들어보고 싶어하잖아요. 미국이랑 발맞춰 만들어내기가 싫어서…… 꽤 좋은 것을 만들었지만, 완전히 독자적인 것을 만들어버렸어요. 그래서 미국의 카운터파트너가 없어진 거지요. 그러니까 힘은 두 배로 들고 공은 1/10로 떨어지고 해외 시장도 없고. 미국 상대가 미국 시장에서 잘 팔아먹었으면 금년초에는 세계 시장에 들고 나갈 수 있었는데〔……〕100% 국산 기계를 만들어가지고는 해외 시장 개척이 그만큼 힘들었던 거지요. (K기업 회장)

또한 기술 혁신을 위해서는 기술자를 인정해주는 사회 문화적 분위기가 필요하다는 점도 지적되었다.

과학 기술이 어쩌고 기술 입국이 어쩌고 그러는데 우리 사회가 기술자를 대접해주는 분위기가 아니라는 점입니다. 공과대학을 나와서 삼성전자연구소에 들어가서 연구하는 친구가 법대나 경영대를 나와서 고시에 합격하거나 공인회계사를 하는 친구와 비교해서 대접이 왜 다르냐? 〔……〕기술자들이 정말 기술 개발 자체에 대해 의의를 갖고 보람을 갖고 일할 수 있는 그런 풍토가 되어야 하지 않나 생각이 듭니다. (F기업 회장)

산학간 기술 개발 시스템을 만드는 것도 필요합니다. 그런데 문제는 우리 국민들이 그리고 사회 정서가 과학 기술의 중요성을 인정해주느냐 하는 것입니다. 옛날의 사농공상이 지금도 마찬가지 아닙니까?

공대생까지 고시 공부한다고 저러는데 과학 기술이 되겠어요. 우리 전체의 가치관이 과학 기술자를 우대해야 되고 기술자를 평가해주고 그래야 될 겁니다. 그게 안 되면 아무리 투자해봐야 무슨 효력이 있겠습니까? (L그룹 상무이사)

좀 독특한 분야지만, 우리 사회 문화적 환경과 관련하면 같은 맥락에서, 지식 산업으로서 디자인 및 패션 산업에 대해 지금까지는 사치업이라는 부정적 견해가 지배했기 때문에 고부가가치화가 어려웠다는 지적은 시사하는 바가 크다.

패션 산업은 로지스틱 시스템에 의해 재고를 줄여 생산성을 높이는 방향이 있지만 무엇보다도 디자인과 창의력에 의해 부가가치를 창출하는 것이 결정적입니다. 그런데 우리나라는 창의적인 여성 인력이 많아요. 외국에 유학한 사람도 많고 여자들이 옷에 대한 관심도 많고 그래서 우리와 같은 반도인 이태리에서 패션업이 나왔듯이 우리나라도 세계적인 경쟁력을 가질 수 있다고 생각해요. 그러나 지금까지 이런 패션 고부가가치를 정부나 국민들이 사치업이라고 본 것이 문제가 아닌가 생각합니다. 〔……〕 패션 산업은 그 국가나 사회가 가지는 문화적 역량과 이미지가 굉장히 중요합니다. 하루아침에 되는 것은 아니지만 현재 중고급가 수준에서 세계적으로 유통할 수 있는 브랜드는 창출할 수 있지 않느냐 생각하고 있습니다. (V기업 회장)

V. 지적 소유권

이번 조사에 참여한 기업가들은 WTO 체제하에서 지적 소유권이 강화되고 있는 현실에 대한 인식과 그에 대해 대비하고 준비해야 한다는 인식을 공유하고 있다. 물론, 지금까지는 자체 기술 혁신 능력이 부족했으므로 지적 소유권에 대한 의식이 미약했던 것도 사실이다.

큰 기술과 작은 기술을 회사 경영의 전략 차원에서 개발하는 전략 기술과 국지적인 차원에서 개발하는 전술 과제로 나눠서 생각해요. 과거 30년을 보면 큰 기술은 10년 주기로 나온다고 보고 나머지는 조그만 기술들이 쭈욱 쌓이다보면 그것도 커진다 하여 우리는 6 대 4로 봅니다. 현장 기술만 갖고는 어렵지요. 그러나 큰 기술, 그게 참 어려워요. (T기업 사장)

또한 실제 지적 소유권에 대한 대비 방안에서도 아직 부족한 상태라는 것이다.

그간 우리가 소홀히해왔던 것은 사실이에요. 소홀히해왔을 뿐만 아니라 지적 소유권의 의미나 중요성을 우리가 좀 경시한 것 같습니다. 우리도 이번에 라이선스를 팔았을 때 지적 소유권을 넘겼는데, 더 가지고 있었다면 더 비싼 값에 넘길 수 있었어요. 〔……〕 저희가 발효 사업을 하면서 지금까지 무심코 특별한 비법을 가지고 있는데도 등록을 하지 않은 것도 상당히 많이 있습니다. 그런데 지금 하려고 하니까 외국 사람들이 먼저 해놓은 것들이 많이 있어요. 〔……〕 국제화되고 자본이 자유스럽게 들락날락하다보니까 그 중요성이 굉장히 강조되고 있습니다. (C기업 본부장)

지적 소유권은 개방해야지요. 개방을 못 하는 것은 지적 소유권에 대한 룰이 성립되지 않았기 때문에 그래요. 지적 재산이 발전하려면 외국과 끊임없이 교류를 해서 더 잘된 것은 자유롭게 들여오고 그것을 응용해서 더 나은 것을 개발해서 팔고 그렇게 활발하게 이루어져야 발전하는데 〔……〕 창조성과 소프트웨어의 능력으로 봐서 절대적으로 우리나라가 뒤집니다. 왜? 군대 때문에. 그것은 소프트업계에서 바이블(성경)로 되어 있지요. 사람이 창의성하고 그 능력이 최고peak에 달하는 것이 열일고여덟 살에서 스무서너 살인데, 최고에 이른 스물한두 살이 되면 군대에 가거든요. 가서 정형화되어 틀에 박인 삶을 3년 살다 나오면 어떻게 되겠어요. (H기업 부사장)

그러한 의미에서 향후 이에 대한 국가 차원의 대책이 필요하다.

전체적으로 생각지 않았던 그런 문제들이 국제적으로 대두될 거예요. 이게 상표권이나 지적 소유권은 더 예민하게 〔……〕 그런 문제에 대해서 빨리 정부가 대처해야지, 그렇지 않으면 많이 뒤떨어질 거예요. (I기업 부사장)

따라서 앞으로

세계 시장에서 브랜드 사업 brand business을 할 수 있는 회사들을 키워야 할 것 같아요. 어떤 브랜드를 만들고 그런 브랜드를 세계에 통용할 수 있게 하는 것이 굉장히 중요한 노하우거든요. 지금 우리나라 브랜드 중에 제대로 세계 시장에 이름있는 것이 별로 없잖아요. (V기업 회장)

2. 정부의 역할

IMF 체제 이후 시장 경제의 경쟁 메커니즘이 활성화됨에 따라 정부의 역할이 새롭게 자리매김되어야 할 필요성이 발생하였다. 과거 발전국가형 정부의 역할은 민간 기업의 경제 활동을 정책적으로 지원하고 지도하였는 데 반해, 정부의 새로운 역할은 공정하고 투명한 시장 환경과 그에 상응하는 사회 정치적 여건을 조성하며 한층 더 전지구화한 경제 활동에 대한 다양한 정보를 수집하고 미래 전략을 개발하는 전략적 역할이 더 중요하다 할 것이다.

I. 정부의 역할

우리의 기업 엘리트들 사이에서는 정부가 공정한 경제 환경을 위한 여건 조성자가 되어야 하며 업계의 공정한 조정자나 지원자가 되어야 한다는 데 의견이 일치하였다. 기업가들은 IMF 이후 정부의 지원 혜택[1]보다는 정부의 개입으로부터 독립하여 자율성을 더 얻고자 한다. 특히, 그런 생각은 정부 주도 아래 추진하고 있는 구조 조정 과정에 대한 불만과도 긴밀히 연관되어 있다.

그 동안 경제 성장을 하고 기업이 성장하는 데 정부의 역할이 굉장히 컸던 것은 사실입니다만, 이제 정부는 정부의 역할을 하고 기업은 기업의 역할을 하고 그런 것이 되어야 되지 않겠습니까? 그러나 지금도 정부가 뭐 좀 이렇게 해야 똑바로 된다든가 기업을 그냥 놔두면 '저게 제대로 가는 것 같지 않다'는 걱정을 너무 하는 것이 아닌가 생각이 듭니다. 이래라저래라 하지만 정부가 기업을 운영하겠습니까, 수출을 하겠습니까. 경제 주체인 기업이 알아서 하도록 제도를 정비하고

---

1) IMF 이전 대기업들은 정부의 역할에 대해서 매우 이중적이었다. 많은 기업가들이 (5대 재벌 경영자들의 91.5%는) 정부의 규제는 기업 성장에 장애가 된다고 인식하면서도 동시에 (75.9%는) 정부의 지원이 기업 성장에 도움이 된다고 긍정하기 때문이다(신유근 외, 1994: 43~44). 이러한 이중성은 IMF 이후 아직 불분명하지만 분화되어 해체되어가는 듯하다.

지원하면서 기본 원칙만 지키면 별 문제가 없다고 봅니다. (D기업 사
장)

(현대자동차) 노사 문제는 노사 당사자들에게 맡겨놓아야 합니다.
정치가 개입해서 그러려면 노사 협의 체제는 왜 만들었는지 〔……〕
종업원 277명 자르기 위해서 석 달이나 걸리고 문을 닫고 난 뒤에도
40일이나 걸리고 일정 늦춰가면서 손해를 보고 〔……〕 정치하는 사람
들이 정치 논리로 중개를 하고 〔……〕 구조 조정하려면 정부 기관부
터 구조 조정하고 공무원도 퇴출시키고 해야 5대 기업도 30대 기업도
그리고 노동자들도 승복하고 따라가는 것 아닙니까? (J기업 사장)

기본적으로, 기업가들이 원하는 정부상(像)은 시장 경제의 큰 원칙
을 지키는 심판자 역이다.

정부는 원칙만 지키면 되는 거예요. 예를 들어 구제 금융, 공동 융
자, 협조 융자라는 형식으로 정부가 돈 대주라고 그래서 은행이 그만
큼 물린 것 아닙니까? 김선홍씨는 그걸 이용해서 부실 기업을 끌고 온
것이고 말이에요. (O기업 회장)

철저하게 시장 경제에 맞추어야지요. 정부가 인위적으로 조정하려
고 하는 것은 그만 해야 해요. 〔……〕 게임의 룰rule of game을 확립
시킬 수 있도록 분위기를 조성하고 그 도출된 룰을 법제화할 수 있도
록 도와주는 것이 정부의 몫이에요. (H기업 부사장)

정부는 기본적으로 개별 경제 주체들이 원활한 경제 활동을 할 수
있도록 도와주는 기구지요. 불필요한 규제나 특권 부여는 경제의 전반

적인 자율성과 창의성을 저하시키는, 즉 역동성을 뺏는 결과를 가져오
죠. 〔……〕 정말로 시장 원리에 의해서 한다면 정부는 공정한 룰, 경
쟁을 할 수 있는 룰을 마련해주는 게 중요해요. 정부가 민간에 맡겼다
가 실패했을 때 개입하는 것이지. 지금 보면 우리는 아직도 관치적이
고 권위주의적이에요. (Q기업 사장)

그리고 정부는 공정한 심판자로 위상을 재정립해야 할 뿐 아니라
그 자체 '작은 정부'가 되어야 한다는 주장이 나왔다. "정부의 역할
도 환경에 따라 많이 다른데 국제화와 지방화의 추세 속에서 행정의
편의성뿐만 아니라 경영 개념을 도입하여 효율적인 조직으로 변화했
으면 좋겠어요"(L그룹 상무이사). 전형적인 시장론자인 P기업 부사장
은 작은 정부를 강력하게 주장한다. "정부의 예산을 줄여야 합니다.
하지 말아야 합니다. (시장을) 왜곡시켜요. 〔……〕 (현대자동차 노사
협상에 대해) 그것 그냥 내버려둬야 해요. 〔……〕 정부가 경제 정책
뿐만 아니라 모든 예산을 줄여서 하는 일을 줄이면 되지요"(P기업 부
사장).
　그러나 자유 시장 경제의 큰 원칙하에서 작은 정부를 옹호하는 기
업가 못지않게 정부의 적절한 역할을 강조하는 기업가도 적지 않다.
시장 경제는 시장 환경을 유지하고 조정하는 정부 역할이 필수불가
결하기 때문이다.

(경제 발전과 민주주의를 중시하는 것) 방향으로서는 옳은 것이 아
닌가 생각합니다. 정부가 언제까지나 시시콜콜하게 관여해서야 안 되
겠지만 그렇다고 손을 놓을 수도 없는 것이고, 아무리 자유 시장을 통
해 한다고 하더라도 교통 정리란 필요한 것이 아니겠습니까? 그런 정
도의 역할은 해야 한다고 생각합니다. (G기업 회장)

정부의 역할이 아직까지는 필요하다고 봅니다. 우리 사회 구조와 조직 체계가 경쟁력이 갖추어진 단계가 아니거든요. 외국인 투자 유치를 하면서 참 절감했어요. 이렇게 까다로운가? 까다롭기보다는 복잡하다고 표현을 해야 되겠죠. 쓸데없이 행정이 나누어져 있음으로 해서…… 정부가 나서서 체제를 정비해주어야 되는 분야가 있고 〔……〕 국익을 위해서 개선해주고 제도를 정비해주고 하는 작업이 있다고 보기 때문에 당장 작은 정부를 만드는 것은 불가능하다고 봅니다만 당연히 목표는 제일 작은 정부가 좋다고 생각합니다. (R기업 부사장)

게다가 아직 우리 사회가 자유 시장 경제의 틀을 유지할 만큼 성숙되지 않았다는 지적도 있다. "칼은 잘 쓰는 무사한테 맡기면 요긴하게 쓰지만 능력이 없는 애들에게 맡겨놓으면 위험 천만이란 말이야. 〔……〕 시장 경제, 시장 경제 하지만 우리나라에서는 100% 맡기면 위험하다고 봐요"(J기업 사장).

정부는 조정자일 뿐만 아니라 또한 국민 경제 전체의 경제 사회적 전망과 비전을 분명히하고 지원하는 데도 그 역할이 있다. 한국 경제 여건이 악화되어 〈표 5-4〉에서 보여주듯이 부도 기업이 급격하게 늘어나고 있으며 특히 IMF 체제하의 구조 조정으로 대기업의 부도가 증가하는 반면 신설 기업이 상대적으로 감소하는 현실에서, 실업 문제를 해결하고 21세기 한국 경제의 활력이 될 새로운 기업의 창업과 발전은 우리 국민 경제의 과제이므로, 이를 이끌어가는 것이 또한 정부의 주된 과제라 할 것이다.

<표 5-4> 신설 기업과 부도 기업의 추이 (단위: 개)

	1996년	1997년	1998년	1999년 1~2월
신설 법인(A)	19,264	21,057	19,277	4,116
부도 법인(B)	3,866	6,132	7,538	407
순증(A-B)	15,398	14,925	11,739	3,709

이러한 여건 아래 기업가들 일부는 경제 발전을 위하여 정부가 장기적인 비전을 가지고 적극적으로 개입하고 지원하는 것이 중요하다는 의견을 제시한다.

아시아의 네 마리 용 중에서 대만은 세계적인 컴퓨터 생산 기지가 되어 있고 인도 같은 나라도 세계 소프트웨어 생산 기지가 되어 있고 싱가포르는 정보 산업이 세계적이며 〔……〕 그런데 한국은 그 방면에서 하드웨어, 소프트웨어, 정보 산업 어느 것도 축 처져 있습니다. 그 이유는 간단합니다. 우리나라 산업 경제 정책을 세우는 사람들이 경제 기획원이나 한국개발원(KDI)에 있는 사람들인데 그들은 산업 정책이 필요 없다고 생각하는 사람들입니다. 시장 메커니즘에 맡기고 정부는 산업에 간섭하지 말라고 하는 건데 〔……〕 대만·싱가포르·인도 등이 성공한 것은 산업 정책을 했기 때문입니다. 우리나라 정책 결정자들은 시장 기제에 맡기라는 이론 때문에 정보화 육성 정책도 하지 않은 겁니다. 〔……〕 후진국의 특징이 뭡니까? 미래에 대한 인식이 부족한 것이 특징입니다. 그렇기 때문에 후진국이 선진국을 따라잡으려면 적어도 미래에 대한 비전을 갖게 하고 미래 지향적인 시장을 창출하고 이끌어가려면 정부가 리더십을 가지고 밀고 가야 합니다. 〔……〕 정보 사회에서 변화는 기하급수적이어서 순식간에 격차가 나거든요. 우리가 미국을 따라가려고 하면 우리도 기하급수적으로 변해가야 따라가는 거죠. 그런데 지금처럼 시장에 맡겨놔버리면 미래에 대해서 사람들은 모르니까 점점 더 처지죠…… IMF가 끝나고 뭐 할 거냐? 지금 현재로 봐가지고는 IMF가 끝나면 다다, 시장 경제에 맡겨놓으면 된다 이러는데 절대 안 된다고 봅니다. (K기업 회장)

이렇게 볼 때, 우리의 기업 엘리트들 사이에도 정부의 역할에 대한 의견에는 상반된 견해가 있음을 알 수 있다. 특히, 40대 후반~50대 초반의 젊은 기업가 · 경영자는 장기적으로 정부가 모든 것을 시장에 맡기고 아무것도 하지 않을수록 좋은 정부라고 하는 자유 시장 경제를 옹호한 반면, 50대 후반~60대 기업가 · 경영자는 후발국에서는 정부가 국내 산업의 전략적인 육성과 지원을 위해 개입하는 것이 필요하다고 보는 것이다.

II. 관료의 역할

그러면 우리나라 기업 엘리트는 정부 관료에 대해서는 어떤 관념을 가지고 있는가? 우리가 면접한 기업가들의 생각에 정부 관료는 복합화 · 국제화하는 경제 환경을 관리하고 계획할 능력이 없다는 것이다.

지금 공무원은 과거처럼 고시 제도에 의해서 사람을 뽑아서 국가를 경영하던 시기는 지났다고 생각합니다. 국가 경영의 복잡성이 달라 암기해서 합격한 그 자격을 가지고 정부의 고급 관리가 되기에는 너무나 나라가 커지고 복잡해졌어요. 공무원 수가 많아서 문제가 되는 게 아니라 자기가 다루는 사안을 이해를 못 하기 때문에 제대로 행정을 못 하는 거지요. (U기업 사장)

(기아 사건에 대해) 제가 보기에는 (관료들이) 어떻게 해야 되는지 몰라서 그런 것 같아요. 지식이 없어서 은행을 망하게 하려고 해도 망하게 하는 절차를 몰라요, 망하게 해야겠다는 것은 알겠는데 절차를 모르는 거지요. (P기업 부사장)

관료는 일반적으로 전문 지식뿐만 아니라 의식 면에서도 시대에 뒤떨어진다고 보고 있다. "관료들이 자기 이해 관계자나 단기적인 문제에 매달리고 장기적인 전망을 하지 않아요. 〔……〕 어떤 장기적인 안목을 가지는 것을 꺼리고 또 장래가 비관적으로 보이거나 어두우면 애써 외면하려 하고 감추려고 하고 그것이 마치 국민을 위한 것이라 착각하는 것 같아요"(E기업 사장).

따라서 정부 관료는 경제 사회적 환경 변화에 따라 그 역할과 업무 지식 면에서 변화되어야 한다는 생각이다.

과거 1960~70년대 관료의 역할은 간단했어요. 해외에서 기술 도입해서 싼 임금으로 물건을 만들어서 해외로 수출하면 되는 거고 금융도 인력 정책도 간단했어요. 지금은 사회가 기술 발달에 따라 급격하게 변하기 때문에 정부 관료들이 일의 변화를 빨리 봐가지고 대응책을 빨리빨리 내놓아야 하는데, 정부 관료가 세상 변해가는 것을 모른다고요. 현재 오늘날의 사회를 규정하는 키워드는 변화입니다. 자꾸 바꿔야 됩니다. 그런데 현재 우리나라 관료 구조는 변화가 일어날 수 없는 구조로 되어 있어요. (K기업 회장)

관료들이 앞으로 많이 바뀌어야 될 겁니다. 선민 의식이나 우월 의식은 그렇더라도 규제하고 지도하려는 것 자체는 고쳐야 되겠죠. 옛날 관료들은 우리나라의 엘리트였지만 지금은 그렇지 않을 거라고요. 국

제 환경이 급변하고 정부의 역할이 변하고 있는데 그만큼 공부하지 않
으면 민간 부분을 이끌어나갈 수 없죠. 최근에 정부 관료들을 만나면
그 사람들이 우리한테 배우지 우리가 그 사람들한테 배울 건 없다고
요. (L그룹 상무이사)

W기업 사장은 정부 관료의 바람직한 역할을 다음과 같이 규정지
었다.

이제는 정보가 개방되어 정부가 관리하고 지도해가겠다는 생각보다
는 지원하고 협조하는 쪽이 필요하다고 봅니다. 무능한 관료가 부족한
정보로 개입하려고 하는 것이 가장 불행한 일입니다. 관료는 더 이상
엘리트가 아니에요. 먼저 정책 목표가 분명해야 하고 그 목표를 위해
할 수 있는 일만을 하는 겁니다. (W기업 사장)

Ⅲ. 정부와 기업의 관계

좀더 일반적인 수준에서 정부와 기업의 관계에 대해서 기업가들은
정부가 기업의 자율성을 인정해주어야 한다고 주장한다. 빅딜이나
노사정 관계에 대해서도 기업이나 노조가 스스로 협의하는 것이 좋
으며 정부가 전면에 나서는 것은 바람직하지 않다는 견해가 지배적
이다.

(빅딜은) 기업에 맡겨야 된다고 생각합니다. 〔……〕 실질적으로 기
업이 이익이 나고 합리적으로 투자하고 그러는 건데 손해를 보면 누가
합니까? 정부가 손해나면 보충해주는 것도 아니고 손해가 나버리면
첫째로 자금이 안 돌아가서 부도 처리해버리는데. 책임은 기업이 져야
하는데 정부가 이래라저래라 하면 만족스럽게 될 리가 없죠. 기업의

의견들이 반영되어서 이루어져야 한다고 생각합니다. (C기업 본부장)

노사가 대화를 하게 하고 정부는 옆에서 거드는 걸로 했어야지요.
노사정 삼자가 동등하게 서가지고 어떻게 하겠다는 건지…… 노사가
결의하면 정부는 그런 것을 제도화하고 시스템화하는 것이 본연의 일
이지요. (N기업 사장)

그러나 다른 한편으로는 정부가 적극적으로 개입해야 한다는 견해
도 없지 않다. 특히 현금의 위기 상황 같은 맥락에서는 정부가 개입
하는 것이 불가피하다는 것이다. "지금은 위기 상황이기 때문에 적극
적으로 개입해야 할 때예요. 그런데 위기가 지나가고 나면 정부는 가
급적이면 개입하지 말아야 됩니다. 지원해주는 쪽으로 돌아야지요"
(H기업 부사장).

또한 자유 시장 경제에서도 적절한 정부 개입은 필요하다는 의견
도 있다.

재벌들의 각성이 필요하다고 생각하고 정부도 적어도 기간 산업 분
야에서는 그런 이중 투자가 되지 않도록 해야 합니다. 아무리 민주주
의라고 하지만, 자유 경제와 민주 국가에서 정부가 전혀 방임할 수는
없는 것이니까. 〔……〕 정부도 관여를 해야 한다고 생각합니다. 그러
나 실은 법률적 뒷받침이 없는 그런 규제도 많고 시시콜콜 규제하는
경우도 있고 그래요. 그런 것들은 빨리 정상화되어야 한다고 생각합니
다. (G기업 회장)

그런 뜻에서 일종의 혼합 경제의 불가피성을 논하기도 한다. "(정
부가 간섭하지 않는 게 좋다는 의견에 대해) 그 사람들이 진짜로 그렇

게 믿느냐, 그렇지 않아요. 필요할 때는 정부한테 도와달라고 하면서, 이롭지 않을 때는 또 간섭한다고 그러는데, 그게 전부 혼합 경제니까 그러는 것 아닙니까"(B기업 회장). 분야별로는 특히 국가의 해외 시장 지원 기능도 좀더 현대화되어야 한다. "KOTRA나 통상부의 정보는 너무 일반적인 것이어서, 전문적인 분야에서는 기업보다도 정보가 더 느린 것이 아닌가 하는 생각이 들어요"(V기업 회장)

그러나 정부의 개입은 부정부패를 낳을 가능성이 많다는 점에 주의를 환기시키는 이도 있었다.

적극적인 개입에는 정부가 공정하고 옳다는 것이 전제되어야 하죠. 그러니까 정부가 실수를 덜 하면서 개입하면 좋은 건데 그게 아니잖아요. 그래서 부패corruption는 영원한 숙제인데 우리 사회 시스템이 부패를 유발하게 되어 있어요. 예를 들어 공무원 급여로 공무원이 자식을 해외에 유학 보내는 것이 어떻게 가능하겠어요. 그렇지 않다고요. (E기업 사장)

국세청 자료(〈표 5-5〉)에 의하면 지난 몇 해 사이에 기업의 접대비가 큰 규모로 증가하고 있으며 이러한 증가는 정부와의 관계를 포함한 사회적 환경의 불투명성을 잘 말해준다. 특히 1998년에 비위 공직자 7,420명이 징계 조치된 바 있는데 그 중 90.5%가 직접 실무를 담당하고 있는 6급 이하 하위 공무원이다.

결국, 정부와 기업간의 관계는 서로 자기 영역에 충실하는 것이 가장 바람직하다는 의견이 지배적이었다. 정부가 투명해야 기업 관행이 투명해질 수 있기 때문이라는 것이다.

(정부와 기업은) 각자의 영역을 존중해주는 것이 좋을 것 같아요.

〈표 5-5〉 기업 접대비 추이

연도	액수
1993년	1조 7500억 원
1994년	1조 9900억 원
1995년	2조 5200억 원
1996년	2조 9700억 원
1997년	3조 4900억 원

〔……〕 정부는 기업의 윤리 자체가 높은 수준이 아니기 때문에 현재로는 완전 시장 경제로 가기 어려워 감시하고 규제하는 기능이 있지만 그런 정도만 확실히 해주고 나머지 영역은 존중해줘야 하지 않나 생각해요. 또한 경제를 성장시켜 국민들을 잘살게 한다는 것도 방법이겠지만 경제가 후퇴를 했을 경우에도 국민들의 불만을 최소화시킬 수 있는 여건 즉 공정하고 상대적 박탈감이 적은 사회 환경을 만드는 것이 정부가 해야 할 일이 아니겠어요. 〔……〕 여러 마리의 토끼를 잡으려고 하는데 정치 쪽에서는 다른 것은 말고 부정부패만이라도 잡아주면 그 역할을 다한 것 아닌가 생각합니다. (F기업 회장)

3. 노동조합과 기업가 단체의 역할

I. 노동조합

1) 노동조합의 역할

노동조합의 문제는 1980년대 후반부터 우리 사회에 완전히 새로운 쟁점으로 떠올랐으나, 현금과 같은 IMF 위기 아래서도 노동조합의 성격이 크게 달라지지 않은 것 같은 데서 문제의 심각성을 읽을 수 있

다. 우리가 만나 대화를 나눈 기업가들은 노동조합의 본질과 그 속성
에 대한 분명한 인식을 갖고 있는 듯이 보였다. "노동조합은 사회의
안전판 시스템 같은 것이다. 불행한 일에 대해 노조만 양보하라고 해
서도 안 되고 무조건 기업주만 양보하라고 해서도 안 되고 상황에 따
라 균형을 맞추어야 된다"는 대기업 U기업 사장의 말은 이를 잘 보여
준다.

저희는 기존 기업을 인수했습니다. 전(前)소유주가 왜 회사를 포기
했느냐 하면 노조 때문이었어요. 그걸 인수해서 투명하게 경영을 하고
종업원을 위해 성심성의껏 했더니 노조가 스스로 해체하겠다고 하더
군요. 노조원들이 더 이상 주장할 명분이 없잖아요. 낮은 금리로 대출
받아서 부동산에 투자하고 이권을 얻으려고 정치 자금을 빼돌리고 외
국에서 호화 생활하는 풍토에서 종업원들에게 일을 열심히 하라고 한
들 먹히겠어요. 그러니 노조를 만들어서 자위책을 모색하는 것이지요.
(X기업 사장)

하지만 기업가들은 그 필요성을 인정하면서도 노동조합에 대한 평
가는 매우 부정적이다. 지금까지 노동조합은 탄압받고 억압받던 사
회적 이미지를 앞세워 노동자의 권리를 위하여 투쟁하고 쟁취하는
역할을 하였으나, 이제 노동조합은 더 이상 약자가 아니며 이제는 사
회적으로 기업의 생산성 향상에 장애 요인이 되고 있다고 평가한다.

나는 사실은 그 동안 노동조합에 대해서 부정적이에요. 노동조합
그 자체가 문제가 아니라, 예를 들어 우리나라 1980년대와 90년대 초
반을 보면 노조가 생기면 노동자의 복지를 추구하기보다는 필연적으
로 정치적일 수밖에 없고 과격해질 수밖에 없는 것 같아요. 노동조합

이 원하든 원하지 않든 간에 과거 우리 정치 체제가 워낙 그랬기 때문에…… 역사적으로 필요한 것인지는 몰라도 그게 다 낭비가 아닌가요. 내가 현장에 가면 〔……〕 노동조합이 결성되면 그런 방향으로 갈 수밖에 없는데 그것은 너를 위한 것도 나를 위한 것도 아니고 그러니까 자제해주었으면 좋겠다 하고 말해요…… 90년대 초반의 여건에서 보면 노동조합은 결코 약자가 아닌데 우리나라 사람들은 약자 편을 잘 든다고 생각합니다. 학자도 언론도 검찰도 다 약자 편인데…… 그러나 사실은 노조가 이제 우리나라 전체에서 부담스럽게 되었거든요. 비근한 예로 현대자동차의 예를 들면 일본에 비해 노동 생산성은 형편없이 낮아요. 〔……〕 노조가 심한 협력 업체의 사람들을 일본에 가서 훈련을 시켰더니 2주가 지나지 않아 다 나자빠져서 나 이 회사에서 일 못 하겠다 하더군. 우리나라에서 생산성에 비해 대우를 높게 받는 게 자동차 회사 아니야. (T기업 사장)

특히 이들은 노동조합이 정치화되는 것에 대해서 부정적이다.

노동조합은 원래의 역할에 충실한 노조에 그쳐야지. 물론 잘못은 정부도 있고 기업도 있고 그래요. 〔……〕 노조를 반대한 것이 너무 지나친 나머지 그 반동으로 90년대초, 노태우 정부 이후에는 문제가 심화되었어요. 내가 보기에는 거기에 대한 반동이었거든. 그러니까 나갈 구멍을 두고 서서히 자유스럽게 했으면 될 텐데…… 최근에 와서는 노조가 너무 정치화된 것이 문제이지. (Q기업 사장)

난 노동조합이 노동자의 권익을 위해서 주장을 하는 건 있어야 하며 필요하다고 생각합니다. 그런데 우리나라 노동조합은 그게 옛날에 눌러서 노동조합을 못 하게 한 결과로 반작용이 생겨서 〔……〕

화이트 칼라도 노동조합 만들어 지나치게 하고 〔……〕 아무리 뭐하
더라도 현장을 점거해가지고…… 그런 탈선을 해서는 안 된다고 생
각합니다. 〔……〕 어떤 사물이든 일방에서만 보는 것이 아니라 양
방, 삼방에서 보는 것이 필요하며, 경영자만 볼 것이 아니라 노동자
도 같이 토론하고 같이 해결하는 것이 필요하다고 생각합니다.
〔……〕 노동조합이 정치화하는 것은 좋지 않다고 생각합니다. (G기
업 회장)

우리나라 노동조합이 태생이 억압받던 시절로부터 있었던 고정관념
이 시대가 변하고 세대가 바뀌었음에도 그 전통을 이어받고 있어서 진
정한 노동조합이라고 보기가 어려워요. 특히 90년 이후 대기업의 노조
는 노동조합이 아니라 일종의 이기주의로 집단화되었어요. 자기가 몸
담고 있는 회사에, 개인과 회사가 같이 발전할 수 있는 길을 모색하고
복지 증진, 그것이 최대의 목표가 되어야 하는데 아무리 월급을 많이
줘도 민노총에서 한마디하면 파업한다 이거지요. 이것은 정치 운동이
지 노조 활동이 아니에요. 민노총이라는 게 기본 노선이 사기업을 부
정하는 거 아니에요. (E기업 사장)

따라서 기업가들은 노동조합이 본분을 지켜주기를 희망한다.

노조가 기본 원칙을 안 지켜요. 착취당하는 계급이 혼자서 대항을
하지 못하니까 힘을 합쳐 부당한 일을 당하지 않는 것 그것이 노동조
합의 본질이 아니에요. 그런데 요새 노조는 전부 나서서 사장이 할 일
을 내가 해야겠다는 거예요. 〔……〕 능률적인 사회를 만드는 데 굉장
히 저해가 되는 것입니다. 노조가 노조로서 본분을 지키면 좋겠어요.
(K기업 회장)

악덕 기업가도 있고 노조가 생산성을 높이고 종업원들의 복리 복지 후생을 위해서 필요한 데도 있겠지만 노조의 기본 방향과 노조를 가입한 사람들의 정신이 어떻게 하면 생산성을 높이고 회사를 잘되게 만들어서 자기들의 복리 혜택을 늘릴 수 있느냐를 생각해야 되는데 어떻게 하면 일을 덜 하고 편안히 일하면서 돈을 더 받느냐라고 생각한다면 그것은 잘못됐다고 생각합니다. (A기업 사장)

좀더 구체적으로는 노동조합이 너무 노동자들의 단기 이익에만 집착한다는 것을 지적한다.

노조에 대해서는 좀 부정적입니다. 노동 운동이 열악한 상황에서 시작됐기 때문에 정상적인 노동조합보다는 사용자들을 적으로 생각하는 계급 투쟁 같은 양상을 띤 면이 있지 않나 생각합니다. 〔……〕 너무 이기적이에요. 은행 노조가 자기들 이익에만 급급해서, 은행에 쌓인 빚 100조가 넘는 금액을 국민들이 세금으로 쏟아부어야 되는데도 명예 퇴직금이나 고용 보장에만 집착하고 투쟁한 것 아닙니까? 정치권의 대출 압력이나 사용자에게도 책임이 있지만 노조도 책임을 져야 하는 것이 아닙니까? (W기업 사장)

노동조합은 자연스럽게 생성되게 되어 있잖아요. 개인이 회사의 권력에 대항해서 하는 것보다는 어떤 단체로서의 힘을 가질 수 있기 때문에 노조는 생성되게 되어 있습니다. 〔……〕 공정하지 않을 때 노사 간의 사이가 나빠지죠. 공정하지 않다는 것은 일방만 생각하는 경우가 많아요. '노' 쪽에서는 억울하고 '사' 쪽에서는 잘못했기 때문에 공정하지 않다는 것인데 이는 이데올로기이지요. 사실 잘 안 되는 걸 보면

‘노’ 쪽에서 너무 말이 안 되는 것을 요구하기 때문에 그런 거예요. 그리고 기본 자세가 ‘야, 우리 일자리는 없어지지 않는다. 너희가 망하면 다른 회사가 이것을 살 거다. 그러면 이 공장은 돈다’ 이런 것이에요. 〔……〕 노사간에 힘을 합쳐가지고 ‘구사(救社)’ 해야 할 텐데, 그 사람들은 ‘구사’ 가 아니고 내 일자리만 지키면 된다는 거지요. 그것은 바뀌어야 할 것 같아요. (P기업 부사장)

노동조합이 굉장히 눌려왔던 것은 사실이지만 〔……〕 정치적인 요인으로 움직이는 것이 굉장히 많고 실제로 불합리한 것까지 요구하는 것이 많습니다. 〔……〕 노동조합은 잘 나가는 사회에서는 필요가 없어요. 〔……〕 노동조합이 없어도 기업이 근로자의 복리 증진을 위해서 최대한의 노력을 하는 분위기가 되는 것이 제일 좋고 〔……〕 그렇지 않을 때에는 노동조합이 있어서 대변해주는 것도 좋겠지요. (H기업 부사장)

요컨대, 앞으로는 노동조합이 좀더 생산적인 역할을 하지 않으면 생존하기 어려울 것이라는 전망이 지배적이다.

근로자 단체는 근로자들의 삶의 질을 높이고 근로 조건을 개선하는 것이 가장 우선적인 목적이라고요. 그러면 그 목적을 달성하는 방법 중 어느 것이 더 유효하냐 하는 것을 곰곰히 따져야 될 거라고요. 노사협의회든 노동조합이든 말이에요. 선진국의 경험을 교훈삼아 빨리 그런 쪽으로 고쳐나갔으면 해요. (L그룹 상무이사)

노동조합은 내부 이익의 극대화가 목적 아니겠어요. 그건 당연하겠죠. 그러나 장기적으로 그것이 노동조합의 이익이냐 아니냐 이걸 봐야 될 거라고요. 그렇지 않고 단기적으로 볼 때는 갈등을 지지해야 할 거고 [……] 장기적인 관점에서 보느냐 단기적인 관점에서 보느냐 이게 참 다른 것 같아요. (B기업 회장)

노동조합법, 근로기준법은 '근로자는 약자이며 심하게 대우를 받을 수 있기 때문에 이를 보호하는 장치를 만들어줘야 한다'는 맥락에서 만들어졌고 노동 운동도 거기에 따라 발전하였죠. [……] 이러한 19세기 논리는 우리에게 부담이 되는 것이 아닌가 생각이 듭니다. 노동조합이 지금 해야 될 일은 제가 보기에 그 기업에서 일자리를 보장하는 것뿐만이 아니고 누구보다도 교육에 관심을 가지는 것이라는 생각이 듭니다. [……] 그 사람의 고용 가능성을 높여주는 역할을 노동조합에서 해준다면 노동조합이 생산적인 역할을 하기 때문에 사회적으로 계속 남을 수 있고 개인 근로자도 노동조합에 투자하는 그런 관계가 되지 않겠습니까. [……] 정부와 기업이 구조 조정하듯이 노조도 '우리가 살아나갈 경쟁력이 과연 무엇인가' 하는 것을 생각해봐야 될 단계가 아닌가 하는 생각이 듭니다. (M기업 사장)

이제는 근로자들이 핍박받고 피해받던 시대가 지났어요. 87년 극렬한 노사 분규를 통해 노사 문화가 정립되어 현대자동차 경우처럼 자기 권리를 내놓지 않으려고 합니다. [……] 경쟁력이 없어요. 국제 무대에 가서 제품이 팔리지 않아 제조 원가나 판매 원가에 노무비 비율이 높습니다. [……] 노조도 이 점을 인식합니다만 눈앞의 작은 이익보다 고통을 분담하는 것이 필요해요. [……] 기업이 먼저 투명해지면 노조도 같이 호흡을 맞춰주고 그러면 상생(相生)의 신 노사 문화가 정립될 수 있는 것 아네요. (C기업 본부장)

　자본주의 역사가 짧다보니 시행 착오도 있었지만 〔……〕 노동조합
은 결국 필요한 거고, 문제는 노조 지도자들이 잘해야 할 것 같아요.
노조 자체보다도 회사 전체를 같이 걱정하면서 노조 활동을 해야 하는
것이 아니냐 하는 생각입니다. (D기업 사장)

　특히 미래 지향적으로 볼 때, 노동조합의 활동이 단기적인 이익을
위한 투쟁에 집착하여, 장기적인 사회 변화에 대응하여 전망과 비전
을 가지고 보다 넓은 사회적 이익과 혜택을 추구하지 못하고 있다는
점을 밝힌 N기업 사장의 다음과 같은 말은 인상적이다.

　노동조합 결성 자체를 빨갱이 취급을 하고 구타하던 때가 있었어
요. 근로기준법이 있지만 이미 사문화된 법 아닙니까? 연차·월차에
서부터 생리 휴가까지 세상에 좋은 혜택은 다 적혀 있습니다. 외국 사
람이 그것을 보고 기업 못 하겠다고 그러는 겁니다. 〔……〕 그러는 가
운데 최근 10년 간 노동 운동이 급속하게 성장하여 이제 사회적·정치
적으로 큰 세력이 되었습니다. 그러나 노조 지도자들이 전체 노동 조
건, 임금 수준, 거시 경제 등에 대한 인식도 뒤죽박죽이고 책임과 비전
도 없어요. 지금 실업자가 저렇게 많은데 대기업 노동조합은 자기들만
은 구조 조정 않겠다고 농성을 하고 폐쇄적인 이기 집단으로 전락하고
있어요. 또한 정보 사회는 훨씬 다원화되기 때문에 노동조합 형태의
권익 단체는 약화될 수밖에 없는데 그러한 사회 변화에 대한 비전이
없는 것 같고요. (N기업 사장)

21세기 사회 변화 속에서 "이제는 전부 전문가가 되어야 하는 시대
에 자기 스스로 '노동자'라고 할 수 있겠어요"라는 V기업 회장의 말
은 시사하는 바가 인상적이다.

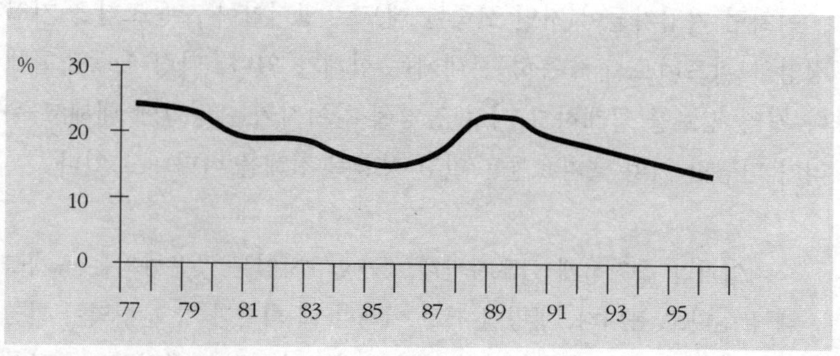

   먼 장래를 보면 노동조합은 없어지리라고 봅니다. 후기 자본주의, 후기 시장 경제에 가면 노동조합은 없어질 것이라고 봅니다만 아직도 공업주의를 가지고 있는 우리나라 수준에서는 노동조합이 필요하고 근로자 자기네들의 권익을 보호하는 단체는 있어야 된다고 봅니다. 그러나 노동조합은 어디까지나 자기 자신들의 권익을 보호하는 단체이고 클럽입니다. 자기네들이 낸 비용·기금을 가지고 운용하면서 기업가·경영자와 교섭하고 해야 합니다. 앞으로 노동조합이 해야 할 일은, 과거처럼 임금 결정이나 후생 복지에 대한 사업 같은 것은 크게 일어날 것으로 보지 않기 때문에 〔……〕 근로자의 복지 방향을 어떻게 다루(어야 하)느냐, 자체 내 교육을 어떻게 하느냐는 것이며 그러한 사회적인 문제를 하고 필요한 자원을 기업으로 받아서 연구를 해나가는 것이 노동조합의 기본 임무입니다. 그러다가 나중에 산업 발달과 더불어 어느 정도 사회가 성숙해버리면 자연히 국가 업무가 되지요. (S기업 前회장)

2) 경영 참여

이처럼 기업가들이 지닌 신중한 태도로 말미암아 노동조합을 기업 경영의 파트너로서 수용하는 데에는 한계가 있다. 가령 노동조합에다 경영 정보를 공개하고 기업 경영에 참여시키는 방안에 대해서 우리가 면담한 기업 엘리트들은 일견 상방된 견해를 나타내고 있다.

기업가가 솔직하게 근로자한테 공개할 수 있는 부분까지는 공개를 해야 된다고 봅니다. 쌍방이 서로 이해할 때 화합과 상호 협력이 가능하기 때문에 회사 사정과 재정 상태에 대해 솔직히 이야기하고 협조를 구해야지 근로자들도 협조해줄 수 있는 것 아닙니까? 겉으로 보기에 '매출이 많고 이윤도 많은 것 같은데……' 하고 잘못 생각하고 있다면 그 책임은 경영층에도 있다고 생각합니다. (A기업 사장)

그러나 노동조합의 경영 참여에 대해서는 대부분 경영권 침해로 바라보는 부정적인 견해가 지배적이었다.

경영 정보는 공유하되 기본적으로 경영권에 참여하는 것은 안 되죠. 종업원을 징계하더라도 노동조합의 동의를 구해야 된다면 그게 징계가 되겠어요. 그렇게 되면 조직 전체에 무사안일, 부정부패가 만연하게 되고…… 고유한 경영권에 참여하려는 것은 노동계의 이기적인 발로지요. (L그룹 상무이사)

"경영이라는 것은 경영자의 몫이에요. 그것은 안 되지요. 또한 (상층 노동 단체가 단위 노사 협상에 개입하는 것은) 옳지 않다고 생각해요"라고 분명한 입장을 밝혔다. 뿐만 아니라 대기업 U기업 사장도 마찬가지다.

그것에 대해서 생각해본 적도 없고 그게 큰 이슈가 되선 안 된다고 봐요. 괜히 이념적으로 떠드는 건 실패한 게 증명되었잖아. 〔……〕 난 우리 회사에서 노동조합이 어떤지 생각해본 적이 없어요. (H기업 부사장)

순수하게 노동자는 노동자라야지 요즘 기업 경영에 참여한다? 이것은 노조가 할 일이 아니지. 기업은 기업가의 기업가 정신을 이용해서 그런 철학과 비전을 가지고 기업을 경영하는 것인데, 거기에 노조가 끼여서 온갖 것을 다 한다? 그 대표적인 케이스가 기아예요. 생산 라인 하나 변경하는 데도 노조의 허가가 있어야 되고 인사 이동하는 데도 노조의 허가가 있어야 되고…… (Q기업 사장)

그러나 실제 기업 현장에서는 이미 상당한 정도의 경영 참여 프로그램을 도입하고 있으며 노동자들이 경영에 어느 정도는 참여하고 있다. 〈표 5-6〉에서 보면 도입률이 가장 높은 영역이 제안 제도, 노사협의회, 품질 관리(QC)이고 이들 프로그램에 대한 참여율도 비교적 높은 데 반해, 노동자 대표의 이사회 참가나 성과 배분제의 도입률은 낮은 편이다. 도입이 되었다 해도 실제 참여율로 보면, 역시 노동자 대표의 이사회 참가를 비롯하여, 직무 재설계 및 개인적 인센티브제를 시행할 때의 참여나 인사징계위원회에 노동자 대표가 참여하는 프로그램에서 실질적인 참가는 저조하다.

이러한 맥락에서 장기적으로는 경영 참여가 필요하다는 견해도 만만치 않지만, 노동조합의 현실적 능력이 미비한 상태에서 현실적 여건이 성숙하지 않으면 노동조합의 경영 참여는 도움이 되지 않고 오히려 자원 낭비일 뿐이라는 현실론이 대표적이다. "공부를 하고 경영

〈표 5-6〉 노동자의 경영 참여 프로그램의 도입 비율 및 참여 비율

대표적인 노동자의 경영 참여 프로그램		도입률	참여율
협의적 의사 결정	– 노동자 의식 조사	78.4%	38.1%
	– QC	91.8%	44.9%
	– 제안 제도	97.1%	74.3%
실질적 의사 결정	– 직무 재설계	83.3%	22.6%
대표적 의사 결정	– 노동자 대표의 이사회 참가	32.4%	6.2%
	– 노사 협의회	96.6%	54.8%
	– 인사징계위원회에 근로자 대표 참여	66.5%	24.5%
분배 참여	– 개인적 인센티브제	64.3%	23.5%
	– 성과 배분제	57.8%	28.9%

한국노동연구원의 1996년 조사. 출처: 이원덕·유규창, 1997: 48.

참여를 하려면 해야지 지금 현재는 해봐야 의미가 없을 거예요"(T기업 사장). 보다 신중한 견해도 있다. 물론 "장기적으로 그렇게 가야 한다고 봐요. 〔……〕 노조의 관행은 회사가 잘되게 하려고 하는 측면이 없다고는 볼 수 없지만 그것을 어떤 무기로 삼는다는 데 문제가 있는 거지요"(E기업 사장).

이처럼 신중한 태도는 어려운 경영 여건 속에 있는 중소기업 R기업의 부사장에게서 한층 더 분명하게 나타났다.

그게 어디까지가 경영권이고 어디까지가 인사권이고 하는 문제가 모호한데요. 우선 정보를 공유하는 문제는 전혀 반대를 안 합니다. 그동안 많은 기업들이 보여주고 싶어도 못 보여준 부분들이 너무 많았어요. 왜냐하면 외부적으로 퍼져나감으로써 본의 아니게 조직 전체가 피해를 보는 경우가 많기 때문이에요. 특히 자금이 부실하다거나 소문이 나쁘면 금융 기관이 하루아침에 잘라버리기 시작하니까요. 저희들도

자금이 어려울 때 적자가 났다는 말을 하지만 보여주지 못했던 것이 그걸 가장 우려했습니다. (R기업 부사장)

이와 관련하여, 삼애실업 정덕 사장의 말은 의미심장하다. "노사 문제라는 것도 근로자가 회사 돌아가는 내용을 모르니까 데모를 하는 거지, 회사 사정을 아는데 어떻게 데모를 해요. 그 사람들도 집에 가면 가장이거든요. 예를 들어 이익이 나면 이익의 몇 %는 주주, 사원, 세금, 유보 〔……〕 이런 식으로 공개하니까 아무런 문제가 없어요. 그래서 저희 회사에는 노조가 없어요."[2]

그러니까 노동조합이 기업 경영 상태를 이해하는 것이 협력적인 노사 관계를 진작시키는 데 중요하며 따라서 노동조합의 경영 참여는 매우 중요한 방법이라는 적극적인 견해도 제기되었다.

이제 뭐니뭐니 해도 기업의 감시 기능을 노동조합이 해주는 것이 가장 효율적이라고 생각해요. 소액 주주도 바깥에서 어떻게 알겠어요. 〔……〕 우리는 노동조합이 없지마는 그 대신 근로자위원회가 있습니다. 〔……〕 사실은 인사 문제나 회계 문제에 대해서 실무자 이상 잘 아는 사람들이 누가 있겠어요? 그런데 그들이 근로자위원회에 다 소속되어 있기 때문에 그런 부분을 논의하는 것이 유용합니다. 사실 우리 같은 회사에서는 근로자위원장들이 전업으로 할 수 없는데 다 전업으로 하여 그 시간 동안에 회사 경영에 대해서 공부를 하고 근로자위원회에서 건설적인 비판을 했으면 좋겠다고 생각해요. 그래서 인사 문제라든지 경영 전략 회의에 그 사람들이 들어옵니다. 물론 대개 실무자들이기 때문에 졸린 얘기가 될지는 몰라도 경영 전략에 대해서 코멘

---

2) MBC 다큐멘터리 「성공시대」(1998)에서.

트를 해줘야 되는 게 아니냐, 회사의 방향 정도는 알아야 되는 게 아니
냐 하고 생각합니다. (F기업 회장)

II. 기업가 단체와 관련 협회

기업가들은 노동조합 못지않게 기업가 단체나 협회의 역할과 기능
에 대해 상당히 비판적인 견해를 가지고 있다. 우리나라 기업가 단체
및 관련 협회는 전국경제인연합회, 대한상공회의소, 한국경영자총협
회, 중소기업협동조합중앙회, 대한무역협회 등이 있으며, 또한 산업
분야별로 협회와 협동조합이 있다. 그러나 기업가들은 기업가 협회
나 관련 경제 단체에 대해서도 많은 문제점을 느끼고 있다.

우선, 기업가들이 사회적으로 자신들을 옹호하는 단체가 있어야
한다는 자의식은 분명한 듯하다. "일을 집단적으로 할 때 의사 표현
도 집단적으로 나눠야 될 거 아냐? 근로자들이 집합된 의사 표현을
하는 길이 있어야 된다면 기업도 있어야지. 그것이 협회 association
아냐"(U기업 사장). 하지만 그 사회적 기능이라든가 실질적 혜택에
대해서는 만족하고 있지 못한 듯하다.

어차피 이해를 같이하는 사람들이 모이는 거 아닙니까? 그러나 국
가의 발전을 위해서 굉장히 능동적인 기능을 했다고는 생각하지 않습
니다. 〔……〕 굉장히 이기적인 일을 하는 것 아니에요. (K기업 회장)

대개 그 사람들이 너무 이기적인 것 같아요. 자기 것밖에 모릅니다.
그게 공적 기관이라고는 생각하지 않습니다. 그건 좀 시정해야 될 것
같아요. (B기업 회장)

협회에서 도움을 받는 것은 별로 없는 것 같아요. 〔……〕 글쎄 대정

부 창구라든가 국내외 창구로서 필요하다고 보는데요. 협회의 운영 자
체가 사실은 관료화되어 있지 않습니까? 준공무원이나 마찬가지고요.
(R기업 부사장)

또한 기업가들에게 기업가 단체는 그리 효용이 있어 보이지 않는
다. 불필요하게 여러 단체가 중복해서 존재한다고 생각하고 있으며
따라서 단체의 구조 조정이 필요하다고 지적한다. "그게 왜 필요한지
모르겠어요. 상공회의소, 경총, 전경련이 있는데 왜 그렇게 셋씩이나
필요한지 정말 모르겠어요. 상공회의소가 충분한 역할을 할 수 있거
든요"(H기업 부사장). 또한 "왜 이렇게 많은지 잘 모르겠어요. 유사
단체 통폐합 거기도 좀 하지"(T기업 사장). "우리나라는 기업가 단체
가 좀 많아요. 한둘로 줄이는 것이 좋겠어요"(E기업 사장). "도움받는
건 아무것도 없고요. 있을 필요가 있다는 건 아는데 설립 목적을 달
성하느냐는 의문이지"(J기업 사장). "(기업가 단체들은) 없을 수가 없
겠죠. 해야 되겠죠. 그런데 여태까지는 단체가 힘을 발휘한 것이 아
니라 각자가 로비해서 했지, 단체가 뭘 한 게 있습니까? 요새 와서야
노사정이니 해서 조금 한 것 같지 뭐, 난 그 사람들이 뭘 했는지 모르
겠어요"(P기업 부사장).

기업가들이 볼 때, 이러한 단체의 수가 많고 적은 것 못지않게 중
요한 것은 할 일이 무엇인가 하는 데도 있다. "그 수가 원체 많으니까
요. 〔……〕 몇 개냐 하는 것보다는 단체의 운영에 참신성이 있어야
한다고 생각해요"(G기업 회장). "이익을 대변하기 위해 단체가 생기
는 것은 좋지만 서로의 역할이 뚜렷하지 못한 부분들이 있어서 문제
이지요"(D기업 사장).

부분적으로 고쳐나갈 점이 많고 다소 중복되는 점도 있죠. 전경련

도 대기업들의 이익을 대변하는 조직으로 편성되어 있는데 그건 잘못
이죠. 전경련이 할 일은 바람직한 시장 경제 질서를 확립하고 전체 경
제 주체들이 자율적으로 자기가 가지고 있는 역량을 발휘할 수 있도록
분위기를 만드는 역할이어야지요. 그런데 지금 대기업들의 이익을 대
변하는 조직으로만 역할하고 있으니 문제이지요. (L그룹 상무이사)

전혀 도움이 안 되는 것 같아요. 예를 들어 무역협회에서는 무역협
회의 발전 방향이라 하면 어떻게 무역을 활성화시키고 거기에 무역협
회가 어떻게 할 것인가라고 해야 하는데 무역협회의 방침이 무역협회
에 근무하는 사람들의 근무 조건을 어떻게 하고 언제 사무실을 짓고
하는 것이라고 여기기 때문이에요. 〔……〕 심지어 국내외 여건의 변
화에 따라 사람 수를 줄이고 기능을 줄이는 것이 발전 계획이 될 수 있
어야 하는 것 아닌가요. (F기업 회장)

결론적으로, 이런 기업을 대표하는 단체들이 향후 좀더 실질적으
로 업계의 경제 행위를 지원하고 도와주는 기관이 되어야 한다는 것
이 기업가들의 한결같은 희망이라고 하였다.

상공회의소에선 특별법이 있어서 〔……〕 기업이 매출액의 얼마를
내게 되어 있습니다. 과연 그 돈을 낼 필요가 있는가, 그만큼 우리가
도움을 받고 있는가(생각이 듭니다). 낼 수 있는 여유가 있을 때는 불
만이 있어도 돈을 냅니다. 하지만 쪼들리는 단계가 되면 근본적인 회
의를 하게 되죠. 지금까지와 같이 운영되는 것은 가능하지 않을 거라
고 생각합니다. 그 단체들도 기업이 나가는 데 있어서 방향을 제시해
주고 지원하는 역할을 해야 합니다. 지금까지 보면 공무원 사회와 같
이 인원만 늘고 〔……〕 기업보다 열심히 뭘 해야 될지 찾고 정체성을

찾지 않으면 존재하는 것이 가능하지 않다고 생각이 듭니다. (M기업
사장)

따라서 기업가 협회나 관련 단체는 기본적으로 구성원들의 이익
추구가 기본이지만, 21세기 지식 정보 사회에서는 지식과 정보의 공
유와 고도화를 위해 대단히 중요한 사회적 기반이라는 점에서 전문
가 협회나 단체뿐만 아니라 산업별 협회나 단체의 역할을 변화시켜
야 할 것이다.

제6장

범세계경제와 동아시아의 역할

1. 전지구화하는 경제와 미국의 역할

I. 전지구적 경제와 자본의 국적성

1) 자본의 국적성

상품 판매뿐만 아니라 중간 제품, 생산 과정 등 다양한 경제 요소가 날로 전지구화 또는 범세계화globalization하고 범세계적인 차원에서 경쟁이 격화되고 있는 현실에서, 자본이 어느 나라 것인가 하는 인식은 이제 거의 사라져가고 있다. 우리나라도 외국인 직접 투자가 외환 위기로 순간 급감하였으나 장기적으로는 증가 추세에 있다.

〈그림 6-1〉　　　　　　　　외국인 직접 투자 추이

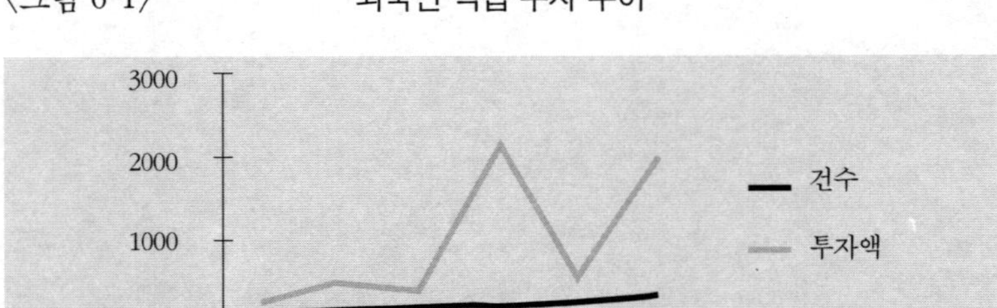

이러한 여건에서 우리가 면담한 기업가들은 전지구화한 자유 시장 경제 체제에 적응하지 않으면 우리 경제가 살아남을 수 없다는 추세는 전반적으로 인정한다. "자본에 국적이 없는 것 아녜요? 외자를 유치하면서 국적이 없다고 하는 것이 뭣하지만 느낌 자체로는 국적의 유무를 따질 필요가 없다는 생각이 듭니다"(D기업 사장). "(자본에는) 국적이 없어요. 외국 사람이 우리나라에 들어와서 장사하는 것 나쁘지 않다고 생각해요. 더 많이 들어와야 한다고 생각해요.〔……〕이제는 내수 시장과 국제 시장의 구분이 없어요"(H기업 주사장).

그러니까 우선 자본의 국적을 따지지 말고 차별하지 말아야 할 뿐 아니라, 특히 외국 자본의 장기 투자는 IMF 극복을 위해서는 오히려 의식적으로 적극 장려되어야 한다는 의견이다.

자본에 국적이 있다고 누가 주인이냐를 자꾸 구별하려고 하다보면 외국 기업에 대해서 적대적인 입장을 취하거나 혐오감을 느끼는 상태로 만들기도 합니다. 그러면 결국은 고립된다고요. 우리도 이제는 넓은 의미에서 자본의 국적을 구별하지 않고 해외 자본도 들어오면 좋겠다 이거지요. (K기업 회장)

외국 자본도 그저 싸니까 들어와서 사업하는 것이 아니라 정말 장기적으로 한국이라는 나라를 오래오래 보고 나서 투자하는 분께는(국적이 없다). 우리가 외자 유치를 외치지만 우리나라에 외국 기업이 와서 성공한 사례가 없잖은가?〔……〕우리가 나간다고 그러면서 남이 오는 건 막아서야 되겠는가.〔……〕이러한 것에 대한 반성 없이는 우리는 절대 국제화가 안 되고 IMF 탈출도 없다고 보는 것이지요. (U기업 사장)

우리나라에서는 외국 자본이 절대로 필요해요. 우리나라 정도의 수준에서 우리처럼 외국 자본이 적게 들어온 나라는 없을 거예요. 〔……〕 그런데 지금에도 투기성 자본이 있으니까 그런 부분들은 규제가 있어야 되는 것 같기도 하고요. (F기업 회장)

지금까지는, 자본에 국적이 있었는데 세계에 하루에 돌고 있는 돈에서 무역 대금 결제나 상거래에서 오는 외환 거래는 5%밖에 안 됩니다. 나머지 95%가 투기 자본인데 작은 자기 자본 가지고 국적이 있다고 아무리 주장해봐야 별수없는 시대에 왔다고 생각합니다. 〔……〕 건전하게 유치해서 들어오는 외국 자본은 좋다고 생각하고, 그게 너무 투기 자본화하면 좋지 않지만 〔……〕 세계가 이렇게 개방을 하는데 국적 자본이라든지 외국 자본의 배척이라든지 그런 것을 주장해서는 안 되지 않느냐. 나라를 뺏긴 설움이라는 게 우리만 유독 쇄국했기 때문에 그런 것 아닙니까. (G기업 회장)

그러나 그와 같은 현실 인식에도 불구하고 자본의 국적성 소멸에 대해서는 기업가들도 불안감을 감추지 않는다.

(자본에 국적이) 없죠. 그러니 점점 더 무서워지죠. 〔……〕 지금 굉장히 위험하고 다들 바들바들 떨고 있는데, 그 중 하나는 투기성 자금인데, 지금 자금이 하도 커져가지고 그 사람들이 정부를 상대로 투자하고 있는데 순기능하고 역기능이 있어요. 순기능은 정부가 잘못하는 것을 막아줘요. 〔……〕 우리나라의 경우도 지금 주식 시장이 300밖에 안 되는 이유가 뭐 개미군단이 어떻고 무슨 기관 투자가 어떻고 〔……〕 다 쓸데없는 이야기입니다. 이 사람들의 힘이 지금 너무 미약해졌어요. 외국인이 투자를 하면 주가가 오르고 안 하면 떨어지고 그

러는 거예요. 싫든 좋든 간에 그 사람들의 룰대로 살아야지 우리가 어
떻고 저떻고 이건 더 이상 말이 안 돼요. 〔……〕 시장이 지배하는 구
조, 그 다음에는 국제적인 관행대로 하는 것, 즉 국제적인 관행대로 해
서 투명성을 제고하는 것, 그렇게 가야 되겠죠. (P기업 부사장)

그런 의미에서 자본에 국적이 없다는 데는 동의하지만 과도기 과
정에서는 국적이 필요하다는 생각이 상당히 편재되어 있다.

국적이 없다고 생각합니다. 그러나 그건 논리적인 생각이고 피부에
와 닿는 것은 이러다가 잘못되는 거 아닌가 하는 생각이 또 듭니다. 굉
장히 이율 배반적이라는 느낌입니다만 자본가는 다 국적이 있는 사람
아닙니까? 과연 우리나라한테 핵심적인 것이 오겠습니까? 〔……〕
IMF 전에도 우리나라에 합작 기업들이 많이 있었는데 합작 기업들이
갖는 문제가 심지어 51%의 경영권을 갖는 외국 기업도 핵심 기술을
넘겨준다든가 국산화하는 데는 상당히 인색했다는 것입니다. 앞으로
도 그럴 겁니다. (M기업 사장)

따라서 자본의 국적이 없어져가는 경제 현실에서 기업가들의 고민
은 매우 큰 듯하다. "IMF가 나서 신용장을 가지고 달러를 팔 때나, 원
자재를 수입하기 위하여 달러를 살 때, 옛날에는 2%였는데 7, 8%로
올라서 문제입니다. 옛날에는 이자 12%, 13%를 지불하여도 '그 돈
이 어디 가나? 우리나라에 있는 거고 우리 기업 잘되는 거고 은행이
잘되는 거 아냐' 라고 생각했는데……" (J기업 사장). "자본의 국적이
분명히 있었는데 〔……〕 WTO에 가입하고 OECD에 가입하면서 국적
이 없어졌어요. 〔……〕 너무 빨리 풀었다고 느낍니다" (C기업 본부
장). "굳이 따진다면 국적이 있죠. 국적이 있기는 하지만 요즘 갈수록

그런 면이 희석된다고 할까? 과연 국적을 뭘로 정할 것인가 말이야"
(Q기업 사장).

그러한 고민은 S기업 전회장에게는 더욱 분명한 형태를 띤다.

외국 자본의 수혈이 불가피합니다. 그러나 그것을 무작정 완전 개
방해버리면 되느냐? 〔……〕 거기서 일하는 사람을 한국 사람으로 하
고 그 주인이 누구이든 상관이 있느냐 이렇게 말하지만 우리가 완전히
개방된 세계 사회에서 한국적인 기업이 무슨 의미를 가지고 있는지 곰
곰이 생각해봐야 합니다. 〔……〕 (나에게) 명쾌하지는 않습니다. 그렇
다면 우리 기업의 기본적인 소유 구조를 완전히 내놓아버리는 것은 상
당히 문제가 있습니다. 〔……〕 경제적인 민족주의 비슷한 것이 재대
두될 수 있는 가능성도 있으니까요. (S기업 前회장)

결국 우리의 국민 경제는 위기 관리 시스템을 갖추지 않으면 안 된
다는 것인데, 그런 점에서 "경제는 장기적으로는 결국 자력갱생의 체
질을 갖추지 않으면 안 돼요"(E기업 사장)라는 실토를 하기도 했다.

B기업 회장은 더욱 분명하게 자본의 국적이 현실적으로 필요함을
강조했다.

(자본의 국적은) 있어야 된다고 봅니다. (은행에 외국 자본이 들어
오면) 은행만 통제하는 것이 아닙니다. 은행을 통해서 산업 전반을 통
제하게 됩니다. 〔……〕 기술을 가지고 오는 경우도 있습니다. 그러나
해놓은 것을 가져오지, 절대 R & D는 가져오지 않습니다. 그러니까
외국 사람을 믿고 한다는 것은 잘못이에요. 앞으로 걱정이 됩니다. 만
약 이런 식으로 가게 되면 모든 부가 모두 미국으로 집중되지 않겠습
니까? 〔……〕 그러면 자본주의 자체가 붕괴될 가능성이 있다는 겁니

다. 이게 붕괴됐을 때 대체할 시스템이 뭐가 있느냐? 대책없이 붕괴된
단 말이에요. 그게 걱정입니다. (B기업 회장)

자본에는 국경이 있어야 합니다. 세계가 지구촌, 하나의 가족이 되
어 국경을 벗어나고 있으나, 아직은 우리나라 실정에서 본다면 그래도
우리 것 쪽에 조금 더 생각을 둬야 하지 않나 생각합니다. (I기업 부사
장)

IMF 이후 새로운 조류의 변화와 지금 현실로 봐서는 없다고 생각합
니다. 그러나 동양적인 생각과 민족적인 생각 그리고 자국 보호의 입
장에서 아직도 어느 부분까지는 있어야 되지 않나 생각합니다.
[……] 어느 정도는 우리 쪽에 유리한 것은 보호해야 되고 개방해야
할 부분은 개방해야 되고 어떤 한계나 기준을 전문가적 입장에서 가져
야 되지 않느냐라고 생각합니다. (A기업 사장)

2) 자유 시장 경제
미국을 중심으로 전지구화해가는 자유 시장 경제 체제의 미래에
대해서 우리의 기업 엘리트들은 견해가 엇갈리고 있다. 우선, 40대
후반~50대초의 젊은 기업가들은 비교적 중립적이고 객관적이다.

좋으나 싫으나 한국 · 일본 · 중국을 포함한 동아시아가 전세계의 생
산 기지화되는 것에는 별문제가 없을 것 같아요. 사람들이 근면하고
교육 수준이 적당히 높고 문맹률이 낮고 인구도 많고 그래서 제조 기
지화하기가 상당히 좋습니다. 거기에다 덧붙여 더 좋아지려면 조금 더
부가가치가 높은 그런 생산 기지가 되는 것이 좋지 않겠느냐 그런 생
각이에요. WTO는 선진국들이 자기네들 이해 관계자를 더 보호하려고

만들었다기보다는 좀더 개방된 쪽으로 가서 서로가 좋게 하자는 쪽으로 만들었다고 생각해요. 단지 그것을 좀 덜 발전된 우리 쪽에서 봤을 때 WTO가 그런 것처럼 보일 뿐이지요. (P기업 부사장)

그러나 연령이 높을수록 신중한 태도가 역력하다.

한국같이 작은 나라가 세계에서 살아나려면 영어를 자유자재로 활용할 수 있어야 합니다. 그러면서 아이덴티티를 살려간다는 노력이 필요한 거죠. 〔……〕 이렇게 서양의 사고 양식, 행동 방식, 문화가 전세계를 휘몰아치고 있는 동안에 우리가 어떻게 아이덴티티를 유지하고 우리의 중요한 것을 가꾸느냐 하는 것이 우리에게 도전입니다. (K기업 회장)

추세를 거스를 수는 없을 것이라는 생각이 듭니다. 〔……〕 자유 시장 경제가 확대될 것이라는 생각이 드는데 자유 시장 경제가 단순히 모든 상품과 자본, 노동이 왔다갔다하는 그런 모습은 아니지 않겠는가 하는 생각이 듭니다. 투기 자본이라든가 핫 머니 hot money라는 것이 떠돌아다니면서 여러 가지 시스템을 붕괴시키고 그게 도미노 현상을 일으켜서 세계 경제에 엄청난 충격을 주지 않았습니까? 우리가 자유 시장 경제를 주장하는 이유는 생산과 분배에 있어서 효율성을 가져와서 아웃풋 output을 극대화하고 그걸 통해서 분배도 더 많이 할 수 있는 긍정적인 것을 지향하기 때문인데, 그게 너무 무분별하게 돼서 투기 자본이 그런 식으로 운영된다면 원하는 목적과는 다르게 갈 수 있다는 점에서 문제입니다. (M기업 사장)

그러나 많은 기업가들은 결국 그러한 세계 시장 경제 논리는 강자의 논리라는 점을 지적하였다.

　무역 장벽 없는 자유 시장 체제도 사람들이 인위적으로 만든 거지요. 선진국들이 말로는 그렇게 표방하면서 NAFTA다, EU다 하여 지역 블록화를 한단 말이죠. 자유 무역이 어떻고 WTO가 어떻고 하지만 결국은 지역 블록 경제로 가는 것이 아니겠어요. (D기업 사장)

　자유 시장 경제 체제로 간다고 하지만 저는 (그것을) 항상 강자의 논리라고 보거든요. 〔……〕 자기가 우선적인 위치에 섰을 때는 자유로 하자고 하고 또 어떤 순간이 되면 자동차 쿼터 하자고 그러고. 결국은 세계 강대국들이 어떤 것이 자기네한테 유리한가에 따라서 태도를 바꾸는 것이 아닌가 생각합니다. (V기업 회장)

동시에 자유 시장 체제의 미래에 대해서는 비관적인 견해도 나왔다.

　왜 돈만 국경이 없느냐, 사람도 국경이 있고 영화를 하나 수입하려고 해도 절차를 거쳐야 하는데라고 ㅂ교수에게 물었더니 경제성 때문이래요. 돈은 제맘대로 움직여도 전혀 돈이 안 드는데 다른 것들은 움직이면 돈이 들어서 〔……〕 이제 WTO 체제다 하여 국경도 없어지고 기업도 어느 나라에서 해도 자유롭고 〔……〕 이자율도, 전기세로 비슷해지고 〔……〕 현추세대로라면 전세계가 하나 되어 일등 하는 사람이 살아남는다고 〔……〕 결국 부익부 빈익빈 게임하는 것 아닌가요. 〔……〕 더욱 문제는 그러한 시스템이 고용에 도움을 줄 리도 만무하고. 현재 그렇게 갈 수밖에 없지만 어떻게 될지는 잘 모르겠어요. (T기업 사장)

이런 맥락에서 동아시아의 자본주의 정신을 비교하여 연구하는 것은 매우 중요하다는 의견도 피력하였다.

(동아시아 자본주의 정신에 대한 연구는) 시기 적절하고 꼭 필요하다고 생각합니다. 한국 경제는 지금 상당히 큰 딜레마에 빠져 있습니다. 한국 기업이나 경제가 세계화된 개방된 시장에서 경쟁력을 확보해 나가야 된다면, 현재 서구 특히 미국을 중심으로 하는 자유 시장 경쟁 사상, 순전히 약육강식의 절대적인 경쟁을 바탕으로 철저히 서구적인 합리주의에 입각한 방식으로 빨리 전환해야 하고 이를 통해 과거의 구습을 탈피해가야 한다는 것은 두말할 것도 없습니다. 그런데 역사상으로 초기 자본주의의 문제점을 낳게 되어 자본주의와 사회주의 체제의 대립이 생기고 상당한 대립을 거쳐 자유 경쟁에 입각한 자본주의 체제, 그러나 상당히 수정된 형태이지만, 그런 체제를 갖게 된 것입니다. 그 중에서도 아무튼 자유 시장 경제가 경쟁력이 더 있고 우위에 있다는 것이 판정되었습니다. 〔……〕 그러면, 그러한 미국을 중심으로 한 자유 시장 경제 체제의 경제 시스템에 우위성과 더불어 장래성이 얼마큼 클 것인가. 나는 이미 정점을 넘어 거의 막다른 골목에 왔다고 봅니다. 수정하여서 사회주의를 꺾었는데, 다시 WTO, 그 이후(post-WTO)로 가면서 무제한의 자유·개방을 표방하고 무한 경쟁을 추구하는 세계 경제의 운영은 자본주의의 여러 문제점을 야기하지 않을 수 없습니다. 어떤 형태일지는 모르지만 제한을 가하는 방향으로 갈 도리밖에 없겠다고 생각합니다. 〔……〕 급속도로 그것(범세계화되는 시장)에 쫓아가야 하면서도 그것 앞의 쪽으로 가야 한다는 것이란 말이에요. (S기업 前회장)

Ⅱ. 미국 경영 시스템

우리의 기업가들은 전지구화를 불가피한 것으로 인식하면서 동시에 세계적인 표준이 되어가는 미국의 경영 시스템에 대해서는 투명하고 효율적이라는 장점 이외에 단기적이고 비인간적이라는 단점을 명확히 인식하고 있다.

미국 경영 방법의 장점 중의 하나는 목표 지향이 굉장히 강하다는 거예요. 목표를 도출하는 데 굉장히 합리적으로 여러 가지를 고려해서 가장 적합한 목표를 세우고 모든 보상과 움직이는 운영의 원칙이 목표 달성도에 따라 움직입니다. 이 점은 매우 좋다고 생각하고. 단점은 그렇게 가다보니까 하나를 장기적인 관점에서 깊이 파는 것이 상당히 약하다는 것입니다. 사람도 4, 5년 지나 떠나버리면 그만인데, 미국같이 모든 게 기반이 다 갖춰진 나라에서는 좋은데 우리나라 같은 나라에서는 사회 전체적으로 아직 그렇지 못하잖습니까. 공동으로 나누어 먹어야 하는 몫이 있고 같이 키워서 나누어 먹어야 되는 몫이 있는데 아무도 책임지지 않는 상태가 되면 곤란하지요. 그러니까 자기가 조금씩이라도 희생을 해서 장기적인 관점에서의 투자는 공동적으로 할 수 있고 이런 게 필요하지요. 미국처럼 너무 목표나 현실이 이익에 의해서 왔다갔다하는 것은 바람직하지 않아요. (H기업 부사장)

소위 사회적 안전망 social safety net이 되어 있지 않은 상태에서 너희들끼리 잘 알아서 하라고 하면 경쟁력이 없는 사람은 어떻게 하느냐 이거죠. 그것 참 큰 문제입니다. 특히 못사는 나라에 미국식 자본주의를 들여왔을 때, 자본주의라는 게 자본을 가지면 자동적인 이익을 얻게 되어 있는데 축적된 자본이 없는 사람은 어떻게 하느냐 이거지요.

그러니까 그런 사람들도 그냥 살아갈 수 있는 여러 가지 사회 제도들
이 만들어져야 되는데…… (P기업 부사장)

미국식이라는 것은 빈부의 차를 극대화하는 것이거든요. 그러면 굉
장히 큰 사회 문제가 생기는 거예요. 미국 같은 데는 아직도 넓은 국
토, 최소 생활이 보장되니까 괜찮지만 그렇지 못한 나라에서는 그렇게
빈부의 차를 둬가지고 없는 사람은 굶어죽고 〔……〕 그건 평화로울
수 없거든요. 〔……〕 시장 경제 위주로 하는 것도 어쩔 수 없이 따라
가긴 하지만 세계가 전부 그렇게 될 수 있느냐, 그렇게 생각하지 않습
니다. (G기업 회장)

미국식 자본주의가 현실상 국제 표준처럼 되어 있잖아요? (미국식
시스템은) 개인주의에 의한 창의성인데 창의성은 개인주의가 역시 되
어야지 발휘되는 것 같아요. 또 미국처럼 〔……〕 사회 시스템이 잘되
어 있어야 하고 땅덩어리·자원·인구 이런 부분이 있기 때문에 가능
한 것 같아요. 그런 것을 못 가지고 있는 쪽에서 그런 시스템을 쫓아가
다보면 전혀 안 맞을 수 있을 겁니다. (F기업 회장)

미국은 개인주의가 밑바닥부터 지배되는 나라이기 때문에 개인의
창의력이라든가 개인의 능력을 100%로 활용하고 또 보상해주고 하는
것이 미국식 경영 아니겠습니까? 우리는 짧은 기간 내에 양적으로 팽
창하다보니까 정부가 직간접적으로 관여했고 또 가부장적이고 유교적
인 윗사람들의 이야기를 따라가고 한 것이어서 안 맞는 것이 사실이
죠. (D기업 사장)

범세계적인 맥락을 검토할 때, 인터넷은 전지구화의 가장 중요한 기술적 기반이 되고 있다. 인터넷을 이용한 전자 상거래의 전세계 시장 규모는 1997년 244억 달러에서 1998년 820억 달러로 3.36배 급성장하였으며 1999년 2,200억 달러, 2000년에는 3,900억 달러, 2002년에는 7,900억 달러로 지속적으로 성장할 것으로 추정된다.

〈그림 6-2〉　　　　　　　인터넷 전자 상거래 시장 규모

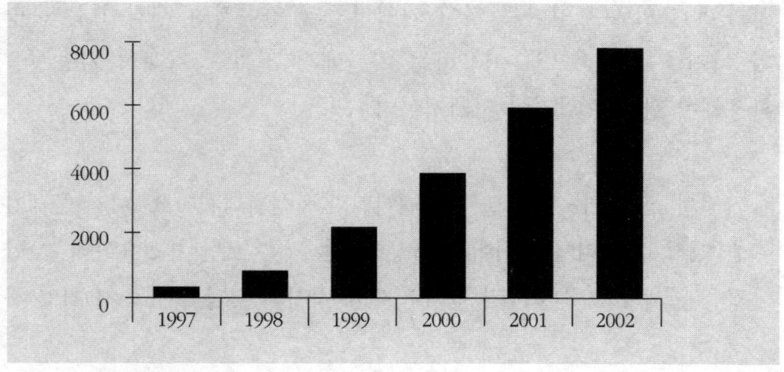

이러한 인터넷에 대해서 우리가 만난 기업가들은 대체로 호의적인 생각을 지니고 있다. 인터넷 시대는 우리 민족에게는 긍정적인 요소라는 것이다.

저는 인터넷을 범세계적인 정보 교류라고 생각해요. 역사적으로 실크 로드가 있고 또 십자군 전쟁을 통해 영국 사람들은 아랍 건축을 본 떠 영국식 성 castle을 만들 수 있었고 우리나라도 팔만대장경을 만들 때 당시 중국에서 가장 우수한 기술을 가져다가 만든 겁니다. 경복궁

근정전도 기둥이 같은 게 하나도 없을 정도로 당시의 다양한 건축 양식을 활용하고 있는 것을 봅니다. 인터넷 시대는 소수 몇 사람에 의해 새로운 문명을 만들 수 있어 통계적으로 비관적이지만, 나는 인터넷 시대가 우리 한국 사람에게 맞는다고 생각해요. 세계 곳곳에서 훌륭한 기술과 정보를 활용해서 뭔가를 끌어내는 힘이 있거든요. 그것이 중국이나 일본과 다른 우리 민족의 특성인 것 같아요. (W기업 사장)

이러한 정보 기술을 배경으로 범세계적인 수준에서 기업간 거래뿐만 아니라 소비자들과의 직접적인 거래 등 다양한 전자 상거래가 활성화할 것으로 보인다는 것이 기업가들의 일반적인 생각이다. 문명의 이기를 적극적으로 이용하는 차원에서 전자 상거래의 가능성을 활용해야 한다는 의견이 지배적이다.

전자 상거래는 아직 초기 단계이지만 활성화되겠지요. 아직 문제가 좀 있지요. 우리가 바이어하고 상담하는 것은 보안이 필요한데, 보안 같은 문제가 해결되면 뭐 편리한 건데 확산되지 않겠어요. (D기업 사장)

전자 상거래의 초기 단계이지만 결국에는 편리한 문명의 이기들을 사용하게 될 것입니다. 증권만 하더라도 요즘 실물 거래보다는 선물 거래가 금액이 더 많아졌거든요. 그러니까 좋든 싫든 새로운 것은 받아들여 활용해야 한다고 생각합니다. (G기업 회장)

(전자 상거래는) 그냥 놔두어도 점점 더 보급될 것입니다만 내버려 두면 그 차이만 기하급수적으로 늘어날 뿐이고 〔……〕 국가 정책으로 적극적으로 지원을 해야겠죠. 그것까지 시장에 맡긴다면 걱정입니다.

(K기업 회장)

그러나 이를 적극적으로 지원하기 위해서는 전자 상거래를 원활히 할 수 있는 제도적 장치를 마련하여야 한다는 것이며, 그에 따른 여러 가지 문제들을 다룰 수 있는 법적·제도적 장치를 마련하고 조직을 투명하게 하는 것이 필요하다는 것을 강조한다.

우리나라의 상업 관행, 정부의 규제 등 제도가 밑받침이 돼야 되는 거야. 그렇지 않으면 범죄의 소굴이 될 가능성이 있어. 시스템을 받아들일 때는 기술적으로 가능한 것과 사회적으로 제도화하는 것은 별개의 문제야. (U기업 사장)

정보 체계가 자꾸 복잡해지고 거기에 범죄도 무제한으로 일어나는데 그게 범죄냐 아니냐 이야기는 우리가 특히 어느 선까지 제한을 하느냐에 달려 있거든요. 〔……〕 전자 상거래는 필연적인 추세인데 전자 상거래를 받아들이냐 안 받아들이냐 이런 게 아니고, 전자 상거래를 어떻게 하면 우리 인간 사회의 질서를 유지하면서 어지럽히지 않는 방법이 있겠느냐 하는 것입니다. (S기업 前회장)

전자 상거래라는 것은 거래에 수반되는 여러 가지 요소가 있어요. 돈을 주고받는 것이 있고 주문order을 주고받는 것이 있으며 배송을 하는 것이 있고 여러 가지가 있거든요. 〔……〕 그것을 전자화한다는 것은 복잡한 것을 한데로 묶어서 컴퓨터 가동을 해서 해결해준다는 얘기거든요…… 단순하게 주문만 컴퓨터에 연결해서 하면 차라리 전화로 하는 것이 더 효율적이지요. 복잡한 네트워크를 어떻게 컴퓨터를 통해서 단순화시키느냐 거기에 효과가 있는 것이지 단순하게 포인트

포인트로 컴퓨터에 매개하는 것은 별로 도움이 되지 않습니다. (H기
업 부사장)

2. 일본과 중국, 그리고 동아시아 협력 방안

I. 일본과 중국의 경제 문제

1) 일본의 경제 위기

우리의 경제는 미국만큼 일본의 영향을 많이 받는다. 따라서 일본
경제의 현황과 장래 전망은 우리에게도 상당히 중요한 사안이라 하
겠다. 이런 관점에서 이번 연구에 참여한 우리나라 기업 엘리트들의
견해를 살펴보기로 하였다. 우선, 일본의 경제 위기에 대해서는 사실
인식 차원에서 의견이 엇갈리고 있다. 저축률이 높고 제조업이 강해
서 경제 위기는 사실이 아니라 과장이고 엄살이라는 견해와, 구조 조
정을 적절하게 하지 못하고 지식 정보 경제로 이행하는 데 적응하지
못했기 때문에 발생한 현실이라는 생각으로 양분되어 있다.

먼저 일본 경제에 대해서 비교적 낙관적으로 보는 기업가들의 생
각을 보면, 중소기업 R기업 부사장은 직설적으로 "나는 일본의 위기
는 엄살인 것 같아요"라고 지적하였다. "일본의 경제 위기는 일시적
인 현상이라고 생각하고 있어요. 스스로 너무 절약해서 〔……〕 슬기
롭게 잘 극복하리라 생각합니다"(X기업 사장). 이러한 낙관적인 견해
는 우리나라 경제와 비교하는 제3자적 관점에서 연유한 듯하다.

일본 경제는 튼튼하잖아요. 언론들이 하도 호들갑을 떨어서 그렇
지, 위기 상황으로 생각하지 않습니다. 금융 시장이 부분적으로 좀 문

제가 있을 뿐이지, 실물 경제를 보면 세계 최강이죠. 최고의 제조업 경쟁력에다 외환 보유고고 뭐고 걱정할 것이 전혀 없어요. 일본 언론이 조그만 일이 있어도 일본 열도 위기론 같은 말을 해서 호들갑을 떨지만 우리하고는 차원이 다르지요. (L그룹 상무이사)

(일본의 위기는 한국의 경우와) 본질적으로 다르다고 생각합니다. 제조업이 확고한 기반을 다지고 있고 〔……〕 언젠가 일본은 그런 힘을 발휘할 수 있다고 생각하고 있습니다. 미국이 지금 세계를 가지고 흔들지만 과연 오래 가겠는가? (G기업 회장)

그러나 일본 경제의 내부 구조를 좀더 의심쩍은 눈으로 바라보는 신중한 기업가도 있다.

일본 사람들이 가진 가장 큰 재주는 대량 생산, 아주 고급 물건을 대량으로 저가로 생산하는 재주를 가졌어요. 또한 자연 환경이 지진도 심하고 태풍도 심해서 저축심도 강하고 〔……〕 그러나 일본의 정경 유착은 우리보다 덜하지만 못지않고 금융 시스템도 신용 담보는 없고 모두 부동산 담보로 돈을 꿔줘서 버블이 꺼지면서 위기를 겪고 있지 않나 생각해요. 〔……〕 그나마 경제 규모가 커서 우리처럼 쉽게 밟지 못했을 뿐이지요. 〔……〕 그래서 내수도 많이 죽고 산업 생산이 자꾸 떨어지고 이론적으로 국제 시장은 개방되었으나 좋은 물건을 만들어도 통상 마찰 등으로 한계가 있지요. 〔……〕 아시아 위기를 해결하는 것은 일본밖에 없다고 생각해요. 일본이 그나마 내수가 진정되어 활발하게 소비를 해주어야 아시아 물건들이 수출할 수 있는데 말이에요. (T기업 사장)

이러한 기대와 우려는 훨씬 더 구조적이며 단순하지 않다는 점을 다음과 같이 표명하는 기업가도 있었다.

일본 사람들이 국민 소득 4만~5만 달러의 나라이면서 1만 달러 소득을 가진 나라에서나 생산하는 공장을 가지고 있으니까 못사는 이웃 나라와 경쟁해서 너희들도 고생하는 것이 아니냐고 했더니 '그 말은 옳다. 그런데 주고 나면 (일본이) 어떤 공장을 해야 하는지를 모르겠다는 것이 문제다'라고 했어요. 〔……〕 일본은 참 바보 같아요. 1조 원에 가까운 저축을 해놓고 하나도 못 쓰고 있는데 그런 바보가 어디 있어요. 참 아이러니한 것은 미국 사람들은 마음대로 쓰고 〔……〕 일본 사람들은 저축했다고 좋아하고 말이죠. (B기업 회장)

요는, 일본 경제에서 비전과 전망이 보이지 않는다는 사실 때문에 '기이한' 현상이 나타난 것이라는 말이다. 일본 경제의 이러한 한계는 경제 패러다임의 변화에 적응하지 못한 데서 기인한다는 인식을 많이 공유하는 듯하다.

일본은 뭔가 패러다임을 변화시켜야 할 것 같아요. 과거 제조업과 엮여 있는 사회 전체 구조가 너무 제도화되어 창의력을 발휘할 수 없고 또 굉장히 고령화되어가고 그러면서도 일본 정부가 그런 변화를 끌어주는 역할을 못 하고 있다는 생각이에요. (V기업 회장)

다양화된 사회가 되고 시장이 국제적으로 개방되고 모든 것이 다양한 선택이 가능한 사회로 자꾸 가다보니까 생산의 효율성을 가지고 안 되는 시대가 왔거든요. 다시 말하면 두뇌의 효율성이 지배하는 사회가 왔는데 그런 면에서는 일본의 기업이 굉장히 뒤떨어져 있어요. 두뇌의

생산성이라는 면에서 미국이 월등하게 높습니다. 〔……〕 일본은 아직
도 조직 · 단체 · 집단 의식 group mentality이 굉장히 강하거든요. 그것
가지고는 안 돼요. 대량 생산하던 시대는 이미 오래 전에 갔거든요.
(H기업 부사장)

일본은 개인이 어떻게 하면 일을 잘하더라 하는 것은 연구를 안 했
거든요. 〔……〕 QC 등이 예입니다만 개개인을 동기 부여하는 요소가
뭐냐 그런 것은 빠져 있지요. 어떻게 하면 개인이 더 창의력을 발휘해
가지고 어떻게 더 열심히 일할 것이냐 하는 것이 빠져 있어요. 일본식
에서는 기본적으로 조직에 충성할 거다라고 가정해버리니까요.
〔……〕 조직이 이기냐 개인이 이기냐 했을 때 많은 경우에 조직이 이
긴다고 하지만 〔……〕 자신의 창의력으로 새로운 것을 만든다든지 투
지력을 발휘한다든지 하는 것은 사실 개인이 우월해야 됩니다. (P기업
부사장)

따라서 경제 패러다임이 탈산업사회론자들이 지적하듯이 서비스업
으로 변화되는 것은 아닐지라도, 경제의 소프트화 · 정보화 · 지식화
등 포괄적인 변화는 의식하고 있다 하겠다.

2) 중국 자본주의
한편, 중국의 자본주의에 대해서는 우리의 기업가들이 비관적인
견해와 낙관적인 견해로 극명하게 대비된다.

중국이 저러한 체제를 얼마만큼 지탱할 수 있을까 걱정이 많습니
다. 러시아보다는 잘 적응하고 있지만 실제로 중국에서는 개방된 연안
도시와 내륙과는 전혀 다른 세계입니다. 그러니까 해안 점점만 자본주

의를 하고 있는 건데 거기는 완전히 서울 못지않게 자본주의의 병폐가 넘쳐흐르고 있습니다. (N기업 사장)

중국은 사실은 문제를 굉장히 많이 갖고 있는 나라지요. 솔직히 말해서 부실 채권은 우리나라보다 훨씬 많이 가지고 있으며 수많은 공영 기업을 사회주의 체제에서 자본주의 체제로 몰고 들어가는 과정에서 얼마나 많은 문제가 생기겠어요. 사회 전체가 과연 저렇게 향후 계속 고도 성장하겠느냐, 정말 그렇다면 그것은 기적이지. 그렇게는 안 되지 않겠느냐 생각해요. 〔……〕 버텨주니 고맙기는 하지만 단기적으로 위안화는 아마 평가절하할 것 같아요. 〔……〕 무안제철소 같은 곳은 800명만 해도 되는데도 몇십만씩 데리고 있는데, 무안제철소가 살아남기 위해서는 이 사람들을 다 방출해야 하는데 받아들일 일자리가 있어야지. (T기업 사장)

그러나 동시에 중국인이 자본주의적 상업 행위에 잘 적응하고 있으며 향후 세계적인 주축국으로 성장 잠재력이 있다는 평가도 못지않다. "부정부패 등이 좀 제거되면 잠재력은 대단한 것이 아닌가 생각합니다"(O기업 회장). "부정부패가 많다든가 의식이나 문명이 뒤떨어져 있지만 중국 국민들의 단결력과 지도자들의 지도력 등이 합쳐지면 중국의 미래가 밝다고 생각합니다"(A기업 사장). "꼭 경제 대국이 된다는 그런 의미에서가 아니라 어느 정도 잘되어갈 것이라는 생각이 들어요. 문화 혁명 이후 현재 40, 50대가 전체적으로 질이 괜찮은 것 같아요. 정치적으로 얼마나 안정될지 잘 모르지만 기본이 잘되어 있는 것 같아요"(D기업 사장).

V기업 회장은 훨씬 더 분명한 어조로 중국의 가능성을 낙관한다.

　저는 낙관적으로 생각하거든요. 중국은 지도자들이 상당히 많이 양
성된 것 같아요. IMF가 와서 돈이 좀 모자란다고 했더니 중국 지방 관
료가 저에게 중국은행 사람과 자리를 마련할 테니까 한번 만나보자고
해서 갔는데, 그 사람이 은행 관계자에게 '이 회사는 한국 회사이지만
사실 중국 사람들을 다 고용하고 있기 때문에 중국 기업과 똑같다. 그
러니 일시적으로 회사가 어렵다면 우리를 위해서 돈을 꾸어주면 사람
도 더 고용하고 발전하지 않겠느냐' 하더군요. 조그마한 지방 관료가
그런 정도의 생각을 가지고 있는 것이 매우 인상적이었습니다. 굉장히
장기적인 안목과 전망을 가지고 있는 것 같아요. 또 중국 사람들도 자
본주의적 마인드를 많이 가지고 있지요. (V기업 회장)

　중국의 가능성을 굉장히 높게 평가합니다. 그렇게 빠른 성장은 못
하지만은 엄청나게 크게 성장할 것이라고 생각하고 있습니다. 저희가
중국에 진출한 지 10년이 다 되어가는데 중국 사람들하고 일을 하면서
느끼는 게 스케일과 포부, 생각의 깊이, 이런 것들이 우리보다 확실히
높다는 느낌을 많이 받았어요. 〔……〕 절대 다수는 물론 그렇지 않은
데, 지도층들의 사고 방식이 우리보다는 깊고 넓고 장기적이고 멀다는
느낌을 상당히 많이 받았고, 더군다나 중국 사람들은 우리보다 자본주
의에 더 가까운 사람들이라는 생각이 듭니다. 그 사람들의 장사 상술
이라는 것은 오랜 전통이죠. (중소 R기업 부사장)

Ⅱ. 동아시아 협력 방안

　동아시아 국가들간의 협력과 관련해서 우리가 면담한 기업가들은
하루 속히 모종의 협력체를 구성할 필요가 있다는 생각을 하고 있었
다. 동아시아가 문화적인 공통성에도 불구하고 경제적 협력의 장이

없었는데 이제는 NAFTA, EU의 블록화에 대비하기 위하여 경제적 협력 기구가 필요하며, 특히 동아시아에 집중된 경제적 위기와 국제 투기 자본의 공세에 대응하기 위해서는 최소한의 협력 체제라도 시급히 만들어야 한다는 견해가 지배적이다.

〈그림 6-2〉　　　세계 삼극 경제 체제의 무역 거래　　（단위: 10억 달러, 1993년）

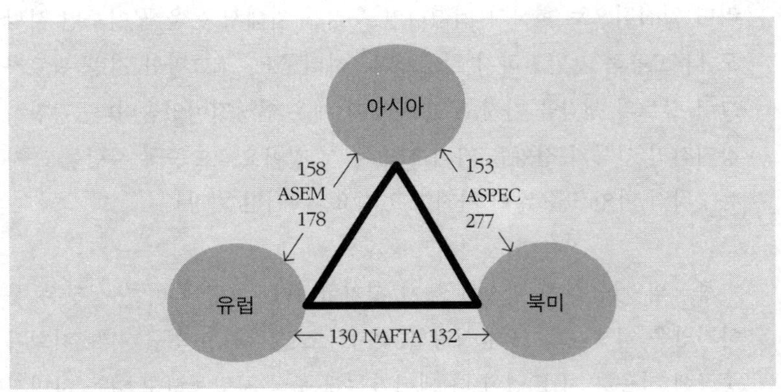

　동아시아 국가 사이에 "가까운 나라부터 협조해서 상호 협력적인 체제를 만들어야 한다고 생각합니다"(A기업 사장). 그러나 "그런 것은 좋아요. 그런 것은 좋은데 배타적인 목적으로 성립되어서는 안 된다고 생각해요. 공동의 이해를 증진하기 위해서 해야지요"(H기업 부사장)라는 신중한 입장도 있다. "필요하죠. 일본의 자본, 한국의 생산 기술, 중국의 인력 자원이 결합하면 시너지를 내는 부분들이 엄청나겠죠. 그런 부분들에서 연대하고 협력할 수 있겠지만 배타적이어서는 곤란하죠. 배타적인 협력 체제보다는 어떤 공동 번영을 위한 경제 협력, 경제 공동체로 발전할 수 있지 않을까 생각합니다"(L그룹 상무 이사).

242

또한 일부 기업가들은 그러한 문제에 대해 분명한 태도를 보이지 않았다. "나는 생각해본 바가 없어"라는 O기업 회장의 말은 인상적이다. "경제 블록화하는 것도 세계 추세에 맞지 않는 것 같지만 〔……〕 동아시아권이 뭔가 해야 되는 것이 아니냐 하는 생각이 있지요. 그러나 구체적으로 무엇을 해야 하는지는 잘 모르겠어요"(F기업 회장).

동아시아 경제 위기를 맞아서 협력의 필요성은 느끼지요. 그런데 서로의 이해 관계가 상반되어가지고 어떻게 될 것인지 모르겠어요. 중국은 위안화 평가절하를 정치적으로 결정해서 아시아의 정치뿐만 아니라 경제 대국으로 일어나보려는 기회로 생각하는 것 같고, 일본도 미국과의 뒷거래를 해서 그 속셈을 잘 모르겠고 금융 기관 부실이다 경제 침체가 지속된다 하는 문제도 안고 있어 지금으로서는 (동아시아의 경제 협력 방안을) 알 수가 없죠. 지역 경제가 IMF 위기를 맞아 협력이 필요하지만 누가 깃발을 들고 했었어야 하는데 일본이나 중국이 할 것이냐? 그렇다고 한국이 할 수는 없을 것이고 그래서 실제 실현 가능성에 관해서는 잘 모르겠어요. (D기업 사장)

저는 불가능하다고 봅니다. 유럽은 본래 하나였기 때문에 유럽 공동체가 가능한 거죠. 저는 동남아와 중국은 화교 자본에 의해 하나의 경제권이 되어가고 있다고 봅니다. 그러나 한국과 일본·중국은 같은 한자 문명권이지만 역사적으로 하나의 경제권으로 묶어본 적이 없어요. 일본은 영국처럼 대륙에 이중적인 의식을 가지고 있으며 우리 한국도 크게 봐서는 중국권에 속해 있지만 상당히 독자성이 강한 나라가 아닙니까. (W기업 사장)

　그러나 많은 기업가들은 상당한 어려움을 예상하면서도 동아시아
의 경제 협력의 필요성과 당위성에 대해서는 강한 어조로 옹호한다.

　　APEC이 있으나 이는 NAFTA나 EU하고 상당히 다르기 때문에 동아
시아 블록은 없다고 생각이 듭니다. 일본이 대동아 공영권 주장을 하
면서 상당히 불신을 가는 일을 했기 때문에 〔……〕 정치적으로 민감
한 문제가 되기는 하지만, 어느 정도 다른 블록에 대항해서 경제 협력
체제를 만들고 아시아적 기반을 가지고 할 수 있는 그런 화폐도 있어
야 상당히 어렵게 됐을 때 십시일반으로 견딜 수 있지 않겠는가 하는
생각이 듭니다. (M기업 사장)

　　저는 동아시아가 협력하는 것은 필연적이라고 봐요. 〔……〕 일본이
과거 동양 지식인의 동양 평화론을 배신하였던 불행한 역사적 경험을
가지고 있지만 〔……〕 (그 편협함을) 경계하면서 동양 평화를 이루어
야지요. (역사적으로) 조선을 매개하지 않으면 중·일 관계는 없습니
다. 지금도 마찬가지라고요. 한국의 역할은 굉장히 큽니다. 한국이 일
본하고 협력하면 중국까지 끌어넣을 수 있는 것은 문제가 아니거든요.
(N기업 사장)

　　국경은 존재하지만 문화는 자꾸 통합되고 있고 그런 과정에서 블록
이라는 것은 생길 수밖에 없다 이거지요. 〔……〕 우리 동아시아는 한
자권이라는 유일한 공통 문화의 기반이 있음에도 불구하고 블록이 안
된 것은 리더가 없어서 그런데, 블록이 안 되면 일본은 견디기가 어렵
죠. 결국은 그런 블록화 과정을 거쳐서 다시 통합이 되든지 할 텐데,
지금 동아시아의 문화의 공통적인 기반을 볼 때 굉장히 빨리 자랄 수
가 있다고 보거든요. 〔……〕 (외환 위기 이후) 블록의 필요성이 반드

시 대두되지 않을 수 없고 그렇게 하면 저는 상당히 위력이 있다고 봐
요. 그 잠재력이나 규모로 봐서는 미국과 비견되지 않겠어요? (미국에
서도) 세계 공황의 조짐이 있고 세계적인 구조 조정이 필요한 것이 아
니냐 하는 얘기가 나오면서 다시 공조라는 이야기가 이제 할 수 없이
나오기 시작한 것이죠. (E기업 사장)

동아시아가 세계 경제에서 차지하는 비중은 높음에도 불구하고 그
영향력을 제대로 행사하지 못하고 있는 이유가 어떤 의미에서는 동아
시아가 단결해가지고 뭔가 하나의 EU라든지 그런 식으로 경제 협력
체제를 했으면 조금 나을 수도 있었을 텐데 〔……〕 현재 전체 세계 경
제의 권역이 소위 브로커들의 술수에 있는데, 동아시아는 제대로 된
그런 경제 협력 체제가 없어요. 〔……〕 그런 의미에서 앞으로는 영내
교역, 자본 이동, 영내 협력 그런 것에 대해 뭔가 목소리를 낼 수 있는
경제 협력체라고 할까 그런 것을 하나 만들었으면 어떨까 싶네요. (Q
기업 사장)

서양의 블록화에 대응해서 블록화하는 것이 동양권에서도 여러 가
지 면에서 이익이라는 생각이 듭니다. 그래서 블록 개념이 EU라든가
NAFTA의 개념까지 블록화가 될지, 말하자면 단일 통합까지 가능하게
될지의 여부는 모르겠습니다만. 어쨌든 최소한도 블록 내에서 환율을
고정화시킨다든가 그래서 마찰을 없애고 그런 의미에서 어느 정도까
지…… 그 정도만 돼도 상당한 결속이 된 블록인데요. 그 정도까지 블
록화가 필요하지 않겠는가라는 생각이 듭니다. (R기업 부사장)

그러한 결속은 어떤 의미에서 문명의 대전환에 대한 확신과 신념
과 같다는 인상을 준다.

경제 공동체를 이루어서 역할 분담을 한다면 동아시아가 빛을 볼
수 있는 그런 시대가 도래하리라 봅니다. 일본의 기술과 자본, 중국의
엄청난 시장과 인력 자원 그러한 것들이 조화된다면 말입니다. 일본이
아직도 이웃 나라에 대해 너무 소극적인 것이 아쉽습니다. (X기업 사
장)

앞으로는 한 50년쯤 지나면 우리(동아시아) 세계 아닙니까? 그걸
오지 않게 하기 위하여 저 난리 아닙니까? 미국에서 중국 분할이 외교
계의 상용어가 되다시피 하고 있어요. 그래야 미국이 산다는 생각이
아닙니까? 그런 일이 있어선 안 되겠죠. 연대해야죠. 〔……〕 중국이
커가지고 리더십을 발휘하는 방향으로 가야 될 것 같아요. 그래서 중
국이 이쪽(동아시아)을 지도해나가야 되는 게 아니냐 생각해요.
〔……〕 앞으로 미국, EU 그리고 중국 아니겠어요. (B기업 회장)

3. 동아시아 문화와 동아시아 경영 시스템

I. 동아시아 경영 시스템

현대 기업 경영은 원래 서양의 근대화 과정에서 생성·발전해온
것이고 비서구 지역으로 근대화가 확산되면서 일단 경영의 기본틀은
서양의 것을 보편화하는 양상을 보여왔다. 그러므로 만일 우리가 하
나의 문화적인 전체성을 별도로 갖는 동양적 기업 경영을 상정하려
고 한다면 그 일은 간단하지가 않을 것이다. 기업 경영은 일정한 기
본이 있고 그것을 실지로 조직화하고 운영해나가는 과정에서 각기
사회는 그 나름의 문화적 요소들을 가미하여 어느 정도는 독특한 기

업 문화를 형성할 수 있을 것이다. 이런 관점에서 우리나라 기업 엘리트는 동아시아의 경영 시스템에 대하여 어떤 관념을 갖는가를 검토함으로써 동아시아적 자본주의 정신의 일환으로서 기업가 정신의 일단을 엿볼 수 있을 것이다.

일단, 우리 기업가들은 동아시아 기업 경영이 하나의 새로운 문화적 총체라고 보지는 않는 것 같다.

답변하기 어려운데 확실히 동양 사람과 서양 사람은 사고 방식에서 차이가 있어요. 우리나라 말에 '경우' (경위[涇渭], 경오라고도 함)라는 말, 미국에는 없잖아요. 법도 아니고 모랄, 예의라고는 말하기 어렵고…… 확실히 문화적 차이가 있는 것은 나도 인정해요. 그러나 근본적으로 기업이라는 것은 문화적 실체가 아니잖은가. 예를 들어 일본식 경영의 실체가 무엇인가. 금융으로 보면 차입 경영이고 생산 방식에서는 대량 생산이고, 또 다른 것을 연구해서 만들어보겠지만 기업 전체로 놓고 보면 다른 것이 없는 것 같아요. (T기업 사장)

동아시아적 고유 모델에 대해 이야기는 나오고 있는데 잘 모르겠어요. 지금은 IMF가 원하는 체제로 가지만 우리의 정서하고 문제가 되는 부분이 있으니까 수정되겠지만 그렇다고 우리 고유의 모델로 갈 것이냐, 가야 하느냐 하는 생각이 들지요. (D기업 사장)

큰 원칙에서는 국제 기준을 따라야 합니다. 노사 문제나 회계에서 투명성이 보장되어야 합니다. 투명해야 된다는 것은 투명한 자료에 의거해서 투명한 절차를 거쳐 승인하고 그러면 재량권을 다 부여할 수 있다는 것입니다. 국제 기준에 따라서 계약하면 그대로입니다. 이면 계약이니 자료의 신빙성이 문제이니 하는 것이 없어야 합니다. 다만 기업 문화라는 것이 있을 수 있는데 그러한 면에서 차이는 있을 수 있다고 봅니다. 미국 기업들은 모두가 주가에 신경이 가 있습니다. 그래서 단기 실적주의로 주가를 올려놓지 않으면 안 되지요. 장기적인 거시 경제 면에서 발전국가인 우리나라는 그러한 면을 재고해볼 가치가 있습니다. 그러나 동아시아적 기업 경영 모델을 만들겠다? 그것은 아닌 것 같아요. (N기업 사장)

그러나 기업 경영의 현실적인 기반으로서 세부적인 면에서는 문화적 차이가 있는 것 같고 따라서 기업 경영 방식의 상대성은 인정해야 한다는 견해는 상당히 우세하게 드러난다.

경영하고 연관지어보면, 업적 평가performance evaluation 시스템이 발달할 때 상위 직위에서 성과급은 미국이나 여기나 모두 가능한 것 같아요. 그러나 과 단위에서는 업적 평가가 안 되고 균등하게 배분하는 것이 우리 문화가 아닙니까. 〔……〕 그러니까 어떤 단위 조직까지 아주 엄격하게 성과급으로 하고 그리고 그 조직 안에서 어떻게 나누느냐 하는 것은 조금 다를 텐데, 미국식이 좀더 차갑습니다. 그렇게 차가울 때 생산성이 더 좋아지겠느냐 하는 데는 차이가 있을지 모르겠어요. 그것이 한국이랑 다를 것 같아요. (P기업 부사장)

전통적인 것을 전면 무시하고 갑자기 탈바꿈할 수 없으려니와 그렇다고 추세에 따라가지 않을 수 없고 그러한 의미에서 세계적 표준과 동아시아 가치가 조화되어야 한다고 생각해요. (A기업 사장)

(한국적 기업 경영이) 가능하다는 생각이 들고요. 예를 들어서 요즘 잘 나간다고 하는 미국식 경영도 사실은 역사적으로 굴곡이 많았던 것

이 아닙니까? 과학적인 관리다, 테일러주의다 해서 나오다가 비판이 일고 또 미국 경제나 경영인들에 대한 평가도 낮아졌다가 다시 요즘 올라가고 〔……〕 경영 자체가 개인이나 조직이 학습하는 과정에서 풍부해져야만 된다고 생각합니다. 지금의 미국 경영 스타일도 그런 면에서 일본식 스타일이 굉장히 많이 가미됐다고 생각이 듭니다. 〔……〕 칼뱅이즘이 열심히 일해서 돈을 벌고 청부(淸富)를 쌓는 것을 하나님한테 선택받은 것이다라는 논리를 전개해서 진짜 돈을 벌고 싶은 욕망을 정당화시켜주고 그것을 통해서 경영 자체에 어떤 철학적 기반을 깔아줬던 것 아닙니까? 우리도 그와 비슷한 정신적 원동력과 에너지를 우리 것에서 찾아서 충분히 우리 나름대로 소화시킬 수 있을 거라고 생각이 듭니다. 〔……〕 자본주의 체제 자체가 하나의 문화적 현상이기 때문이죠. (M기업 사장)

더욱이 자본주의는 서구 자본주의뿐만 아니라 각국의 사회 문화에 따라 상이한 형태를 지닐 수 있다는 것을 시사한다.

자본주의는 꼭 서구 자본주의고 나머지는 아류라고는 할 수 없어요. 우리 나름대로의 가치가 있고 우리나 중국·일본은 기본적으로 유교적 가치 질서가 많이 잔존해 있습니다. 서구 자본주의가 우여곡절을 겪었듯이 우리도 나름대로 특히 유교적 가치에서 자본주의가 이입된 거죠. 〔……〕 비교적 큰 문제 없이 정착될 수 있었는데 그것이 유교적 가치, 인간 관계, 가족 관계를 중시하고 유교적인 선비 정신, 저축, 청빈 사상 이러한 가치들 때문에 자본주의가 정착하는 데 별 혼란이 없었죠. (Q기업 사장)

자본주의라는 것은 실질적으로 합리성을 바탕으로 하는 것을 말합니다. 비합리성을 허용하지 않습니다. 가령, 회사가 합리적으로 인원을 축소해야 되는데도 불구하고 안 되겠다고 억지를 부리는 것은 비합리적이기 때문에 자본주의적인 성격이 아닙니다. 자본주의적 성격은 합리적으로 판단해서 사람을 줄여야 한다면 줄여야 합니다. 늘려야 한다면 늘려야 하는 것이지요. 합리성을 바탕으로 한다는 것은 서구 자본주의나 동양 자본주의나 다를 것이 없지요. 그러나 그 합리성이라는 것의 성격이 서구 자본주의의 개념과 동아시아 자본주의의 개념이 다르다고 생각합니다. 왜냐하면 동아시아에서 사상을 크게 보면 불교·노장·유교가 있는데 불교나 노장은 크게 현실을 부정하고 미래나 내세를 강조하는 종교적인 색채가 강합니다. 반면 유교는 미래나 내세의 것을 전혀 따지지 않고 완전히 현실에 국한하고 있기 때문에 윤리성을 따지는 귀찮고 진부한 사상이 되어버렸는데, 그래도 현실성과 합리성이라는 면은 동양에서는 유교에서 찾을 수 있습니다. 〔……〕 유교가 비현실적이고 실학적 요소가 부족하지만 후대에 와서는 실학적인 주류도 많았고, 중국에서도 문자나 활자도 만들고 화약 등 과학적 성과를 만들고 한 것은 역시 합리성과 현실성을 바탕으로 한 유교적인 사고의 패턴에서 연유한다고 생각합니다. 이렇게 보기 때문에 합리성에 있어서 아리스토텔레스부터 시작되는 서구적인 합리성과 공자에서 출발하는 동양적인 합리성이 있을 수 있습니다. 그 차이가 해명되지 않으면 다음에 오는 자본주의의 해명이 어려워질 가능성이 있습니다. 〔……〕 예를 들어 조직을 꾸민다, 공동체community를 꾸민다 할 때 우리는 아무리 노력해도 미국의 클럽을 조직하는 것은 불가능합니다. 파벌 때문에 공동체community를 자꾸 문제삼는 것입니다. 클럽은 클럽이고 회사는 회사가 아니기 때문이에요. 동아시아에서 가족 제도가 다르기는 하지만 그러한 것을 말해줍니다. 화교 자본이 그 예이지요 〔……〕 이러한 배경을 갖고 새로운 동아시아 자본주의를 생각해보는 것이 좋을 듯합니다. 〔……〕 그러나 동아시아적인 자본주의라 하여 진짜로 아시아의 공통되고 고풍스러운 그런 자본주의가 되기는 힘들 것이라는 점도 되새겨야 됩니다. (S기업 前회장)

따라서 세계화의 추세에 따라 국제적 관행을 받아들이면서도 동아시아의 사회 문화에 합당한 조직 문화와 경영 시스템을 창출하는 것이 필요하다고 지적한다.

동양 문화를 가지고 이 시대에 맞는 경영 활동을 해야 된다고 보고 있습니다. 다만 우리식에 맞는다는 것이 삿갓 쓰고 구두 신는 것을 넘어 〔……〕 동양식으로 하려면 엄정한 룰이 있어야 하는데 룰이 없어요. 기업 회계 기준이라든가 세법상의 기준은 세계적 룰을 따라가야 될 것입니다. 그런데 기업 문화는 다르죠. 서양은 더 많이 이동한 것이 자랑이고 연봉도 더 많이 받죠. 우리는 최소한 한 회사에서 일정 동안 회사에 기여도 많이 남기고 그 다음에 더 좋은 회사 찾아가면 모르지만 철새처럼 이동하는 것은 싫어하지 않습니까? 〔……〕 이러한 것은 동서양이 다르다는 것을 기업에서도 반영을 해야 된다고 생각합니다. (C기업 본부장)

세계화를 따라가지 않을 수는 없지만 그렇다고 반드시 미국식을 그대로 접목할 수 있느냐 하면 그래서는 안 되거든요. 그래서 우리는 우리 길을 모색해야 한다고 생각합니다. (G기업 회장)

한국의 특성에 맞는 기업 시스템을 만들어야 한다고 생각합니다. 우리나라 사람들은 일본 사람과도 좀 다르고 미국 사람과는 매우 다르고 그런 점에서 단점도 굉장히 많으면서도 장점도 많고요. 개개인이

똑똑하고요. 〔……〕 이런 특징을 가진 한국 사람들을 어떻게 뭉쳐서 일하게 할 것인가를 앞으로 연구를 많이 해야 될 것 같아요. (V기업 회장)

Ⅱ. 동아시아 가치

최근에 오면서 특히 서방 학자들 사이에는 이른바 '아시아적 가치'에 대한 논란이 활발해졌는데, 과거 개발 시대에는 이것이 경제 성장에 기여하는 문화적 요소로 주목을 받았다가, IMF 사태가 발발한 이후로는 갑자기 아시아적 가치가 문제의 원천으로 전락하는 수모를 겪기도 했다. 그런 연유로 아시아적 가치나 한국적 가치의 핵심이 무엇이며 그러한 가치가 기업 경영에 어떠한 의미를 가지는지 분명하게 알고 있는 기업가는 많지 않다.

아시아 가치가 무엇인지 잘 모르겠어. 부정부패하는 것이 아시아 가치인가? 관치 금융, 정경 유착 그런 게 아시아 가치인가? 〔……〕 아시아의 위기하고 가치하고는 관련 없는 것이라고 생각해요. (T기업 사장)

미풍양속이 지금은 사실 찾아보기 어렵지 않습니까? 가족 제도도 파괴되고 있고 선비 정신도 사라졌고 오히려 정직한 사람은 바보 취급당하고 〔……〕 외국에 자랑할 수 있는 덕목을 찾기 어렵습니다. (X기업 사장)

글쎄요. 협동이라든가 공동체라든가 하는 의식이 있는데 지금은 서양 사람보다도 더 차별이 심해요. 장애인이나 소수 집단minority에 대해 신경쓰는 것을 보면 선진국이 훨씬 더 우리보다 앞서 있지요. 우리나라처럼 이렇게 모든 것이 사지 멀쩡한 사람들을 중심으로 되어 있는 곳도 없어요. 그런데 가치관은 다르거든요. (N기업 사장)

동아시아 가치가 무엇을 의미하는지 모르겠어요. 제가 생각하기는 프로테스탄티즘이 자본주의에 미친 영향보다 훨씬 크게 유교가 아시아의 근대화에 부정적·긍정적인 영향을 미쳤다는 의미에서 말할 수 있을 것 같아요. 때문에 동아시아 가치라는 모호한 말보다는 유교가 21세기 아시아에 여전히 강한 가치 체계로 남아 있을 것인가 아니면 서구에서 온 가치들에 의해 변형될 것인가 하는 것이 중요하다고 생각해요. 하나의 문명은 시대에 맞든 안 맞든 변하는 것이 쉽지 않으니까요. (W기업 사장)

확실히 기업가들은 상당 부분 우리의 문화나 가치관에 대해 부정적이었다.

먼저 버려야 하는 것부터 이야기하죠. "사촌이 기와집을 지으면 배가 아프다" 또 "내가 못 먹는 밥에다가는 재나 뿌리자," "너 죽고 나 죽자" 하는 것 등입니다. 어느 강원도 산골에 의좋게 몇 집이 살았는데 어느 집에 피아노를 하나 들여오고 난 후부터 공기가 싹 달라졌다는 이야깁니다. (A기업 사장)

그러한 의미에서

개인주의 사고로 바뀌어야 합니다. (H기업 부사장)

그러나 동아시아의 문화적 가치를 적극적으로 계승하여 발전시키는 것이 좋다는 견해도 매우 조심스럽게 나왔다. 아시아적 가치나 한국적 가치를 기업 경영에서 살리는 것은 "좋다고 생각해요. 자기 장점을 더 살리는 것이니까요. 우리의 강점을 버리고 서양 양식을 따라가기보다는 이것들을 증진시키는 게 좋겠지요"(H기업 부사장).

그러면 아시아적 가치나 한국적 가치란 대체 어떤 것이라고 생각하는가?

집단, 팀 중심, 협동 같은 것이 중요하지요. 그리고 단기적인 것보다는 장기적인 것을 생각하는 것, 또한 전체 사회 속에서 기업의 틀을 바라보는 것 등도 중요합니다. 기업이 사회를 떠나 살 수는 없잖아요. 사회 친화적이 되면 단기적으로는 비용이 들지만 장기적으로 사회적인 신뢰를 획득하고 고객으로부터 사랑받고 제품이 많이 팔리고 득이 되는 부분이 많죠. 아시아적 경영 가치관 자체가 좋은 장점이 많지요. (L그룹 상무이사)

또한 유연하게 변화에 적응하는 성품을 장점으로 들기도 한다.

한국 사람들이 공동체 지향적인가 하면 그렇지 않은 것 같아요. 한국 사람처럼 모래알 같은 사람이 없거든요. 〔……〕 우리 문화를 얘기할 때 '빨리빨리'를 빼놓을 수 없지요. 옛날에는 없었는데 〔……〕 지금은 '빨리빨리'가 대충대충 하고 법까지 넘나들면서 해결하려고 하고 그러는데, 어떤 범위 내에서 해야 한다는 인식을 심어주면 '빨리빨리'는 대단히 유연하고 변화무쌍한 21세기 자본주의에 아주 잘 맞는 정신인 것 같아요. (M기업 사장)

동아시아 가치가 서구 문화와 상이한 점으로서 인간적 요소와 관계를 중시하는 인간 존중 내지 인간주의를 가장 큰 특징으로 지적하였다.

인본주의가 아니겠어요. 서구식으로 가다보면 연봉제니 성과급이니 그런 것이 딱딱 끝맺어서 제도적으로는 좋지만 인간적인 측면에서는 좀 미흡한 부분이 있지요. 우리는 일 마치고 저녁 퇴근할 때 소주 한 잔 먹으면서 딱 까놓고 이야기하고 '야 좀 열심히 하자' 뭐 이러는 것이 가미되어야 하는데, 이론적으로는 어떻게 되는지 모르겠지만 그것이 우리 정서에 맞고 기업 경영에 도움이 되지 않는가 생각합니다. (D기업 사장)

동아시아의 문화의 장점은 사람과의 관계를 어디에서나 중시한다는 점인 것 같아요. 서양과의 가장 근본적인 차이가 효율을 중시하는 체제와 사람과의 관계를 중시하는 체제로 나눌 수 있습니다. 미국 TWA라는 항공사가 망한 것은 너무나 효율적이어서인데 동아시아처럼 사람의 관계를 중시하였으면 그렇게 망하지는 않았을 거예요. 왜냐하면 별로 부채도 많지 않은데 M & A 당한 것이거든요. 회사를 지킨다는 생각이 없어요. 그게 장기적인 경제적 효율성과는 어떤 관계가 있는지는 더 연구를 해봐야 되겠지만 말이에요. (E기업 사장)

우리나라 사람들은 굉장히 '동등하다'는 의식이 강해요. 뭔가 자기가 참여해야지, 시키면 안 하고 말이에요. 자발적으로 참여하게 하고 스스로 하게 하고 '내 것'이라는 생각을 하게 하고 〔……〕 하여간 어떻게든 이러한 동등하다는 것에 대한 확고한 원칙을 정립하고 그러한 의식을 북돋는 기업 풍토를 만들어가면 될 것 같아요. (V기업 회장)

어떤 기업가는 서구인들의 가치와 다르다는 점을 강조하면서 이렇게 말하기도 했다.

서양 사람들은 정글 사냥꾼들입니다. 적이 나타나면 철저하게 물어뜯어서 남김없이 끝까지 추적해서 없애버리는 그런 스타일이에요. 그러나 한편에서는 기독교가 있어서 경쟁에서는 철저하지만 자기가 일단 왕자가 되면 남은 여유를 후하게 베푸는 것은 동양 사람과 근본적으로 다릅니다. 동양에서는 어질다, 착하다, 덕이 있어야 한다고 하여 서양처럼 백성의 고혈을 빨아 큰 건물이나 피라미드 같은 것은 없는 게 아녜요. 〔……〕 동양적인 것은 완전히 능률만을 중시하지 않고 인정도 있고 함께 산다는 것도 중요하고 믿는다는 것도 중요하고 〔……〕 중국 사람과는 한번 친해지면 서류에 사인도 없이 거래가 되기도 합니다. 지금의 자본주의는 모두 다 서양식으로 되어 있기 때문에 우리 기업들도 배우는 원리는 다르지 않다고 생각합니다. 그러나 동양적인 심성이 있기 때문에 분위기는 다르다고 생각해요. 인정도 있고 도와줘서 서로 잘된다는 가치, 그런 것이 있을 수 있죠. (K기업 회장)

문화적으로는 잘 모르겠지만 그러나 한 가지 우리나라가 문화적으로 뒤처질 가능성이 있다고요. 그건 한자입니다. 한자 문화권에서 우리가 벗어나려는 것은 잘못이라고요. 한자가 왜 외국 말입니까? 오천 년 동안 쓰고 있는데 그건 우리나라 말이죠…… (전통 문화 중에서 살렸으면 하는 점은) 인간 관계 같은 건 좋은 점이 있죠. (B기업 회장)

어떤 기업가는 아시아적 문화에 기반하여 서구적 합리성을 뛰어넘는 합리성을 구현할 수 있다는 주장도 편다.

　　아시아적 합리주의는 서구의 자연과학적 합리성을 충분히 수용하고 서구형의 기술technology을 개발할 수 있는 능력을 가지고 있습니다. 문제는 동양적인 합리주의는 유교적 인본성이 강하고 사람을 베이스로 합리성을 추구하기 때문에 테크놀러지의 운용에 있어서 상당히 제한을 많이 가하는 사고를 합니다. 거기에 비해서 서구의 현재의 합리성은 무방비 상태입니다. 핵 연구라든지 환경 문제라든지 그런 인류의 생존 문제까지 간다면 합리주의에 대한 제한, 한계, 그리고 어떤 다른 패러다임을 추구하리라 봅니다. 〔……〕 단순한 자연과학의 합리성에 맡겨버리면 무방비 상태 아닙니까? 자유를 줘야 하지만 어느 선에서 어떻게 제한하느냐 그 한계에서 차이가 납니다. 동양적인 합리성이 서구적인 자연과학적인 것을 수용 못 하는 것이 아닙니다. 그것을 제한하는 데서 문제가 생기는 것입니다. (S기업 前회장)

따라서 동아시아의 문화적 특징을 살리면서 어떻게 세계적인 보편적 모델을 만들 수 있느냐 하는 것은 향후 과제가 아닐 수 없다. I기업 부사장은 이 점을 다음과 같이 특징적으로 표현하였다. "세계적인 것을 염두에 두되 자국의 독특한 문화도 살려야 한다고 생각합니다" (I기업 부사장).

제7장

결론

―21세기를 겨냥한 기업 엘리트의 비전

이른바 'IMF 위기' 라 속칭하는 외환 유동성 위기와 그로 말미암은 경제 위기의 극복을 눈앞에 두고, 다가올 21세기의 지식 정보 사회를 향하여 급변하는 사회 경제적 환경 속에서 성숙한 선진 경제 사회를 구축하고자 하는 우리에게는 수많은 정치적 · 경제적 · 사회적 과제들이 산적해 있다. 이제 2천년대를 마무리하는 1999년 현재로서는, 금융 산업을 위시한 기업의 구조 조정이 시급하고 그러한 외형적 재편에 이은 기업체 내부의 조직 원리와 기업 관행의 합리화 · 선진화가 또한 절실한 상황이다. 목전에 다가선 '기업 윤리 라운드' 라든가 'OECD 기업 지배 지침' 등을 의식하지 않을 수 없는 국제적 환경 앞에, 경영의 투명성을 제고하고 지배 구조를 선진화함으로써 전지구적 투자 주체들의 신뢰를 높여야 하는 처지에 있는 것이다.

이런 시점에서 그러한 과제들을 풀어나가는 데 주도적 역할을 담당해야 하는 기업가들이 바라볼 때 우리 사회는 어떤 문제점들을 안고 있으며 이들을 해결하기 위해서는 무엇을 해야 하는가에 대한 의견을, 그들의 입으로 직접 증언하는 말을 들어보았다. 그리고 앞으로 새로이 태어나야 하는 21세기의 기업가 정신은 과연 어떤 모습일까를 유추해보는 작업을 시도하였다.

우선 외환 위기의 원인과 대응에 대한 인식을 비롯하여, 기업의 소유와 경영을 둘러싼 쟁점과 이를 대표하는 재벌의 문제, 기업의 사회적 책임, 기업 조직과 기업 문화, 종업원의 동기 부여와 기술 혁신의 사회 체계, 경제 문제에 대한 정부의 역할과 기업과의 관계, 노동조합과 기업가 단체의 역할 등 기업 구조 내부의 문제와 대사회적 쟁점, 그리고 전지구화와 미국의 위치, 일본과 중국을 포함하는 동아시아의 협력 및 동아시아 문화와 가치의 문제 등 실로 광범한 사항들에 대하여 기업가들의 진솔한 진술을 청취할 수 있었던 것은 행운이라 할 만하다. 이제 저들의 생각을 다시 한번 항목별로 간추리면서, 우리 사회의 미래 지향적 기업가 정신의 전망을 열어보기로 한다.

1. 외환 위기의 원인과 대응에 관한 인식

I. 외환 위기

기업가들이 볼 때, 1997년 11월의 한국 외환 위기는 1960년대 이래의 압축 성장이 초래한 과잉 투자 · 관치 금융 · 과소비 등의 경제 사회적 구조의 문제에서 기인하였고, 거기에 정부의 성급한 개발 정책과 관리 능력 부족이 촉매가 되어 발생한 사건이라는 것이 일반적인 견해였다. 요컨대, 경제 위기의 책임은 물론 일차적으로 정부의 정책 오류와 관리 소홀 및 기업의 과욕에 따른 무모한 차입 경영에게 돌아가지만, 여기에다 과소비를 일삼은 일부 국민의 무분별도 한몫을 하였다고 보는 것이다. 외환 위기의 이면에는 날로 거대화하면서 전지구적인 영향력을 행사하는 국제 금융 질서를 둘러싼 범세계적인 경제 환경의 변화도 무시할 수는 없지만, 역시 기업가들의 생각에는 국내의 정치적 · 경제적 · 사회적 요인을 주된 변수로 간주해야 한다는

인식이 강하다. 따라서 이들은 우리의 정치 경제 주체들이 철저한 자
가 비판에 기초한 개혁을 서둘러야 한다는 것을 주장한다.

II. 대응 방법

현금의 경제 위기에 효율적으로 대처하기 위해서는 무엇보다도 21
세기 경제 사회 변동에 상응하는 조처들이 필수적이라는 것이 기업
엘리트의 지배적인 생각이다. 먼저, 기업측에서는 경영의 투명성을
높이고 단순한 외형적 성장이 아니라 한층 더 효율적인 기업 시스템
을 구축하는 방향으로 개선해야 하고, 정부로서는 금융·기술·정보
관련 관리 시스템을 효율화해야 할 것이며, 경제 시스템 면에서는 지
적 재산과 같은 기업의 가치 평가 기준을 선진화하고 자금 유통을 경
쟁 원리에 기초하여 원활히하는 미래 지향적 재조정이 필요하다는
것이다. 한편, 사회적으로도 공정한 경쟁과 합리적 능력 평가를 가능
하게 하는 시스템으로 바뀌어야 하고, 정신적인 측면에서도 그러한
경제 사회적 변화를 뒷받침하는 의식의 변화를 수반해야 한다는 지
적도 있었다.

특히, 일부 기업가들은 무엇보다도 경제 위기를 극복하는 주체는
역시 기업이니만치, 소극적인 차원의 구조 조정을 넘어서 진정한 기
업가 정신을 발휘할 수 있는 미래 지향적 사회 환경을 조성하는 일이
시급한 사명의 하나라는 점을 강조하기도 하였다.

III. 인수 합병

이와 관련하여 기업의 인수 합병 문제가 특히 IMF 금융 위기 이후
하나의 주요 과업으로 등장하였다. 이 문제는 바로 독과점이라는 사
회적 쟁점과 연결되기 때문에 사회적 이슈로 간주할 수 있겠는데, 현
재도 독과점에 대한 규제가 중요한 법적·제도적 장치로 묶여 있지

만, 현금의 위기 탈출과 장래의 기업 합리화를 위해서는 적대적 인수 합병까지 포함해서 이것이 기업 경영의 시장 효율성을 확보하는 길이 될 수 있다면 인수 합병은 하나의 전략으로서 허용하는 것이 옳다는 긍정적인 견해가 기업가들 사이에서는 지배적이었다. 다만, 국가 전략 산업과 같은 부문에서는 일부 제한을 두는 것을 권고하기도 하였다.

Ⅳ. 경영 방침의 변화

우리가 만난 기업 엘리트들은 지난 1997년 하반기의 외환 위기를 겪으면서 경영 방침에서 두드러진 변화가 일기 시작하였다는 지적을 한 점이 눈에 띄었다. 가령, 차입 경영을 하더라도 매출 신장 위주의 저돌적인 성장 지향형 경영을 지양하고, 이익을 중시하는 경영, 더 나아가서는 장부상의 외형적인 것이 아니라 실질적인 현금의 흐름을 강조하는 방향으로 경영 방침을 전환시키게 되었다는 것이다. 그리고 종래 유행하던 문어발식 사업 다각화 전략보다는 기술과 경영 자원 등 핵심 역량을 중심으로 사업을 전문화·차별화하는 방향으로 전략을 전환하고 있다는 점도 지적하였다. 이러한 경영 방침은 앞으로 안정 지향적 경영 패턴으로 나타나리라 예측할 수 있을 것이다.

2. 소유와 경영, 그리고 재벌의 쟁점

Ⅰ. 소유와 경영의 분리

외환 위기의 충격 속에서 기업의 구조 조정을 추진함에 있어서 가장 큰 과업의 하나는 투명하고 공정한 기업 지배 구조를 제도적으로 확립하는 일인데, 여기에 핵심적인 요소가 소유와 경영의 분리 문제다. 이에 대하여 기업가들의 견해는 일치하지 않는 면이 있었다. 대체로, 최고 경영자는 소유와는 무관하게 경영 능력과 책임 경영이 중요하다는 데서는 의견이 합치하지만, 재벌급 기업가들과 중견 기업의 경영자들 사이에는 약간의 견해 차가 있었다. 가령, 중소기업주들은 중소기업에서는 소유 경영자라야 제대로 책임 경영을 할 수 있기 때문에 소유·경영의 분리는 무리라고 보지만, 대기업은 당연히 전문 경영으로 가야 한다는 견해가 주종을 이루는 반면, 재벌 기업 경영자들의 생각은 대기업이라 할지라도, 장기적으로는 날로 전문화하는 기업 환경에 부응하여 경영을 전문화하는 것이 바람직하기는 하지만, 아직도 기업의 역사가 일천한 처지에 갑작스럽게 소유와 경영을 분리하도록 강요하는 일은 무리가 따른다는 것이 일반적인 경향이었다.

Ⅱ. 기업 승계의 문제

기업의 승계에 대해서도 의견 차이가 드러났다. 우선, 기업가들은 일반적으로 기업의 승계 관행에 대한 사회적 비판을 의식하면서 소유권의 상속과 지위의 상속을 구별해야 한다는 주장을 폈다. 다만, 지위 상속에 대해서는 기업 규모에 따라 견해가 달라졌다. 대기업의 경영자들은 기업 승계란 대주주로서 당연한 권리이므로 소유권에 따른 지위의 상속은 인정해야 한다고 주장하는 데 비해, 중견 기업인들은 기업, 특히 대기업은 워낙 자금이나 고용 면에서 국민 경제적 지원이 크기 때문에 대기업을 사적으로 승계하는 것을 마땅치 않게 보는 견해가 지배적이었다. 심지어 어떤 중견 기업가는 대기업의 사적 승계는 '범죄'라고 신랄하게 지적하는 사례도 있었다.

Ⅲ. 재벌에 대한 관점

재벌에 대한 국민 일반의 비판적 시각은 이미 존재하고 있었지만,

경제 위기 이후에는 더욱 강도가 높아진 면이 있는데, 이런 현실에 기업가들은 민감한 반응을 보이면서, 일단 재벌 체제는 이제 변할 때가 되었다고 생각하는 것 같았다. 다만, 이 쟁점에 대해서도 대기업과 중견 기업의 경영자들 사이에는 견해가 달랐다. 가령, 중견 기업 이하의 기업가들은 재벌 체제가 우리나라의 급속한 경제 성장의 동력으로서 중요한 기여를 한 점은 인정하면서도 문어발식 경영으로 국민 경제의 자원을 독과점하는 비효율적인 체제이며 경제 위기의 하나의 주 요인이었기 때문에 앞으로는 전문 기업, 전문 경영 체제로 재편되어야 한다고 주장하였다. 이에 반해 재벌 기업의 기업가와 최고 경영자들은 지금까지 재벌 시스템이 국민 경제에 기여한 것을 인정해야 할 뿐더러, 향후에도 전문화를 전제하고 경영 능력의 향상을 통해 부족한 자원을 효율적으로 활용한다면 재벌 체제 자체는 불가피한 요소라는 견해를 피력하였다.

Ⅳ. 중소기업 보호 정책

대체로 재벌 문제와 밀접한 관련 아래 쟁점으로 떠오르는 것이 중소기업의 보호다. 우리가 면담한 기업가들은 기본적으로 우리나라의 대기업 중심 경제 체제 아래서는 중소기업의 보호·육성이 필요하다는 데에는 의견이 일치한다. 그러나 중소기업을 위한 업종 지정 정책에 대해서는 의견 차이가 있었다. 대기업의 최고 경영자들은 중소기업 업종 지정 정책은 자유로운 경쟁을 저해하므로 오히려 중소기업의 경쟁력을 떨어뜨린다는 생각이며, 따라서 대기업과의 연계 속에서 중소기업을 육성해야 한다는 것이다. 이에 대해서, 중견 기업의 기업가들은 업종 지정은 대기업의 무차별적 사업 다각화에 대응하여 중소기업을 보호·육성하기 위하여 필요하다는 주장이며, 아울러 금융 지원, 해외 시장 개척 등 다양한 정부의 지원 정책이 부수적으로 따라야 한다는 생각이었다. 특히 중견 기업의 경영자들은 대기업과 납품 관계에 있는 중소기업과 독자적으로 국내외 시장을 대상으로 활동하는 중소기업을 구분하여 그에 상응하는 지원 정책을 펴야 한다는 의견을 제시하였다.

3. 기업의 사회적 책임

I. 주주와 종업원에 대한 책임

새로운 세기를 맞아 기업 활동이 전지구화하게 되면 경영의 투명성 확보와 투자의 효율성 제고 및 기업의 사회적 책임 확립이 주요 과제로 떠오를 전망이다. 이에 비추어 우리나라의 기업가들은 그 동안 우리 사회에서 기업의 사회적 책임의 범위를 극단적으로 넓게 규정하려는 경향이 있었음을 비판하고, 그 영역을 주주와 종업원이라는 직접적인 이해 당사자로 좁혀서 명료화하는 것이 필요하다는 견해를 보였다. 특히, 주주와 종업원의 이익을 동시에 중시하여야 하지만, 그 중에서도 비중은 역시 주주의 이익을 극대화하는 방향으로 바뀌어야 이것이 올바른 자본주의 시장 경제의 원리에 부합한다고 주장하였다.

II. 이해 관계자 중심의 사회적 책임

기업가나 최고 경영자들의 생각에, 기업의 사회적 책임은 어디까지나 기업 본연의 활동에 의하여 이루어지는 것이 원칙이다. 우선 지역 사회의 복지나 환경 문제와 같은 사회적 의무 사항에 대해서는 법적으로 정해진 한도 안에서 책임을 지는 것은 당연하며, 불우 이웃 돕기와 같은 자선 사업에 대한 헌금이나 기타 기부 행위는 강요할 일이 아니고 주주의 배당금을 할애하는 사적인 활동으로 간주하는 것이 옳다. 요컨대, 이러한 원칙을 벗어나는 소위 사회적 책임이란 근본적으로 각 기업과 기업주의 경영 철학이 좌우하는 문제다.

Ⅲ. 사외 이사 제도와 소액 주주의 소송 문제

이번 면담에 응한 기업가들은 투명하고 책임 있는 경영을 위해서는 대주주 중심의 경영층을 견제하는 제도로서 사외 이사 혹은 감사 제도를 활성화해야 한다는 데 대해서는 대체로 긍정적인 반응을 보였다. 그러나 이런 제도도 기업 경영의 여건에 비추어 미비한 점이 상존한다는 것이 기업가들의 견해다.

아울러, 지배 주주의 자기 거래·내부 거래를 감독하고 투명성을 유지하자면, 소액 주주 소송 제도를 활성화할 필요가 있다는 의견에는 대개 동의하지만, 기업의 규모에 따라 경영자들의 의견이 엇갈린다. 예를 들어, 대기업가들은 그런 소송의 남용 가능성을 우려하지만, 중소기업가들은 실질적인 견제 기능에 대해 적극적인 의미를 부여하는 경향이 있었다.

4. 기업 조직 및 기업 문화

I. 기업 내 의사 소통

기업 내 의사 소통에 관해서 기업가들은 경영자의 개인적 리더십과 경영 환경에 따라 상향식 의사 소통과 하향식 의사 소통의 성격을 띨 수 있음을 인식하고 있었다. 그러나 장기적으로는 현장 종업원의 자율적 권한이 늘어나는 창의적이고 유연한 조직 형태가 될 것으로 전망하고 있다.

II. 전문화와 순환 배치

기업가들은 현재 우리나라 기업에서 주로 채택하고 있는 인력 양성 시스템에서 다양한 경력을 쌓도록 순환 배치 과정을 경험하게 하는 제도는 변해야 한다고 생각하고 있었다. 적어도 앞으로는 산업의 특성에 따라 상이할 수 있음을 전제하고, 대체로 현장 인력은 전문화시키고 예비 경영 인력에 대해서만 순환 근무제를 적용하는 것이 필요하다는 의견을 제시하였다.

III. 정보 기술과 조직의 공식화

우리가 만난 기업가들에 의하면, 정보 기술에 힘입어 신축적이고 체계적인 업무 혁신이 이루어지기 위해서는 업무 영역의 공식화와 더불어 업무 수행의 유연성을 수용할 수 있는 자율적 조직 형태를 지녀야 한다는 것이다. 다만, 업무의 효율화에 있어서 정보 기술이 대단히 중요한 역할을 한다는 점을 인정하면서도, 정보 기술 투자가 막대하기 때문에 실제로 그것이 생산성을 높이는 데 기여했는가에 대해서는 의문을 지우지 못하였다. 그로 인하여, 특히 중소기업에서는 정보 투자를 오히려 줄이는 사례도 나타났다고 하였다.

5. 동기 부여 제도

I. 승진

전통적으로 기업 내 동기 부여 시스템은 일괄 채용 후에 승진 제도에 의존하는 성질의 것이었다. 따라서 비교적 젊은 기업 경영인들은 점차 슬림화하고 네트워크화하는 기업 구조 안에서는 보상형 동기 부여 시스템의 효용이 상실되리라 평가하고 있었다. 물론 아직은 승진이 인력 양성의 면에서, 기업 경영인의 관점에서 보면 매우 중요하다. 다만 승진 평가에서 능력이 가장 중요한 기준이라는 점과 아울러 관리 능력과 애사심을 중시한다는 점을 분명히하였다.

Ⅱ. 임금

기업가들의 생각에 우리나라의 급여 제도는 그 동안 연공 서열을 바탕으로 하는 호봉형 생활급이 주류를 이루는 것이었으나, 기업 내에서도 업무의 이질성이 크고 지식 활용 능력의 차이가 점차 커짐에 따라 능력급을 포함하는 성과급 제도로 이행하는 것이 불가피하다고 본다. 최근 IMF 관리 체제 이후 급속히 확산하고 있는 연봉제의 도입은 피해갈 수 없는 대안이라는 인식은 하고 있으나, 현재까지의 능력 평가 방법과 제도의 미비라든가 우리 사회 문화의 강렬한 평등 의식 같은 요인 때문에 실제 수용 가능성에 대해서는 당분간 어려울 것으로 보는 회의론이 강하였다. 그러므로 당장은 과도기적인 임금 형태를 개발, 적용하는 것이 적절하리라고 보았다.

Ⅲ. 채용

신입 사원의 채용에서는 능력을 중시한다고 하면서도, 이는 어디까지나 이론적 원칙이고 실지로 기업가들은 조직 내의 팀워크를 중시하여 인간성·성실성·인품과 같은 포괄적인 의미의 잠재력과 인적 적응력 등을 강조하고 있었다. 다만 일부 전문직에서는 능력을 중시하는 것이 당연하고, 또 현재와 같은 어려운 시기에는 도전 의식과 같은 덕목이 중요하다는 견해도 나와서, 일단 앞으로는 점차적으로 기업의 변하는 특성에 맞는 다양한 평가 방식이 필요하다는 의견을 제시하였다.

IV. 장기 근속자 선임권

우리나라 조직체에서는 장기 근속자의 조직에 대한 적응과 관리 능력을 중시하여 연공 서열을 기초로 하는 인사 관리의 특징을 띠고 있기 때문에 암묵적으로 장기 근속자의 선임권을 인정하고 있다. 그러나 실지로 많은 기업가들은 현재 유연하고 투명한 기업 조직으로 변모해야 하는 상황에서 장기 근속자의 선임권을 무조건 인정하는 데 대해서 대체로 부정적인 생각을 표명하였다.

V. 해고

원칙적으로 기업가나 최고 경영자들은 회사에 대한 기여도가 낮은 사원을 자유롭게 해고할 수 있어야 한다는 생각이다. 다만 현실적으로 통용하고 있는 평가 기준이 미비하다는 점도 인정한다. 면담한 기업인들 중 상당수는 해고는 마지막 수단으로서 좀더 신중하게 처리할 문제임을 강조하고, 어떻든 고용을 위한 노력에 최선을 다해야 한다고 말했다. 그러나 젊은 기업가들 사이에서는 자유로운 고용 관계를 강조하고, 외부 노동 시장의 활성화가 필요하다는 견해를 피력하였다.

6. 기술 혁신의 사회 체제

I. 기업 내의 기술 개발 체제

우리가 만난 기업가들은 우리나라의 기업이 이제는 기술 도입과 흡수의 단계를 넘어 자체적으로 기술을 개발하지 않으면 살아남기 어려운 경제 구조를 갖게 되었음을 인식하고 있었다. 따라서 이런 여건에서 대기업은 전략적 제휴를 통해 기술을 적극적으로 도입, 흡수하는 일 못지않게 응용 기술의 상품화를 위하여 기업 내의 연구 개발이 필요함을 지적하였다. 나아가 보다 적극적인 국내 기술 시장이 형성되어야 하고, 대학과 정부 연구소에는 세계적인 기술 혁신 시스템을 구축해야 하며, 무엇보다도 기술 중시 문화가 정착되어야 한다는 것을 강조하였다. 그뿐 아니라, 기술 개발력이 있는 전문적인 벤처 기업과 중견 기업이 성장할 수 있는 시장 여건 조성이 필요하다는 것이다.

II. 산학 협동

국가 기술 혁신 시스템 중에서 가장 중요한 요소인 산학 협동은 기업 현장을 중심으로 이루어져야 하며, 기업의 상품화 연구를 지원해 주는 방향으로 추진하는 것이 원칙이라고 기업가들은 생각한다. 현재의 산학 협동에 대해서는 기업인들 대다수가 그 결과에 만족하지 못하고 있으며, 앞으로는 대학측이 좀더 적극적인 책임 의식과 현장 의식을 가져야 한다는 의견을 제시하였다.

III. 대학 개혁

우리가 면담한 기업가와 최고 경영자들은 현재 우리나라 대학의 연구 수준뿐 아니라 인력 양성의 현실에 대해서도 대체로 부정적인 인식을 가지고 있었다. 그러면서도 대학이 좀더 전문적인 영역에서 탄탄한 기초 연구를 수행하고 폭넓고 깊이 있는 지식을 전수하여 백년 대계의 버팀목이 되어야 한다는 기대를 잊지 않았다. 다만 대학의 기능과 관련한 대학 개혁의 방향에 대해서는 의견이 엇갈렸다. 일부 기업가들은 기업을 비롯한 교육 수요자의 요구에 부응하여 보다 전문적이고 특성화하는 방향으로 개혁이 이루어져야 한다고 보는 반

면, 다른 한편에서는 기초 연구와 기초 교양 교육을 더 철저히 하고
기본 능력을 배양하는 일이 필요하다는 견해도 있었다.

Ⅳ. 공공 연구소

기업가들은 정부의 공공 연구소가 기업의 직접적인 응용 연구와
상품화 연구에 기초가 되는 기반 기술 연구 및 응용 분야 기초 연구
를 담당해야 한다고 생각하고 있었다. 현재로서는 이들 연구소가 기
업 현장과는 거리가 먼 기초 연구를 수행하거나 아니면 기업 현장에
서 감당하는 것이 더 효율적일 수 있는 상품화 연구에 집착하는 경향
이 있음을 우려하였다.

V. 지적 소유권 문제

WTO 체제하에서 지적 소유권에 대한 규범과 규제가 강화되고 있
는 현실은 우리 기업가들도 인식하고 있었다. 하지만 실제로 우리나
라에서는 독창적인 기술 개발 능력이 부족하고 지적 소유권에 대한
인식도 미흡해서 국제적인 브랜드 경영과 같은 문제와 관련하여 국
가 전체의 차원에서 이 분야의 대책이 시급하다는 의견을 제시하였
다.

7. 정부의 역할

I. 정부의 역할

경제 부문과 관련하여 정부의 역할에 대해서는 기업가들의 연령층
에 따라 의견이 갈렸다. 가령, 젊은 경영자들의 생각에는 정부란 일
차적으로 공정하고 투명한 경제 원칙을 정립해서 공정한 시장 질서

와 경제 환경을 조성하고 그 원칙에 입각하여 경제 주체들의 행위를 심판하는 역할이 중요하다는 것이다. 이에 반해, 연령이 높을수록 후발국의 경제 주체들은 의식이 아직도 성숙하지 못하므로 정부가 단순한 심판자의 역할을 넘어 좀더 적극적으로 경제 환경을 조성하고 지원해주는 것이 필요하다는 생각을 피력하였다.

Ⅱ. 관료의 역할

기업가들은 1960년대 경제 개발기에는 정부 관료가 경제 성장을 주도하였으나, 그 동안 민간 기업 부문의 성장이 훨씬 앞서서 더욱 성숙해짐으로써 국제 환경 변화에 대한 대응력이라든가 전문 지식이나 능력 면에서 관료들이 이제는 상대적으로 뒤진다고 보고 있었다. 따라서 관료들이 경제를 주도하려는 생각보다는 지원하겠다는 생각이 중요하며, 한층 더 개방적인 관료 충원 시스템이 필요하다는 것이다.

Ⅲ. 정부와 기업의 관계

정부와 기업은 서로 역할이 다르기 때문에 각각의 기능을 존중하는 대등한 관계가 바람직하다는 것이 기업인들의 생각이다. 현재와 같은 예외적인 상황에서는 불가피하다는 점을 인정하면서도 근자에 기업 및 금융 기관 빅딜이라든가 노사정 관계와 관련한 정부의 개입은 지나친 면이 있다는 것이며, 정부의 개입이 자칫하면 부정부패를 낳을 소지가 크므로 정부―기업간의 관계에서 꼭 필요하다면 공정한 개입이 필수적임을 강조한다.

8. 노동조합과 기업가 단체

I. 노동조합의 역할

일부 기업가들이 노동조합의 역할에 대해 긍정적으로 생각하고 경영 참여도 수긍하기는 하지만, 대다수의 응답자 기업가들은 노동조합이 기업 경영에 적극적으로 합류하고 보조한다는 의미의 '노사 협력'을 바라고 있었다. 특히 노동조합이 과거 억압받던 시절의 정치성과 투쟁적 성향을 버리지 못한 데 대해서는 매우 부정적이며, 앞으로는 노조 간부들이 좀더 장기적인 안목에서 우리나라 경제 환경 전체에 대한 비전을 가지고 노사 관계를 정립해나가도록 해야 한다는 생각을 하고 있다.

II. 경영 참여

우리나라 기업가들은 대부분 노동조합의 경영 참가에 대해 부정적이었다. 현장 수준에서 선별적으로 경영 참여가 이루어지고는 있지만, 노동자는 어디까지나 노동자여야 하며 경영은 기업가와 경영자에게 맡겨야 한다는 인식이 지배적이었다. 다만 일부 기업가들은 하급 간부급 노동자들이 기업 현실에 대해 가장 잘 아는 층이기 때문에 노조가 적극 경영에 참여하는 것이 필요하다는 견해를 보이기도 하였다.

III. 기업가 단체와 협회

기업가 단체나 각종 분야별 협회에 대해서 우리가 만난 기업가들은 대체로 부정적인 생각을 보였다. 현재 주로 이런 단체들이 불필요하게 많다는 것과 역할 및 지원 체제가 비효율적이라는 점을 지적하였고, 따라서 부분적으로는 구조 조정이 필요하고 앞으로는 가능하면 좀더 기업 활동에 밀착된 기관들이 되어야 한다는 것을 강조하였다.

9. 글로벌 경제와 미국의 역할

I. 자본의 국적성 문제

기업가들은 범세계적인 자유 시장 경제 체제하에서 자본의 국적성이 점차 소멸하고 있는 현실을 직시하고 있으며, 따라서 우리나라에도 더 많은 외국 자본을 유치해야 한다고 보았다. 그러면서도, 많은 기업가들은 우리의 자본 시장이 미국을 비롯한 선진국의 국제 자본에 아무런 보호 장치 없이 노출되는 상황에서 국적성의 상실에 대한 우려를 강하게 표명하였다. 특히 전지구적인 자유 시장 경제의 붕괴 위험을 감안할 때, 자본의 국적성의 필요성을 역설하기도 하였다.

II. 범세계적 자유 시장 경제

미국을 중심으로 전지구화하고 있는 자유 시장 경제 체제의 미래에 대해서는 기업가들 사이에 의견이 상이하였다. 연령이 젊을수록 이 체제는 불가피하므로 수용해야 한다는 견해가 지배적이었고, 나이가 든 기업가들은 자유 시장 경제란 강자의 논리에 불과하므로 우리도 지역 경제 블록을 만들어야 한다는 점을 강조하였다.

III. 미국의 경영 시스템에 대한 인식

미국의 경영 시스템에 대해서 우리나라 기업가들은 일단 객관적인 견해를 보였다. 미국의 시스템이 투명성과 효율성의 강점을 지니는 반면, 지나치게 단기적이고 비인간적이라는 평가를 하였다. 특히 사회 안전망이 결여된 상태에서 사회적으로 빈부 격차가 증가하는 문제점도 주목해야 한다고 주장하였다.

IV. 전자 상거래 문제

우리의 기업인들은 범세계화하고 있는 인터넷상의 전자 상거래에 대해 긍정적인 평가를 하였으며, 이를 활성화하기 위해서는 부작용에 대한 대책을 포함한 법적·제도적 장치를 마련하는 것이 필요하다고 보았다. 특히 우리 문화의 개방적인 태도는 인터넷의 시대에 우리가 훨씬 더 쉽게 적응할 수 있도록 해줄 것으로 기대한다.

10. 일본·중국 그리고 동아시아 협력

I. 일본의 경제 위기

일본이 당면한 현금의 경제 위기와 향후 전망에 대해서는 기업가들의 생각이 기대와 회의로 엇갈렸다. 일본과 거래 경험이 많은 응답자들은 일본의 경제 구조가 워낙 튼튼하기 때문에 위기는 쉽게 극복할 수 있다는 긍정적 평가를 하는 반면, 젊은 기업가들은 국제 금융 환경 속에서 일본 금융 시스템의 취약성과 지식 정보 서비스 등의 급격한 혁신이 진행되는 가운데 대량 생산식 산업 구조의 문제점을 지적하였다.

II. 중국 자본주의의 미래

중국 자본주의의 미래에 대해서도 기업가들의 의견은 갈라졌다. 중국과 거래가 많은 기업의 경영자들은 대체로 중국인들의 상업적 기질과 엘리트층의 개방성을 높이 평가하여 미래에 대한 긍정적 견해를 가진 반면, 젊은 기업인들일수록 중국 경제의 불균등 발전과 경제 불평등과 같은 사회 경제적 불안 요인에 주목하는 편이었다.

Ⅲ. 동아시아의 협력 방안

동아시아의 경제 협력이 어떤 형태로든 긴요하다는 데에는 의견이 일치하였다. 다만 그것의 실현 가능성에 대해서는 생각이 달랐다. 대다수 기업가들은 실제 느슨한 형태라도 경제 협력 자체는 언제나 가능하다는 것이며, 장기적으로는 동아시아 경제 블럭으로 문명의 대전환이 이루어질 것으로 보기 때문에 필연적이라는 기대를 나타내기도 하였다. 그러나 향후 경제 협력의 구체적 방안과 관련하여 일본이 주도할 것이라는 견해와 중국이 주도하리라는 견해가 엇갈렸다.

11. 동아시아 문화와 가치

Ⅰ. 동아시아 경영 시스템

동아시아 경영 시스템에 대해서는 기업가들의 의견이 엇갈렸다. 경영 시스템이란 보편적인 것이므로 특별히 '동아시아적 경영 시스템'이라는 것이 불가능하다는 생각과, 경영도 사람이 하는 일이기 때문에 동아시아 문화의 특징을 띠는 경영 패턴이 가능하다는 견해가 나왔다. 특별히, 서구 자본주의와는 다른 동아시아 자본주의의 역사적 의의를 강조하는 관점도 있었다. 그러나 동아시아 사회의 경영 시스템이라 해도 동아시아적 문화의 강점은 살리면서 국제적인 기준에서 보편성을 갖는 방향으로 나아가는 것이 바람직하다는 생각이 지배적이다.

일반적으로 우리의 면담에 응답한 기업가들은 동아시아 가치의 문제에 대하여 깊이 있는 지식을 갖추고 있지는 않았다. 그럼에도 이 쟁점에 대해서도 역시 의견의 차이가 보였다. 일부 기업인들은 동양의 연고주의와 같은 부정적인 가치 때문에 경영은 역시 서구 사회와 같이 개인주의적 가치관으로 변화해야 한다는 생각을 제시했다. 하지만 상당수의 기업가들은 인간 관계 존중, 공동체 의식과 같은 동아시아 가치의 장점을 인정하고, 미국의 무한 경쟁 문화에 비해서 인간 관계를 중시하는 강점이 있으므로 장기적으로는 동아시아적 합리성을 구현할 수 있다는 주장을 한다.

12. 한국 기업가 정신의 미래

이상에서 우리는 20세기를 마무리하는 세기말의 시점에서 비록 통계적인 대표성은 미흡할지 모르지만 적어도 그들의 면면으로 보아 우리나라의 대표적인 기업가와 최고 경영자라 할 만한 엘리트들의 사회 의식과 경제 경영관을 간추려보았다. 서두에서도 밝혔듯이, 한 나라의 발전은 여러 가지 내외의 복합적인 요인과 변수의 작용에 따라 기복을 나타내겠지만, 그 사회의 엘리트와 국민 일반의 '마음의 내용' 즉 가치관과 의식이 발전의 방향과 속도를 좌우할 수 있다는 관점에서, 우리의 주된 관심사는 한국 사회의 엘리트의 의식과 정신이었다. 한 나라의 엘리트는 사회의 각계에서 활약하고 있지만, 오늘날, 특히 새로운 밀레니엄을 맞이하는 이 시점에서 우리 사회의 앞날에 가장 강력한 영향력을 미칠 수 있는 엘리트는 역시 기업 부문의 기업가와 최고 경영자들이라는 데에는 이견이 있을 수 없다. 이들이 올바른 생각을 가지고 우리의 현실을 바라보고 장래를 염려하며 합리적인 개선을 위해 노력한다면, 우리가 현재 겪고 있는 난관도 무사히 극복하고 다시금 세계가 놀랄 만한 제2의 기적을 일구어낼 수 있을 것이다.

금번의 연구에서 밝혀진 바에 따르면, 우리는 일단 기업가들이라 해도 각자의 환경과 위치에 따라 다양한 의견과 의식을 지니고 있음을 확인하였다. 이러한 현상은 개방적이고 다원적인 사회의 한 징후로서 오히려 바람직한 것으로 받아들일 수 있다. 우리는 어떤 사안이나 쟁점에 대해서도 완벽한 의견의 일치를 반드시 기대하지 않을 뿐더러, 오히려 획일성은 경계해야 할 요소라고 보기 때문이다. 서로 다른 견해는 대화와 조정에 의하여 얼마든지 발전적으로 지양할 여지를 안고 있다. 또한, 의견의 차이에도 불구하고, 일반적으로 이들은 급변하는 국제 환경과 사회적 여건에 대하여 예리한 판단과 합리적인 인식을 갖추고 있다는 점이 두드러졌다. 이 역시 우리의 장래를 위해 건전한 현상이라 할 것이다. 그리고 우리의 기업 엘리트들은 미래의 경제 사회 비전에 있어서도 결코 협소한 이해 관심이나 과거의 영광(?)에 집착하지 않고, 미래를 내다보고 적극적인 변화의 필요성을 인정하는 열린 생각을 지니고 있다는 인상을 강하게 받을 수 있었던 점도 기대 이상으로 미래 전망을 밝게 해주는 사항이 아닌가 생각한다.

우리가 1997년 후반기부터 거치고 있는 경제 위기가 적어도 앞날을 위해 입에는 쓰지만 몸에는 좋은 약으로 작용할 수 있도록 하자면 이에 대한 올바른 인식과 이를 극복하고자 하는 강력한 의지가 필수적일 터인데, 이 점에서 우리는 우리의 기업가들이 조금도 흔들림이 없는 자세로 임하고 있음을 감지할 수 있었다. 반성할 것은 철저히 성찰하고, 그에 기초하여 변하는 환경에 대응하는 적극적인 방안들을 모색하고 실천하려는 태도를 엿볼 수 있었다. 그것은 단순히 기업 내부의 경영 철학과 경영 방침에 국한된 것이 아니고, 정부와 관료, 대학과 연구소, 주주와 종업원, 노동조합과 기업가 단체 등 사회 전반에 걸친 광범위한 이해 관계자와 엘리트층을 대상으로 하여 지니는 여러 형태의 비전과 평가에서도 나타났다. 그뿐 아니라, 우리 사회의 범위를 넘어 동아시아와 세계 자본주의 체제의 성격에 대한 날카로운 안목도 보여주었다.

다만 기업 부문의 엘리트들이 이처럼 적극적인 자세로 현실 극복과 미래 개척에 나선다 해도, 이들이 활약할 수 있는 정치·경제·사회·문화적 환경과 여건이 동시에 성숙하지 못하면 이들의 노력은 절반의 결실밖에 거두지 못할 수도 있다는 점에 주목할 필요가 있다. 기업 부문이 큰 비중을 차지한다 해도, 다양성과 복합성이 증대하는 미래 사회의 다른 영역과 부문이 함께 변하고 성숙하여야 전체 사회의 시스템이 원활하게 작동할 수 있을 것이기 때문이다. 이 말은 기업 부문이 상대적 중요성에도 불구하고 모든 면에서 주도적인 역할을 할 수도 없고, 해서도 안 된다는 뜻을 동시에 함축한다. 그뿐 아니라, 기업과 사회의 관계 정립이라는 관점에서도 시민 사회와 정부와 기업, 이 삼자간의 조정과 협력이 필수적인 상황이 전개되고 있는 것이다. 특히, 미래 사회에서는 좋건 싫건, 시민 사회의 목소리가 커질 터인데, 시민 사회 자체도 그 안에 다양한 이익 집단과 부분 문화를 품고 있어야 하기 때문에, 이에 대한 정확한 인식과 대응 방안이 필수적이다.

무엇보다도, 이번의 연구에서 우리가 확인한 가장 중요한 내용은, 우리의 기업가들이 비록 자신들의 위치 때문에 어느 정도는 제한된 안목을 지닐 수밖에 없음에도 불구하고, 우리 사회의 문제점에 대한 예리한 자기 비판에 인색하지 않고, 앞날에 대한 고민에서 결코 소홀함이 없다는 사실이다. 이 자체만으로도 우리는 우리 경제와 사회의 발전에 청신호가 켜진 것으로 보아도 좋을 줄 안다.

다만 여기에서 우리는 그 동안 우리 사회에서 기업과 기업인들에 대하여 지녔던 일반적인 이미지가 비교적 부정적이었다는 사실에 주목할 필요가 있다. 거기에는 그럴 만한 역사적인 이유가 있었음을 인정하더라도, 앞으로는 이러한 고정관념을 과감히 타파할 필요가 있음을 또한 강조하여야 한다. 어차피 시장 경제의 테두리에서 벗어날 수 없는 국제적 상황에 적응하면서 우리 사회 나름의 발전을 도모하고자 할 때, 기업과 기업인들의 사회 경제적 기능과 공과를 합리적으로 인식하고 인정하지 못한다면, 시장 경제의 틀을 오래 지켜나가기가 어려울 것이기 때문이다.

그런데 이러한 논지의 이면에는 다시 기업과 기업가들 스스로의 합리적인 자세 확립에 대한 요구도 함께 내포되어 있음을 주시해야 할 것이다. 과거의 불합리한 의식과 관행에서 과감히 탈피하여 새로운 시대의 첨단 의식을 함양하고, 날로 다원화·강화되는 시민 사회와 변화하는 국가의 기능에 적응하면서, 우리 사회 전체의 공동의 선을 향한 협력의 구도 속에서 자신의 몫을 철저히 감당한다는 새로운 각오가 필수적이라 할 것이다.

이번의 연구에서 우리는 한국의 기업가 정신이 아직도 건전하게 살아 있음을 본 것만으로도 안도하지만, 앞으로 더 어려운 환경에서 생존하기 위해서는 우리의 기업가 정신도 새로이 태어나야 한다는 절실한 시대적 요청에도 눈뜰 수 있었으면 하는 기대를 가져본다.

참고 문헌

일차 자료(분석 자료)

구자경, 1992, 『오직 이 길밖에 없다』, 행림출판.

김우중, 1989, 『세계는 넓고 할 일은 많다』, 김영사.

박용성, 1993, 『꿈을 가진 자만이 이룰 수 있다』, 동아출판사.

박태준, 1989, 『경영어록』, 포항종합제철.

이건희, 1993, 『삼성 신경영 ──나부터 변해야 한다』, 삼성 신경영추진위.

이병철, 『호암어록』.

삼성경제연구소, 1989, 『호암의 경영 철학』.

이동찬, 1992, 『벌기보다 쓰기가 살기보다 죽기가』, 전원.

이명박, 1994, 『신화는 없다』, 김영사.

정주영, 1991, 『시련은 있어도 실패는 없다』, 제삼기획.

최종현, 1991, 『도전하는 자가 미래를 지배한다』, 한국기업문화연구원.

국내 문헌

강신일 · 이창원, 1997, 『한국의 기업가 정신과 기업 성장』, 자유기업센터.

과학기술정책연구소, 1998, 『한국의 국가 혁신 체제』.

과학기술처, 1994, 『2010년대를 향한 과학 기술 발전 장기 계획』.

공제욱, 1993, 『1950년대 한국의 자본가 연구』, 백산서당.

공제욱 · 최봉대 · 오유석, 1998, 『1950년대 서울의 자본가』, 서울시립대

학교 부설 서울학연구소.

금장태, 1987, 『한국 실학 사상 연구』, 집문당.

금장태, 1990, 『한국 근대의 유교 사상』, 서울대학교 출판부.

김경동, 1988, 『노사 관계의 사회학』, 경문사.

김경동, 1992, 『한국인의 가치관과 사회 의식』, 박영사.

김경동, 1993, 『한국의 사회 변동론』, 나남출판사.

김경동, 1996, 「21세기 '선진 문화 사회'로 가는 길」, 『문화와 사회』 14 (1, 2).

김대환 · 김균 편, 1999, 『한국 재벌 개혁론』, 나남출판사.

김성보, 1986, 「일제하 禮山 成氏家의 자본 축적과 정치 활동」, 연세대 석사학위 논문.

김성환, 1993, 『기업 문화와 성과급』, 한국노동연구원.

김영명, 1992, 『동아시아 발전 모델의 재검토』, 소화.

김영모, 1981, 「해방 후 대자본가의 사회 이동에 관한 연구」, 진덕규 외, 『1950년대의 인식』, 한길사.

김종현, 1992, 『공업화와 기업가 활동』, 비봉출판사.

대한상공회의소, 1991, 『한국적 기업 문화 개발 · 육성 전략』.

대한상공회의소, 1995, 『한국 기업의 성공과 실패』.

박명규, 1997, 『근대 사회 변동과 농민』, 문학과지성사.

박봉환, 1990, 『현대 자본주의 —— 그 고뇌와 활로』, 상 · 하, 박영사.

백승철, 1998, 「반계 유형원의 상업관과 상업 정책론」, 『한국문화』 22.

삼성경제연구소 편, 1998a, 『IMF와 기업 경영』, 삼성경제연구소.

삼성경제연구소 편, 1998b, 『IMF 극복의 정책 과제』, 삼성경제연구소.

서울대 사회과학연구소, 1992, 『포항종합제철의 기업 이념 체계화를 위한 연구』.

서울대 사회발전연구소, 1996, 『한국 대기업의 국민 이미지 현황과 개선 방향』.

송형부, 1997, 『박규수의 개화 사상 연구』, 일조각.

송호근, 1998, 『IMF 사태를 겪는 한 지식인의 변명』, 나남출판사.

신용하, 1987, 『한국 근대 사회 사상사 연구』, 일지사.

신용하, 1997, 『조선 후기 실학파의 사회 사상 연구』, 지식산업사.

신용하 외, 1998, 『IMF 체제의 사회과학적 진단』, 서울대학교 출판부.

신유근, 1992, 『한국의 경영』, 박영사.

신유근, 1996, 『한국 대기업의 경영 특성』, 세명사.

아산사회복지사업재단, 1989, 『복지 사회와 노사 관계』.

양창삼, 1993, 『한국의 경영 사상』, 양영각.

오성, 1989, 『조선 후기 상인 연구』, 일조각.

유석춘 편, 1992, 『막스 베버와 동양 사회』, 나남출판사.

이원덕 · 유규창, 1997, 『근로자 참여적 경영의 실태: 한국과 미국의 비
    교』, 한국노동연구원.

이학종, 1993, 『한국의 기업 문화』, 박영사.

임승환, 1998, 『5대 그룹 총수의 성격 분석 보고서』, 중앙M&B.

임원택, 1991, 「한국인의 경제 윤리」, 『전통 가치관과 자유 시장 경제 이
    념』, 국민경제제도연구원.

조기준, 1991, 『한국 자본주의 발달사』, 대왕사.

조동성, 1991, 『철학이 있는 경영자들』, 유나이티드컨설팅그룹.

최창규, 1978, 『한국 근대 정치 사상사』, 일조각.

한국경제연구원, 1998, 『OECD의 기업 지배 구조 논의 동향 및 정책적
    시사점』, CEO Report On Current Issues, 1998. 12.

한국전기통신공사, 1990, 『정보 사회의 기업 문화』, 한국전기통신공사
    출판부.

허수열, 1989, 「일제하 조선인 회사 및 조선인 중역의 분석」, 안병직 · 이

대근 외, 『근대 조선의 경제 구조』, 비봉출판사.

홍종학, 1998, 『IMF 사태, 원인을 알면 대책이 보인다(재벌편)』, 해남출판사.

황인학, 1998, 「기업 지배 구조의 현안과 과제」, 『기업 구조 조정 정책 세미나』, 한국경제연구원.

林周二, 1985, 『經營と文化』, 김일곤 역, 한국경제신문사.

梶村秀樹, 1983, 『한국 근대 경제사 연구』, 사계절.

외국 문헌

Berger, P. L., 1986, *The Capitalist Revolution*, New York: Basic Books.

Berger, P. L. and Michael H. Hsiao(eds.), *In Search of an East Asian Develoment Model*, New Brunswick, NJ: Transaction Books.

Bowie, Norman, 1990, *Business Ethics* (『기업 윤리』, 황경식 외 옮김, 철학과현실사).

Castells, Manuell, 1997, *End of Millenium*, Blackwell.

De Bary, W. T., 1989, "Encounter between East and West and the Creation of Global Culture," in Christian Academy(ed.), *The World Community in Post-industrial Society*, vol. V, Seoul: Wooseok.

Einsenstadt, S. N.(ed.), 1968, *The Protestantism and Modernization: A Comparative Perspective*, New York: Basic Books.

Fukuyama, Francis, 1995, *Trust: The Social Virtues and the Creation of Prosperity*, New York: Free Press.

Gilson, Ronald J. and M. J. Roe, 1993, "Understanding the Japanese Keiretsu: Overlaps between Corporate Governance and Industrial Organization," in *Yale Law Journal* 102.

Handy, Charles, 1997, *The Hungry Spirit* (『헝그리 정신』, 노혜숙 옮김, 생

각의 나무, 1998).

Kim, Kyung-Dong, 1994, "Reflections on the Non-economic Factors in Korea's Economic Development," in Sung Yeung Kwack(ed.), *The Korean Economy at Acrossroad*, Westport, CT: Praeger.

Krugman, Paul, 1994, "The Myth of Asia's Miracle", in *Foreign Affairs*, Nov./Dec. 1994.

ILO, 1998, *Report of the Committee on the Declaration of Principles*, Geneva.

Kim, Linsu, 1997, *Immitation to Innovation*, Harvard Business School Press.

Kirzner, Israel M., 1973, *Competition and Entrepreneurship*(『경쟁과 기업가 정신』, 이성순 역, 한국경제연구원 자유기업센터, 1995).

Mahbubani, Kishore, 1995, "The Pacific Way," in *Foreign Affairs*, Jan./Feb. 1995.

Malle, Silvana, 1994, "From Market to Capitalism: The Building of Institutional Ethics," in *Journal of Public Policy* 14(1).

Morishima, Michio, 1982, *Why has Japan Succeeded?* Cambridge University Press.

Nelson, Benjamin, 1976, "On Orient and Occident in Max Weber," in *Social Rearch* 43.

Novak, Michael, 1983, 『민주자본주의와 기업의 성장』, 김진현 역, 한국경제연구원.

————, 1983, 『민주자본주의와 한국의 발전』, 한국경제연구원.

OECD, 1996, *Venture Capital and Innovation*, Paris.

————, 1997, *National Innovation Systems*, Paris.

————, 1998, *Draft OECD Corporate Governance Guidelines*, Paris, Nov.

26, 1998.

Schluchter, Wolfgang, 1995, "Ethik und Kapitalismus. Zwei Thesen Max Webers," in *Berliner Journal Für Soziologie* 3.

Thurow, Lester C., 1989, *The Future of Capitalism* (『자본주의의 미래』).

Wallerstein, Immauel, 1996, "Eurocentrism and its Avatars: The Dilemmas of Social Science."

Weber, Max, 1920, *Gesammelte Aufsätze zur Religionssoziologie I*, Tübingen: J. C. B. Mohr.

Weber, Max, 1972, *Wirtschaft und Gesellschaft*, Tübingen: J. C. B. Mohr, 5Auflage.

한국 기업가 엘리트의 기업가 정신 연구
― 일본과 중국과의 비교

인터뷰 주요 문항(안)

A. 기업 경영 방침
1. 기업의 소유와 경영
2. 기업 내 집단의 인식
3. 기술 개발과 혁신

B. 외부 기관의 역할과 기대

C. 국제화된 경제 환경과 외국 자본의 역할

D. 동아시아 자본주의 모델

E. 한국 외환 위기의 해결 방향

 * A, B, C 항목을 중심으로 하며 D, E는 인터뷰 시간에 따라 생략 가능.
** 면접 대상 기업 및 대상자의 특성은 관련 자료 및 사전 문의를 통해 확인하며 인터뷰 문항이 아님.

1. 면접 대상 기업의 특질

1) 대상 국가   (한국 · 일본 · 중국)
2) 산업 분야   무역, 판매(물산 · 백화점 · 유통 체인 등)
        제조(기계 · 섬유 · 자동차 · 철강 · 반도체 등)
        서비스(정보통신 서비스 등)
3) 기업 규모   매출액 규모( )
        종업원 규모( )
4) 관련 기업 관계 재벌 또는 계열사명

2. 면접 대상자의 인적 특질

1) 면접 대상자의 위치 ( ) 지배 주주 및 소유 기업가
          ( ) 전문 기업/경영자

 ( ) 회장, 사장
 ( ) 부사장, 전무이사
 ( ) 상무이사
 ( ) 평이사/이사대우

2) 면접 대상자의 현재 담당 업무와 주요 전문 분야(커리어상에서)

업무 유형	현재 담당 업무	주요 전문 분야
총괄		
기획, 전략		
광고 · 홍보, 마케팅		
인사, 노무, 교육		
품질, 기술 개발 · 연구소		
구매, 자재 조달		
총무, 영업		
기타		

3) 면접 대상자의 근무 경력

동 기업에서 계속 근무

동 기업이 속하는 계열사 및 본사에서 이동/계속 근무

타 기업에서 이동, 근무

정부 관료에서 이동, 근무

기타

A. 기업 경영 방침

1. 기업의 소유와 경영

1) 기업 경영의 핵심 요소

A-1-1. 기업 경영의 핵심은 무엇인가? 향후 어느 요소를 더 중시하여야
하는가?

(자본[돈], 유형 재산[토지 · 건물], 사람, 근로자[노동], 지식 정보)

A-1-2. 가장 중시하는 '경영 지표'는 무엇인가?

(시장 점유율, 매출액, 부가가치, 생산성, 경상 이윤, 순이윤, 배당 등)

A-1-3. 기업 활동의 결과인 '이윤'은 어디에서 나온다고 생각하는가?

(근로자의 노력, 경영자의 경영 · 혜안, 고객 · 소비자, 기업가의 자본)

2) 소유와 경영의 분리

A-1-4. 기업은 누구의 것인가?

(내 것〔소유주의 것〕, 국가의 것〔공공 기관 · 公器〕, 국민 모두의 것, 근로자들의 것)

누가 최고 경영자(회장 또는 사장)가 되는 것이 바람직한가?

(현실과 배리된다면) 왜 그렇지 못한가?

A-1-5. (소유 경영자의 자녀/친족에게) 기업 승계는 바람직한 것인가, 왜 그런가?

(*재산권 승계와 기업 승계의 구별 여부)

(바람직하다면) 누구에게 승계하는 것이 좋은가?

(장남, 능력 있는 친자녀, 능력 있는 형제 · 사촌, 능력 있는 그외 친척 또는 능력 있는 다른 전문가에게)

A-1-6. 핵심 사항에 대한 최종 의사 결정을 누가 하는 것이 바람직한가?

(신규 사업에의 투자 결정, 신제품의 생산 결정, 핵심적 경영자의 임면, 설비 투자의 결정, 운영 자금의 조달 등)

어떤 기준에서 결정하는 것이 바람직한가?

(시장 상황 등의 분석 자료, 전문가 자문, 오랜 경험에 의한 직관·통찰력)

A-1-7. 신규 사업 시, 기업 내 사업부제로 운영하는 것이 좋은가? 새로운 기업을 신설하는 외부 다각화가 좋은가?

(집권적 의사 결정으로 인하여 조직 내 이질성 관리 어려움, 사업부제 28%로 낮다)

A-1-8. 전문 경영인 professional manager은 필요한가?

(필요하다면) 어떤 역할과 책임을 부여하는 것이 좋은가?

(*고용 경영자 salaried manager—소유 경영자 owner manager)

3) 기업 집단(재벌)의 필요성

A-1-9. '기업 집단(재벌)'은 필요한가?

—. 기업간 상호 출자는 바람직한 것인가? 그 범위와 한계는 무엇이었으면 하는가?

—. 기업 집단의 효율성을 높이기 위하여 기획조정실 등 통합 관리 조직은 필요한가?

A-1-10. 대기업, 중소기업 그리고 벤처 소기업의 영역은 어떻게 하는 것이 좋은가?

─. 작업의 '하청' 과 자본의 '계열화' 는 필요한가?

A-1-11. 기업 합병과 취득(M&A)은 바람직한가? 주요한 평가 기준은 무엇이어야 하는가?
(자본 시장, 기업의 상품가치 평가, 지적 재산 등)

4) 기업가 · 경영자의 사회적 책임
A-1-12. 사회적 책임은 어떤 형태가 바람직한가?(예를 들어 환경 문제에서)
(*정상적인 경영 활동을 통해: 세금, 책임 경영/투명한 경영〔사외 이사제〕, 기업 내 복지 등)
그 이상의 사회적 책임이 필요(문화 재단 설립, 주식의 사회 환원 등)

'고객 봉사' 의 가장 중요한 방법은?

A-1-13. 기업의 사회적 책임에 대하여 사회적으로 감시하는 제도가 도입되어야 하는가?
(이사회에서의 감사 기능의 강화, 사외 이사제의 필요성 등)

A-1-14. 기업이 위치해 있는 지역 사회 문제에 대해 어느 정도의 책임을 가져야 하는가?

2. 기업 내 집단의 상호 인식

1) 조직 내 의사 소통과 중간 관리자
A-2-1. 기업 내 의사 소통의 흐름은 어떤 형태가 좋은가?

('중간 관리자'의 임무, 책임 위양)

갈등 해결 시 중점을 두는 사항은?

(조직 내 인화, 생산성과 효율성, 규정집 등 원칙)

A-2-2. 업무와 권한을 규정에 의해 공식화하는 것이 좋은가 아니면 업무 수행의 비공식적 자율성을 허용하여 유연하게 하는 것이 좋은가?

(인간 중심의 조직, 업무[일] 중심의 조직) (과업 분화, 권한 배분, 공식화, 통합화)

A-2-3. 전략적 중요 결정을 전자 회의나 재택 근무로 처리할 수 있는가?

어느 정도의 업무까지 정보통신 매체를 이용하여 결정할 수 있는가?

('기업의 정보화'와 기업 구조 혁신: '가상 기업')

A-2-4. 승진은 어떤 기준으로 하는 것이 바람직한가?

직급별로 다르다면 과장/부장으로 승진 시에는, 이사로 승진 시에는?

(근속년수, 능력 · 자질, 현재의 직무 수행 부하량, 충성도 · 책임 의식, 향후 필요한 능력)

A-2-5. 임금은 어떤 방식으로 지불하는 것이 더 좋은가?

(① 근속년수[호봉]에 따라, ② 능력 및 자질에 따라, ③ 직무 수행 부하량에 따라 ④ 연봉제[1년간 연봉을 정하고 전체 평가하여 차년도의 연봉을 결정하는 방식으로])

A-2-6. 채용은 어떤 방식으로 하는 것이 바람직하며 그 기준은 무엇이 좋은가?

(출신 학교, 학점 등 성적, 성격 · 능력 평가, 적응도 등을 포함한 연수

성적 등)

2) 근로자와 숙련 노동자

A-2-7. '현장근로자'는 누구인가?
(가족인가, 장기 고용된 사람 또는 일시 고용된 사람인가)
(자발적으로 일하려 하는가, 관리 감독에 의해 이끌어야 하는가)

근로자의 해고는 필요한가? 해고는 어떤 기준에서?

A-2-8. 주임·반장 등 '상층 근로자'의 권리는 있는가?
(장기 근속자로서 선임권 내용)
근속년수에 따라 숙련도가 증가되는가?

3. 기술과 혁신 경영

1) 기술 개발의 중요성 인식
A-3-1. '기술' 중 어떤 형태가 더 중요한가? 왜 중요한가?
(과학[연구소]-기술-기능[숙련 노동자/생산 현장])

A-3-2. 기술 개발이 경영에서 차지하는 비중은 어느 정도인가? 그 효과는
무엇인가?
(특허 등 지적 소유권, 제품 개발, 디자인 개발/품질 향상, 생산 과정
혁신/비용 절감)

A-3-3. 기술 도입 loyalty과 기술 개발 중 어디에 우선 순위를 두는가?

2) 기술 개발 시스템

A-3-4. WTO 체제 성립 이후, 지적 소유권의 보호가 국제적으로 강화되고 있다. 지적 생산물에 소유권을 부여하는 지적 소유권이 과연 바람직한가?
(지식 공유 성향, 지나친 소유권 경계, 선진국 중심 등)

A-3-5. 기술 개발 시, 가장 중요한 외부 기관은 어디인가?
(기업의 관련 연구소, 국내 대학, 정부 공공 연구소, 타기업 연구소, 외국 학교, 해외 연구소)

A-3-6. 향후 전자 상거래가 필요한가? 활용시 우려되는 측면은 무엇이며 시급히 개선되었으면 하는 것은?
(시스템의 안정성, 거래 정보의 보안, 결제 수단의 안전성 등)

B. 외부 기관의 역할과 기대

1. 정부와의 관계

B-1-1. 정부의 경제 정책 목표는 무엇이어야 하는가?
(자유 시장 지향, 국내 시장 보호, 국내 산업 보호, 국민 복지)

B-1-2. 정부와 기업간의 관계는 어떻게 하여야 하는가?
(정경 유착 등)
一. 정부의 행정 관리의 역할은 무엇이어야 하는가?
(보조, 적극적인 추진 등)

B-1-3. 현재 경제 정책에 대한 평가: 조세 정책은 어떻게 하는 것이 바람직한가? 복지 정책은 어떻게, 어느 정도 하는 것이 바람직한가?

(사회 복지, 기업 복지, 가정 복지)

2. 노동조합과 기업가 단체의 역할

B-2-1. '노동조합'의 역할 중 가장 중요한 것은 무엇인가? 향후 바람직한 방향은?

B-2-2. 노동조합의 경영 참여는 어떻게 생각하는가?

(옳다면) 어느 정도 참여하는 것이 바람직한가?

B-2-3. '상층 노동조합'이 단위 노사 협상에 개입하는 것은 어떻게 생각하는가?

정치 참여는 허용되어야 하는가? 국제적 연대 활동에 대해서는?

B-2-4. 경영자 · 기업가 단체의 바람직한 역할은?

C. 국제화된 경제 환경과 외국 자본의 역할

1. 외국 자본의 역할

C-1-1. 무역 장벽이 없는 범세계적 '자유 시장 경제'는 바람직하다고 생각하는가?

─. 현재 급속하게 재편되고 있는 '세계화 · 국제화' 되는 경제 환경을 어떻게 생각하는가? 향후 어떻게 되는 것이 바람직한가?

C-1-2. 자본에는 국적이 있다고 생각하는가?
(민족 자본 · 매판 자본, 다국적, 무국적)
'외국 자본' 의 역할은 무엇이며 향후 어때야 한다고 생각하는가?
(고용 창출 효과, 투기 자본 유입 경계 등)

2. 경제 환경의 세계화와 동아시아의 역할

C-2-1. 범세계화되고 있는 경제 환경 속에서 '동아시아' 는 어떤 역할을 하여야 하는가?
동아시아의 역할 증진을 위한 '방안' 은 무엇인가?

D. 동아시아 자본주의 모델의 가능성

1. 한국 · 일본 · 중국형의 자본주의 특질 인식

D-1-1. 한국 · 일본 · 중국 기업 경영의 대표적인 특징은 무엇이라고 생각하는가?

D-1-2. 한국형 · 일본형 · 중국형이라는 자본주의 · 시장 경제 체제의 특수한 형태를 찾아나가는 것이 바람직한가? 왜 그런가(또는 그렇지 않은가)?

D-1-3 현금 세계적으로 각광을 받고 있는 미국 경영의 장점과 단점은 무

엇인가?

─. 미국 금융 시스템은?

─. 현재 위기에 처한 일본형 경영 시스템의 장점과 단점은 무엇인가?

2. 동아시아 공통의 자본주의적 특질 인식

D-2-1. 동아시아 공통의 자본주의 · 시장 경제 체제의 특질은 있는가? 그 특질은 어디에서 찾을 수 있는가?
(문화 요소[유교 등], 경제 요소, 정치 요소[정부 주도, 정경 유착])

D-2-2. 동아시아 경제 위기 이후, 새로운 동아시아 자본주의 모델을 찾는 것이 필요한가? 왜 그런가(그렇지 않은가)?

E. 한국 외환 위기의 해결 방향

E-1-1. '한국 외환 위기'의 원인은 무엇이며 어떻게 해결할 수 있다고 생각하는가?
(정부 · 행정 개혁, 정부 정책 개편, 금융 개혁, 재벌 개혁, 한국 경제 시스템 전반의 개혁 등)

─. 한국 금융 시스템에서 무엇이 가장 문제라고 생각하는가?
(서울증권을 예로 한다면)
─. IMF 극복을 위해서 무엇이 가장 필요하다고 생각하는가?

E-1-2. 한국 경제의 지금까지의 '성공'은 어디에서 유래된다고 생각하는가?

(정부 정책, 기업가 정신, 근로자 정신, 국제 경제·사회적 환경 등)